此书荣获上海市普通高校优秀教材奖

◎张怡 刘奕编

礼仪教程

LI YI JIAO CHENG

東華大學出版社

图书在版编目(CIP)数据

礼仪教程/张怡,刘奕编.—上海:东华大学出版社,
2009.10
ISBN 978-7-81111-595-6

Ⅰ.礼... Ⅱ.①张…②刘… Ⅲ.礼仪—教材 Ⅳ.K891

中国版本图书馆 CIP 数据核字(2009)第 123861 号

责任编辑: 王克斌
封面设计: 魏依东

礼仪教程
张 怡 刘 奕 编
东华大学出版社出版
上海市延安西路 1882 号
邮政编码:200051 电话:(021)62193056
新华书店上海发行所发行 江苏省句容市排印厂印刷
开本:787×1092 1/16 印张:13.25 字数:330 千字
2009 年 10 月第 1 版 2020 年 10 月第 4 次印刷
印数:6 001~8 000
ISBN 978-7-81111-595-6
定价:25.00 元

目　录

第一章　礼仪概述

第一节　礼　仪

一、礼仪的概念、特点和功能

礼仪是客观存在的社会现象，普遍存在于社会生活的各个方面。从庄严的开国大典到平常的家庭礼节，从迎宾送客的红地毯仪式到逢年过节的民俗民风，礼仪时时处处有着丰富多彩的表现。无论是贫穷还是富裕，无论是治国还是安家，礼仪都是人们进行社会交往时的重要工具。为了更好地把握礼仪的内涵，我们必须了解对礼仪的一般界定。

（一）礼仪的基本概念

学术界对礼仪的界定主要从两个方面进行：第一是从内涵上把握礼仪的内在逻辑结构，认为礼仪是礼法与仪式的统一。在中国传统文化中，所谓礼即礼法，就是反映人的仁义本性的行为准绳；仪则是反映礼的仪式、仪节。仪式、仪节是礼法的外在表现，即体现和实现礼法的外在形式。礼与仪的关系是仪生于礼而合乎礼，故统称为礼仪。这种界定的长处是把礼仪理解为内容与形式的统一，内涵与外延的结合。这样有利于避免把礼仪片面地理解为"繁文缛节"，使礼仪本身增添了理性的、内在的魅力。所以说，把礼仪界定为礼法与仪式的统一有利于体现礼仪的本质规定和内在要求。礼仪非得发乎于内而显乎于外才可能是真实的、合理的礼仪。第二是从外延上把握礼仪的表现形式，认为礼仪主要是指我们通常所说的礼貌、礼俗、习俗，而且大多是指约定俗成的或是习以为常的、流传至今的或外域引进的交往方式、行为习惯。在一定意义上，礼仪可以被理解为比较正规的场合下所要求的礼节和仪式。这里的礼节泛指在交往中表示尊敬、祝颂、哀悼之类的恒用形式，而仪式泛指举行各种典礼的形式。

（二）礼仪的特点

无论对礼仪做何种界定，就礼仪的一般特点而言都具有一些共同点。

原则规范与实践应用的统一。一方面，礼仪的原则规范是其基本内容。比如我国的礼仪，长期以来一贯坚持礼尚往来的热情周到和一视同仁的平等对待等原则规范。这些原则规范对礼仪的实践具有指导作用。另一方面，礼仪具有很强的实践应用性，礼仪决不是抽象的文化行为，而是具有实际功效的现实行为。因此，礼仪的原则规范在面对千变万化的现实生活时，必须看到它有约定俗成的一面，实践应用总是具有高度的灵活性和能动性。只要能够恰当地处理各种具体情况下的礼仪问题，那么，礼仪的实践应用性也得到了充分的体现。

民族性与国际化的统一。礼仪具有民族性，是一个国家、民族传统文化的一部分，它是一个民族的礼俗传统、习俗传统和信仰的产物。在实际运用中由于受到时间、地点和环境等因素的影响，各民族的礼仪必然会产生鲜明的个性。不同的民族有着不同的习俗，其婚丧嫁

娶有着各自的规定。比如在表示庆祝之时，中国的彝族跳叠脚舞、白族摆竹竿阵、纳西族奏洞经古乐等等。在不同的国家之间由于文化环境的不同，其风俗礼仪也各不相同，比如在美国大拇指和食指环成圆圈，其余手指伸展表示“OK”的意思，而在巴西则是指责别人行为不端。

随着经济全球化进程的深入，不同文化的交融与兼并在社会生活中日趋增多，民族礼仪出现了国际化倾向。礼仪的国际化，一方面是指各民族的礼仪通过相互影响，相互融合，而形成的国际上公认的礼仪规范。另一方面是指各民族的传统礼仪，受到其他文化的影响而使得传统礼仪发生变化。

礼仪的国际化要求我们应该自觉地依据既定的国际法规和国际惯例进行交往。例如，联合国于1961年4月18日通过的《维也纳外交关系公约》，明确规定了外交代表的等级以及礼宾位次的排列，这个合约就是各国确定对外礼遇的重要依据。另外，地区性组织及其成员国之间的礼宾待遇通常也有多边条约或协议予以规定，对成员国有法律约束力。而在两国之间签订的双边条约或协议里，社交礼遇的条文对双方有效。长期的国际交往还形成了不少礼遇惯例，虽无法律条文，但各国约定俗成，一般没有异议。例如，国际会议或国际体育比赛时，公布与会国名单，悬挂与会国国旗，安排与会国代表座位等，一般按照与会国国家名字的英文字母顺序排列。又如，国际惯例以右为上，在安排宴会席位时，宾席在右，主席在左；挂旗时，客方国旗挂右，东道主国旗在左。

礼仪国际化的另一方面的含义是要充分尊重宾客所在国、所在民族的风俗习惯。风俗习惯是指某一社会经长期形成的，一时不易改变的风尚、习惯、习俗、行为倾向的总和。不同的地域条件、自然景观、历史渊源，文化传统、生活方式以及不同的生产方式都会形成各国、各民族不同的风俗习惯。在社交活动中，了解和尊重对方的风俗习惯，极能表达我们对对方的尊重和友好之情。

跨文化条件下的社交活动的交往双方总是处在宾主之别的不同地位，或为宾客，或为东道主。做为东道主，通常讲以礼待客，主随客便；做宾客，通常讲入乡随俗，客随主便。无论为客为主，显然礼仪的内容只能来自两个方面：一是本国的礼仪传统；二是对方的风俗习性。这就意味着礼仪必然是民族性与国际化的统一。尊重宾客的风俗习惯，是平等待人的直接体现，这正是礼仪的基本要求。各国、各民族在字体、语言、生活习惯方面各不相同，都有自己特殊的信仰和禁忌，甚至每位外宾都难免有他特殊的喜恶。了解这些特点，尊重这些风俗习惯，才能避免伤害对方的感情，避免因小失大，有损彼此的关系和国家的声誉。就我国特色礼仪而言，一方面要充分具有中国特色，体现中国国情；一方面要与国际礼宾接轨，熟悉了解各国的风俗习惯。这两方面相辅相成，对我国礼仪传统的继承和发扬与对国际礼宾和各国风俗的吸取，对建设有中国特色的礼仪必将大有裨益。我们应在平等的原则下实现民族性和国际化的统一。

（三）礼仪的类型与功能

礼仪因交往的形式、手段之别通常分为基本礼仪、访问礼仪、祝贺礼仪、餐桌礼仪、赠答礼仪、通信礼仪、工作场所礼仪以及公共场所礼仪等。因活动性质的不同则可分为外交礼仪、商务礼仪、社交礼仪、企业礼仪、旅游礼仪等。礼仪的每个类型都有自身的特殊性，各类型之间亦互有交叉。

从我国礼仪的行为指向上看，礼仪基本上可以分为社交礼仪和社交公务礼仪两大类。

社交礼仪主要是指社交交际活动中出现的礼仪，它通常表现为状态性礼仪和处世性礼仪两个方面；而公务礼仪主要是指社交公务活动中所出现的礼仪行为，它通常表现为公务的礼节性和仪式性行为。从礼仪学这门学科的体系完整性看，又可以分为个人礼仪、社交礼仪、风俗礼仪、公务礼仪、外事礼仪和宗教礼仪。

当礼仪产生之初的底蕴为漫长的人间沧桑所掩没时，我们依然可以清晰地看到礼仪在社会生活中的作用。古人曾在《礼记·曲礼》中明言："道德仁义，非礼不成；教训正俗，非礼不备；纷争辩论，非礼不决；君臣上下，父子兄弟，非礼不定；宦学事师，非礼不亲；班朝治军，莅官行法，非礼威严不行；祷祠祭祀，供给鬼神非礼，不诚不庄。"这说明了礼仪在道德修养、安家治国、人际交往中均起着重要的作用。难怪礼治一直被儒家视为王道仁政的理论原则，并为历代君主奉为典例。也是正因为礼在中国历史悠久，应用广泛，地位崇高，所以我们的先祖才自称"礼仪之邦"，而视其他民族为"蛮夷"。这种观念固然不无自大之嫌，但也说明了礼在中国传统文化中具有举足轻重的地位。时至今日，随着社会生活的发展，生活的各个层面不断分化、细化、专门化，礼仪的含义已由至高无上的宽泛浓缩为专指社会交往中表示尊敬、友好的规则以及实现这些规则的礼节、仪式等。礼仪的功能正如编著《现代西方礼仪》一书的英国人埃西尔·伯奇·唐纳德所说："不管礼仪的来源如何，它的目的是使人们能够轻松地来到一起，待在一起的时候，没有摩擦，没有不和，分别时也以同样方式离去。"①

简单地看，礼仪不过是社交交往活动的"工具"。可当我们全面考察礼仪的功能时，便会发现礼仪并不单纯只是社交交往活动的工具。礼仪丰富的内容，完整的结构和明晰的本质，不仅是人们对社交交往活动之规律的领悟，而且是人们为正常开展人类社交交往活动的自我约束；不仅是人们对自身丰富多彩的社交交往活动的总结，而且是人们为人类文化宝库所作的创造和奉献。礼仪的具体功能可以表现为以下几个方面：

1. 个体修养的功能

在现实生活中，任何人都离不开交往活动。从事社交工作的人员更是多了一层交往活动。"礼"作为交往活动的规则，可称为"人无礼而不生"。然而，就像粗鲁是难以掩藏的一样，礼貌是装不出来的。虚伪的周旋，客套的应付，不仅无助于示"礼"，反而会有碍于交往。礼貌也不是临阵磨枪所能应付的差事，仓促的应付不仅有悖于真诚，而且免不了捉襟见肘，漏洞百出。所以礼仪对于社交工作人员来说，与其说是一种工作规则，不如说是一种职业素质；与其说是一种操作程序，不如说是一种文化修养。

社交工作人员的失礼行为绝不仅仅是个人体面或私人生活小节问题，实质是个人礼宾修养的问题。什么是个人的礼宾修养？显然，熟记礼宾知识，熟悉礼仪操作并不能完全等同于礼宾修养。礼宾修养之为修养，其要旨在于掌握和运用礼宾知识的同时摄取礼宾知识本身所蕴含的精神气质，并将这种精神气质内化、消融于自己的人格心性之中。只有当礼仪发挥其个体修养的功能时，具有这种个体修养的人才会使礼仪在操作运用之中，显示出生动的人情味，显示出真诚的魅力。

2. 社会交往的功能

德国当代著名的哲学家，哈贝马斯(J. Habermas)在《交往行为理论》中提出："如果从合

---

① 埃西尔·伯奇·唐纳德：《现代西方礼仪》，上海翻译出版公司 1986 年版，第 1 页。

理性角度来看，那么人的交往行为通常有三种表现形态：第一是目的行为。行为者通过使用有效手段和恰当的方法，实现一定的目的；第二是规范调节行为。行为者满足一种普遍的行为期待；第三是戏剧行为。行为者各自在对方面前表现自己。”[①] 礼仪作为一种交往的手段，在功能上正是为了有效地实现哈贝马斯所讲的三种形态。

从目的行为上看，礼仪的社交功能表现为体现交往双方的尊严和生活习惯。在交往过程中，如果一方或双方都注意个体仪表整洁、仪态端庄、举止文雅、言语文明、就会产生良好的效果，使交往双方互相吸引，导致良好和谐的人际关系的建立和发展。在跨文化条件下，礼仪既体现自己国家、民族的尊严，也体现尊重对方国家、民族的尊严。自尊是互相尊重的前提，在国际关系中，国家尊严和民族尊严同国家主权一样，是神圣不可侵犯的。在外交上礼仪通常也体现了在国与国的交往中，尊重一国的国家尊严，就要尊重该国国家元首、政府首脑、外交代表和外交代表机关乃至该国公民的尊严；就要尊重代表一国尊严的国旗、国歌、国徽等象征性标记。在民间日常的各种社交交往中，尊重国家、民族的尊严就是尊重对方的习惯、风俗，尊重对方的情感、人格。在国际关系中可以说是“国无礼不宁”。任何对国家尊严的损害，若处理不当，势必引起外交纠纷，影响国家关系，甚至导致兵戎相见。

政府外交政策有时也通过礼仪来体现其社交功能。现实的国家间的关系从来不是一成不变的静态物，而是一个不断变化的动态过程。不仅在某个时期，国与国之间的亲疏冷热各有不同；在不同时期，不同情况下，对某个国家的具体外交政策也会有所不同。外交政策的区别必然在礼宾规格上有所体现。比如，当某些国家对我国实行所谓的“制裁”时，我们的礼宾也必然还之以“冷”。当我国实行改革开放、发展经济的战略时，在国际的经济、文化、科学技术交流活动中，我们的礼宾必然表现热情的色彩。

从规范调节行为看，礼仪的社交功能表现在更加有效的人际沟通和协调。哈贝马斯认为：人们的“行为总具有共同的价值取向。在一定的语境中，一旦具备可以运用规范的前提，每个行为者都必须服从（或违抗）某个规范。规范是一个社会群体的共识。”[②]人们在社会交往中，只要双方都自觉地遵守礼仪规范，就容易沟通感情，从而使交际往来更容易成功。当交往双方彼此之间感到双方是以礼相待，就容易产生情感共鸣。如果双方或一方举止粗俗、傲慢无礼、则容易导致情感排斥，拒绝与之交往。人们常常有意无意地由他人对自己的礼遇来分析和判定这其中折射出的对方的情感意向。在社会交往时，人们通常只要注重礼仪规范，就能够互相尊重，友好合作，从而缓和或避免不必要的冲突和障碍。

从戏剧行为看，礼仪的社交功能表现为行为主体在交往中展示个体自身形象的外在信息。在哈贝马斯看来，交往行为中的戏剧行为“所涉及的是既不是孤立的行为者，也不是某个社会群体的成员，而是互动参与者，他们相互形成观众，并在对方面前表现自己。行为者自己给了他的观众一个具体的形象和印象，……”[③]事实上，礼仪就是这种成为戏剧行为的载体。在礼仪中，人们的穿着打扮，言谈举止之间的态度，书信的言辞，宴会的礼节等所传递的相关信息，都给互动对方留下印象。在社交场合中，人们的一瞥一笑、一言一行都是在给自己的形象添画各种线条，涂抹多种色彩。

---

① 哈贝马斯：《交往行为理论》，上海人民出版社 2004 版，第 83 页。
② 哈贝马斯：《交往行为理论》，上海人民出版社 2004 版，第 84 页。
③ 哈贝马斯：《交往行为理论》，上海人民出版社 2004 版，第 84 页。

3. 社会文化的功能

礼仪在任何一个民族、任何一个国家的社会文化中都有一席无可替代的位置，它是一个民族或国家社会文化的组成部分 。因为礼仪是人们在交往活动中的总结创造，是民族在生生不息的长河中的文化积淀，所以它扮演着社会文化的承载、展示和延续的功能。比如，礼仪自身的发展可以显示社会文化发展的特点。随着中国改革开放的历史进程，礼仪作为一门学科也好，作为一种工具也罢，都得到了前所未有的普及，并且愈来愈得到社会的器重。这无疑表示了社会文化系统开放度的加大，显示了社会文化发展的开放性特征。同时，礼仪本身的发展也显示了社会文化交流的整合功能。比如，近几年圣诞节、情人节、母亲节等西方文化礼俗在中国一些开放的大城市颇为盛行就是一例。又如西式餐巾的作用早已合璧于中式的餐桌宴席。

礼仪也是不同社会联结的桥梁。礼仪不是疏于表面的程序化仪式，而是反映了两端的共性而成为各自的行为约束。无论交往的哪一端，礼仪的内容都是尊重对方习俗和遵从自身礼仪的结合。这就意味着礼仪的应用一方面是向对方辐射自己的文化，另一方面吸纳对方的文化。这是个在不同社会文化系统之间双向双轨的联结模式。就像我们常说的，社交活动时为了“让世界了解中国，让中国走向世界”。显然，在民间大量的各种形式、各种类别的社交活动中，充分发挥和正确应用礼仪这种吸纳外族文化精华，弘扬本民族文化精粹的社会文化功能，一定会有益于提高人民的素质和文明程度。

从事社交活动的人员应当懂得：不得礼仪之精髓，便永远只能是礼仪的“门外汉”。了解掌握礼仪的结构，全面发挥礼仪的功能，才可能真正体现礼仪的本质。

第二节　礼仪行为的思想原则和行为培养

在社交场合，由于关系的错综复杂，利益目的的不同，因而一定的思想原则对于行为的支配就起着重要作用。社交活动总是表现为不同文化背景下的人相互间的交流与沟通，而良好的行为方式对于交流和沟通起着重要的保证作用。确立正确的思想原则和培养良好的行为方式是礼仪活动的首要条件。

一、礼仪行为的思想原则

礼仪是社交活动的一个重要方面，它除了要求我们按照礼仪的一般准则来调整行为方式之外，还应该根据社交活动的基本特点来确定行为的具体思想原则。

（一）坚持传统价值观 贯彻尊重他人礼仪行为的道德原则

从原则上讲，正确的道德价值观是塑造良好的社交形象和取得社交成功的重要环节。但是道德价值观并不是一种绝对的抽象物。在不同的文化传统里，在不同的意识形态背景下，道德价值观的内涵是不一样的，甚至会出现互悖现象，反映在礼仪行为上也会出现差异和冲突。现代社会中的社交交际的目的是为了取得人际层面的和睦相处，为交际的政治利益、经济利益服务，这样就要求我们在社交交际活动中正确处理好不同价值观支配下的礼仪和谐性。我国传统礼仪中蕴含着许多优良品质，例如，与人为善、尊重友谊的传统美德，提倡以理解、宽容、谦虚及诚恳的态度与人交往；再如，社会主义的价值体系要求以助人为乐，集体利益、民族利益、国家利益至上为其行为准则，这些价值观应该构成我们礼仪行为的道德基础。但是另一方面，我们也应看到，出于不同的价值观，出于不同的意识形态，人们对礼仪行为中公平、平等、正义、自由以及人权等概念会有不同的理解，因此，交往过程中就会出现不同的礼仪行为。对此，我们要有一种大家气派，尊重他人的信仰、尊重他人的利益行为方式，否则就不可能在社交活动中通过礼仪来取得人际层面的和睦共处。所以在礼仪社交中，我们应该在坚持传统价值观的基础上，贯彻尊重他人礼仪行为的道德原则。

（二）塑造良好的外在形象 贯彻内在美与外在美统一的美学原则

爱美之心，人皆有之。每一个人都希望在社交场合的礼仪中体现自己的形象美和风度美。从外表上看，精神面貌是礼仪的形象美和风度美的核心。生机勃勃的精神面貌无疑让人感到主体充满着自信，富于感染力。微笑是一种无言的语言，它呈现一种主体的力量、涵养和暗示，微笑常使形象美和风度美得到最大限度的发挥。穿着打扮的得体与合时合地让人感到自然、洒脱、整洁、协调，充分体现了主体的个性，使礼仪得到最佳的衬托。而稳重、大方的仪表举止散发出诱人的魅力，让人产生一种情不自禁的亲切感，可见它能充分显示礼仪的无穷魅力。礼仪中的形象美和风度美应该是这些因素的综合体现。然而一个人的外在美都是内在美的自然流露，有什么样的内在素质，就会有什么样的外在表现。因为一个人的思想情操、道德品质、学识教养、性格气质都会制约着一个人在交往过程中所想确立的形象和风度。在礼仪中，人们易犯的一个错误就是将外在美和内在美分裂开来。有些人不注意内在美而一味追求外在美，从而使人感到矫揉造作；有些人追求内在美而忽视外在美，从而又弱化了礼仪的交际功能。所以，在礼仪中，我们应该做到“秀外慧中”、“诚于中而形于外”，真正做到内在美与外在美的有机统一，如果是“金玉其外，败絮其中”，那么只能使人厌恶。

（三）弘扬民族文化 贯彻礼仪文化的互补原则

社会交往的显著特点之一是它常常是一种跨文化的交际现象。它在礼仪行为上要求我们合理地处理好文化上的差异性而带来的行为上的不一致性。现代国际间的交往，无论在广度还是深度上，都呈现出日趋紧密的趋势，这种现象迫使我们在礼仪行为上一方面不能脱离自身传统文化所孕育出来的礼仪规范，另一方面也不能无视异域文化的礼仪规范对我们礼仪行为的影响。从前面我们所谈到的礼仪的民族性的特点来看，具有民族特色的礼仪规范应该始终成为我们礼仪行为的基本出发点，离开它，我们的礼仪就成为无本之木、无源之水。所以在社交场合弘扬民族文化中的礼仪精神和行为规范是重要的行为基础。但是作为一种跨文化的交际现象，我们的礼仪行为也存在着与其他文化背景下的礼仪行为相协调的问题。这里至少有两个方面值得我们注意：一是随着国家间交往的日趋频繁，人们在交往过程中形成了一些国际通用的礼仪规范，这些准则适用于所有文化背景下的一切人，因而，我们仅仅强调礼仪的民族性要求是不够的；另一个是随着国际交往的日趋紧密，各种礼仪规范在跨文化区域里发生交叉，它要求我们要有同化外来礼仪的行为能力。事实上，礼仪行为作为特定文化的反映，必定有其精华之处，也有其糟粕之处，我们应该吸取外来礼仪的积极因素，抑制传统礼仪中的消极因素。因此，只要社交活动成为我们现代生活的重要内容，那么，礼仪就应该贯彻礼仪文化的互补原则。

在礼仪中，我们坚持尊重他人礼仪行为的道德原则，坚持礼仪内在美与外在美统一的美学原则，坚持礼仪文化的互补原则，实际上就是要坚持真善美统一的原则，可以说真善美统一的原则是一切礼仪行为的最高准则。只要我们的礼仪行为是在追求这样一种思想境界，

那么，礼仪就会散发出无穷的魅力。

二、礼仪的行为培养

良好的礼仪除了要有正确的行为指导思想之外，还应该有一个自我培养的过程。规范化的礼仪行为不可能一蹴而就，只有通过我们社会实践的日积月累才能被正确掌握。

（一）努力提高自身的文化素质

礼仪文化现象并不是一种固定的凝聚物，它随着历史的变迁会发生很大的变化。特别是在现代社会，随着经济联系的日益广泛，随着科学技术的更新，人们的文化观念也会随之变化，相应的礼仪行为也会有所变化。因此，我们应该通过历史、文化等知识的学习来了解这种传统的变化，否则，我们不可能正确地行使礼仪行为。礼仪也涉及不同文化条件下礼仪的相容性问题。每一个民族都有自身特定的礼仪行为准则，如果我们想要别人认为我们的礼仪是有教养的、有风度的，那么我们首先得知道别人的评价标准是建立在什么样的文化基础上的。因此，了解其他国家的风土人情、风俗习惯、信仰禁忌是必要的前提。如果我们不具备这些丰富的文化知识就不可能有针对性地根据不同文化背景来调整自身的礼仪行为。通晓不同民族的礼仪习惯并不意味着我们可以置本国自身的风俗礼节以及它的现代变化于不顾，这样也不可能在社交场合取得成功。当然，文化素质是一个相当丰富的概念，它既包括了不同民族的历史文化，也涵盖着现代科学技术；它既涉及不同民族的经济特点，也渗透着不同民族的意识形态。一个人的文化素质越高，那么一个人的礼仪行为也会越规范。所以，加强学习，努力提高自身的文化素质是培养规范性礼仪行为的重要途径。

（二）不断陶冶自身的思想情操

在社交场合，思想情操是礼仪的灵魂，它操纵了人们的每一个具体礼仪行为。举止行为只是心灵的外衣，只有思想深邃、情操高尚的人才会有自然得体的行为风范。没有思想性，没有情操感的礼仪行为必定流于粗野、庸俗和虚伪之中。当然，在社交场合，由于文化背景不一致，也很难划分出一条双方都能接受的思想情操的清晰界限，但是人类生活的共性面又使我们感到这种双方都能接受的文明举止的内涵必定就在一个人的外表和内心的有机结合之中。人们的思想情操也是一个具有丰富内涵的概念，它既体现了礼仪行为主体的礼仪观，也反映了礼仪行为主体的道德观；它既表现了礼仪行为主体的思想性，也反映了礼仪行为主体的政治性。正因为思想情操具有丰富的内涵，因而决定了我们在平时的礼仪行为中要注重思想素质的修养。由于一个人的礼仪观、道德观、思想性和政治性并不能在一、二次的礼仪活动中就能把握，因此，礼仪思想情操的陶冶必定是一个长期的过程。由于礼仪中思想情操的内涵往往会随着社会基本观念的变化而变化，因此，礼仪思想情操的陶冶必须不断地进行。总之，思想情操构成了礼仪行为的一种内在质量，我们只有加强学习，不断陶冶思想情操，才能把礼仪行为的水平提高，从而应付错综复杂的社交交往活动。

（三）注意加强自身心理素质的培养

礼仪往往面对着心态各异且变化多端的人物对象。由于文化背景不同，这些人的民族性心理会有其自身的特点；由于个人气质、性格不一，这些人会呈现出各自的心理特质。同样的，我们本身也存在着民族心理和个性心理。因此，加强自身的心理素质培养就成为社交礼仪培养的重要内容。例如，第一印象在社交场合具有魔力般的影响，虽然有时会造成假象，但它的客观效果却给人的心理产生一种“不可磨灭”的印象。再如，角色扮演是社交场合下重要的心理现象，不同的角色应有与之相适应的角色规范相配套，任何越轨的角色行为都

会给礼仪带来不良后果。当然，礼仪中所碰到的社会心理现象也是不少的，这些需要我们在实际的社会生活中切实地加以把握。心理素质的培养更重要的方面还在于培养自己良好的心理行为，并且能够根据不同的社交情况及时地调整自己的心态。平时我们就应该培养待人诚恳、处事谨慎、虚怀若谷、从善如流、豁达大度、不计恩怨等心理气质和性格。对方傲慢，我们不卑不亢；对方斤斤计较，我们宽宏大量；对方骄横，我们以诚相待。只有加强平时的心理培养，那么我们才能在社交场合灵活多变、应付自如地实施恰当的礼仪行为。

（四）强化具体技能的实践操作

礼仪作为一种规范的行为，存在着许多具体的操作技能，这些技能看似小巧，掌握它却能使我们的礼仪发挥最大的功能。周恩来同志一生的风度和仪表堪称楷模，一直为世人所敬仰。而这种风度和仪表与他平时注重技能的训练有关。他在天津南开学校读书时，就在一面大镜子上方悬挂着一幅格言，上书“面必净，发必理，衣必整，纽必结，头容平，肩容平，胸容宽，背容直，气象勿傲勿怠，颜色宜和、宜静、宜庄”。可见礼仪具体技能的训练是完整地掌握礼仪的重要环节。礼仪具体技能的训练要贯彻系统化、规范化、长期性原则。所谓系统化是指礼仪技能训练在程度上要循序渐进，在内容上要完整无缺。社交场合是一个目标多样化、多元性的场合，只有经过系统的训练才能使我们的礼仪行为合乎目标和对象特点。所谓规范化是指礼仪技能训练要按照民族惯例、国际惯例来进行。礼仪中每一个细节都会对礼仪行为效果产生影响，只有使我们的每一个礼仪行为都符合规范的要求，在社交场合才能做到双方融合。所谓长期性是指礼仪技能训练要坚持不懈。因为现代社会的发展非常迅速，人们的观念和行为变化也非常之大，这些因素常常促进传统的礼仪行为不断更新。

第三节　中西方礼仪的历史演变与比较

历史上，人类流传的点点滴滴的礼仪形式都是现代礼仪的源泉，我们很难说哪一种礼仪是衍生物。尽管受制于特定的地域空间，人类的礼仪却和文化整体发展一样在早期也有着它特定的生长区域。从古希腊到罗马，从印度到中国，从希伯来到阿拉伯的闪米特人，都曾有着各自特定的礼仪文化圈。这种以空间为背景的礼仪形态在日后的时间演变中对人类的礼仪发展产生了巨大影响。如果我们再进一步划分，那么这种以地域空间为背景的礼仪文化又可粗略地划分为东西方两大体系。西方的礼仪体系是以古希腊罗马到今天的欧美为骨骼的西方礼仪形态，而东方的礼仪体系则指以阿拉伯、印度和中国礼仪为原生核的东方礼仪形态。尽管这两大体系在历史上有过相互影响，不断发生相互渗透、相互整合的现象，然而由于文化背景的殊异，它们最终沿着各自的逻辑展开了自己的历史。因此，对两种礼仪形态互补的了解也许是我们今天把握人类礼仪内在实质的最好方法之一。从我国现代社会交往的特点以及我国礼仪发展的状况来看，中西方的传统礼仪都产生过非常重要的影响。因此，本节力图在大尺度的时空范围内来互补地勾划中西方礼仪演变的历史轨迹，以此更好地把握两大体系的各自特点，为我们的礼仪学习提供指导。

一、西方礼仪发展的历史轨迹

西方礼仪发展在整体上与西方文化的发展相适应，表现出明显的地域中心转移的特征。

它的雏形诞生在古希腊罗马时代，它的发展出现在近代欧洲大陆上，而它的定型是在20世纪的欧美共同体中。

（一）西方礼仪的雏形阶段

西方礼仪孕育的时间跨度比较大，大约在公元前后一千多年的时间里，以古希腊城邦文化的形成和罗马帝国的灭亡为界限。在这段时间里，西方社会逐渐由野蛮时代进入文明时代，人与人之间的联系也因社会生活的城市化而逐渐紧密化。于是人们的行为规范受到社会进步的推动开始从习俗上升为明文规定的礼仪，形成了西方礼仪体系中那些可称之为古典文化的部分。

早期西方礼仪体系的精神内核就是崇尚人与人之间的平等、独立，这种精神内核起始于古希腊文化。历史学家通常认为古希腊民族是从野蛮时代直接进入铁器文明时代的。该地区的地理特点是近海而多山，全境山岭连绵，群山把各地域分成小块，交通阻塞，耕地有限，加之狂风暴雨的恶劣气候，使得希腊民族形成了一种松散的城邦制。希腊的文化没有其他农业文化那般稳定，尽管已进入了奴隶制社会，但是由于松散的城邦制文化导致任何人之间的联系并不像农业文化那般紧密，人们之间所追求的是个体独立、自由和平等。

古希腊的奴隶没有什么自由可言，他们只是被强制聚集在一起，不存在所谓的礼仪。但古希腊的确存在着一批数量极大的既不脱离劳动又有足够闲暇的自由民阶层，正是靠着自由民，古希腊建立了当时最先进的民主政治。希腊光辉灿烂的精神文化主要来源于自由民。因此，古希腊的礼仪很大程度上取决于这批自由民的行为，他们的生活习惯影响了整个奴隶主阶层的生活习惯。这时期的主要礼仪特点就是崇尚平等、节俭、热心于公众事业。但是就像他们的民主不是真正的民主一样，他们的平等也不是真正的平等，这从伯罗奔尼撒战争时期的各城邦之间的外交战中可以看出：相互之间缺乏诚意，互不相让，自以为是。

宗教礼仪是这时期最主要的礼仪形式。古希腊信仰的是多神教，神多了，自然祭祀也就多了起来。如果神话真的是祭祀时所诵念的祭词，那么希腊神话的丰富与祭祀礼仪的繁多，两者之间倒是可以相互验证的。多神教和无专制君主也使得人们的交往没有森严的等级限制，在各种礼仪仪式上也不强求一致。纷纭杂沓或习俗性强就成为这时期礼仪的总特征。

但是到了古罗马时期，社会生活出现了较大的变化，等级森严，而且许多形式被法制化。古罗马时期的礼仪与古希腊一样由于信仰多神教而有繁杂的宗教礼仪以及有很强的习俗性。在古罗马，人们的行为规范大都是以法律的形式被固定下来的。即使在古罗马从氏族社会向奴隶社会过渡的王政时期也是如此。王政时代的法律渊源主要是习惯法，内容是宗教方面的和自然形成的道德习惯。这些内容，在中国古代基本上属于礼的范畴。除此之外，当时的成文法——王政法、贵族大会、军伍大会通过的决议也会给人与人之间的关系留下很深的印记。

我们知道，罗马法是当今世界各国法律的源头。西方国家人们的法制观念也是这个时期埋下的种子。古罗马人礼仪的法制化是逐步加强的。随着法学的繁荣，法律条文也越来越细，对人们生活的影响也越来越大。到了帝政时期，罗马的尊严法甚至管束了行动、言语、表情和思想，人与外界联系的所有通道都受到了影响，最后造成了“亲戚之间也不再相互信任，奴隶中间也不再存在着忠诚”[①]，友谊和讲真话都变成了一种危险的行为，美德成了“只不

① 孟德斯鸠：《罗马盛衰原因论》，商务印书馆1962版，第75页。

过是可以在人们心中引起回忆往日幸福的一种矫揉造作的表现罢了"[①]。

古罗马是一个好战的民族，军事力量的强大是它兴盛的一个重要原因。军队要强大，要做到"令出如山倒"，就得有铁的纪律，官兵之间就得等级分明。按罗马的法律规定，所有公民都有服兵役的义务，连贵族也不能例外。加之战争的频繁使得军队中的礼仪在现实生活中留下深深的烙印。古罗马社会的等级森严与不断的对外战争有密切的关系，就连军队班师凯旋的仪式也不是谁都能举行的。各级官吏，也是等级分明。即使在共和时期，官吏们坐的板凳都是有区分的。元老院的元老也有等级，连外国人也有拉丁人与非拉丁人之分。这足以证明在古罗马礼仪中的等级色彩了。

创造精神文化的主要是宫廷文人，古罗马时期的礼仪远比古希腊时丰富，已没有了古希腊礼仪中的随意性和平等色彩。随着土地和奴隶的大规模占有，在希腊时独领风骚的自由民阶层消失了，宫廷文人最喜欢谈论的或者是研究最深的是伦理学，还有法学。加之罗马帝国的不断庞大，罗马文化的兼容性，罗马人就把各民族的习惯都据为己有，包括生活的和军事的，再由文人把它强化，就变成了罗马人自己的礼仪规范。西方礼仪的雏形由此出现。

古罗马时期的礼仪还有一种优越感、自豪感。我们从古罗马城的豪华建筑，从条条大路通罗马的壮丽景观，更可以从布匿战争期间不许敌国使者入城的外交策略上看出来。即使到了文艺复兴时期，佛罗伦萨人还以自己是罗马人的后裔而感到自豪。

（二）西方宗教礼仪的形成

古罗马时期的多神教、古罗马文化的开放性、兼容性以及不稳定性为基督教文化的侵入创造了有利条件。帝政时期的高压政策更是为属于平民文化的基督教文化开辟了巨大的市场。当罗马实施在行省征兵的政策以后，外国人才有机会充当罗马帝国的皇帝。而这些皇帝都从自己的国家带来一些东西，它们或是关于品行的，或是关于风尚的，或是关于统治制度，或是关于祭仪的[②]。他们甚至想用自己的神来代替罗马神殿中原来的神。这时罗马帝国的居民已不认为有什么外来的东西了，一切事物只要是皇帝愿意介绍过来，他们是完全能够接受的[③]。这终于促成了基督教在罗马确立其合法地位。在经历过那些不信基督教的皇帝们多次"围剿"之后，基督教终于由信奉基督教的皇帝把它定为罗马的国教。

教会对人民的管束是从头管到脚的，远比古罗马帝政时期专制，它不仅管束教徒，连非基督教徒，也要把他们当作异教徒纳入自己的势力范围而加以约束。基督教繁琐的清规戒律在人们的举手投足之间都充分体现出来。因此，中世纪的这几百年时间里，欧洲的礼仪可以说是基督教的礼仪，并且往往通过政教合一的途径确立法规而加以确认。基督教的礼仪渗透到人们生活的方方面面，无处不在，无时不在。人们似乎生活在一种程式化的、呆板的基督文化空间里，默默地为解脱原罪带来的精神苦恼而祷告。如果说这段时间欧洲还有来自于习俗的礼仪的话，那么这种礼仪也必须以基督教的名义方有立足之地。

（三）近代西方礼仪的发展

近代西方礼仪的发展得益于文艺复兴与宗教改革运动。15 世纪末至 16 世纪初，由于社会对教会专制的不满，以及新兴资产阶级为了经济和政治目的，终于引发了欧洲近代史上著

---

① 孟德斯鸠:《罗马盛衰原因论》，商务印书馆 1962 版，第 9 页。

② 孟德斯鸠:《罗马盛衰原因论》，商务印书馆 1962 版，第 88 页。

③ 同上

名的文艺复兴和宗教改革运动。这种大规模的社会运动彻底地改变了欧洲人的社会生活方式，也导致人们精神面貌的变化。近代西方礼仪的发展也可以说是这些社会运动的产物。这时期的礼仪首先表现出来的是世俗性或者传统性，平等、自由、独立是其价值取向。当新兴的资产阶级终于可以与封建贵族平起平坐时，那种繁琐的，矫揉造作的贵族式、宫廷式礼仪便逐渐退出历史的舞台，代之而起的是中产阶级特殊的生活方式，它所反映的是财产和受教育的情况。

新兴的资产阶级一方面从封建贵族那里学来了许多虚情假意的客套，但是更重要的是显示了他们浸润其中的教育和金钱的力量。他们讲究礼貌，重视言辞，举止文雅，服装整洁，居住舒适，注意教育和体育锻炼。在社交场合，他们注意外在的美化，追求个人的完美，讲究服饰的变化；喜欢化妆，不厌其烦地使用香水，修饰面貌、肤色和改变头发的生长状况；注意语言的纯正和发音的准确；追求那种有适当规则的社交方式等。“个人风度和一切较高形式的社交成了人们有意识和抱着风雅目的来追求的目标”①。

但是，包括意大利人在内的所有欧洲人的社会准则都受到宗教信仰的制约。尽管基督文化不是欧洲人的传统，但是，在其中浸淫了几百年以后它们已经无法摆脱了。“他们从孩提时代起，就受到基督教道德的教育和熏陶，重视慈爱、坚贞、谦和与守贫等品行。在教士的说教和宗教文献中，又受到告诫要克服傲慢、虚荣、贪杯、好色等罪恶。他们被教导成不恋财富、安分守己、容忍苦难、举止谦恭”②。这就是基督教传统在他们身上留下的影子。文艺复兴和宗教改革削弱了教会的势力，简化了许多繁缛的礼节，比如英国文艺复兴时期的新教在宗教礼仪方面确实要比天主教简单得多。但是文艺复兴时欧洲人生活的宗教礼仪依然浓重，他们通过一些复杂宏大的仪式和礼节来表现他们信教的诚心。宗教改革实际上是加强了人们对基督的信念。

文艺复兴时期罗马法的复兴意味着新兴资产阶级力图把自己的生活准则法制化。罗马法强调个人意志，反对等级制度和等级特权，这正是新兴资产阶级所需的。当然，文艺复兴时的法律已不像古罗马时的法律那样具有管束一切的效力了，但法律给礼仪奠定了基础，确定了原则，使其规范更加顺理成章。罗马法的复兴说明西方人从古希腊时起就存在的喜清淡之风再度兴起，这也使得西方礼仪更趋形式化，英国人的绅士风度就是最明显的例子。

法国大革命的思想先驱者卢梭则更进一步，他的《社会契约论》不但为各国民主革命提供了理论纲领，而且也为西方礼仪奠定了思想基础。在这本书里，卢梭认为“每个人都生而自由、平等”，“人性的首要法则，是要维护自身的生存，人性的首要关怀，是对于其自身应有的关怀；而且，一个人一旦达到有理智的年龄，可以自行判断维护自己生存的适当方法时，他就从这时起成为自己的主人。”③这就是天赋人权，这就是自由平等，这就是礼仪的准则。卢梭还把家庭当作政治社会的原始模型，但是在这个家庭里，他强调的还是人权、自由、平等。卢梭认为：“孩子也只有在需要父亲养育的时候，才依附于父亲。这种需要一旦停止，自然的联系也就解体。孩子除了他们对于父亲应有的服从，父亲解除了他们对于孩子应有的照顾以后，双方就都同等地恢复了独立状态。如果他们继续结合在一起，那就不再是自然的，而

① 雅各.布克哈特：《意大利文艺复兴时期的文化》，商务印书馆 1979 年版，第 362 页。
② 坚尼.布鲁克尔：《文艺复兴时期的佛罗伦萨》，北京三联书店 1985 年版，第 133 页。
③ 卢梭：《社会契约论》，商务印书馆 1980 版，第 9 页。

是自愿的了；这时，家庭本身就只能靠约定来维系。”[①]这大概就是西方人为什么父母子女之间可以相互指名道姓、相互尊重、互不干涉的理论依据吧。

礼仪既然是一种约定，那么就得让它按约定的规则运行。“任何人拒不服从公意的，全体就要迫使他服从公意。这恰好是说，人们要迫使他自由。”[②]

（四）现代西方礼仪

自从文艺复兴、启蒙运动以后，西方文化找到了自己的方向，也就相对稳定地发展延续下来。但是到了20世纪，西方的文化格局有所改变。这主要是由于欧洲殖民主义的产物——美国的崛起。美国文化是最年轻也最有潜力的资本主义的文化，它没有自己的传统，它要创造自己的传统。美国凭借雄厚的经济实力，把西方世界的文化中心悄悄地转移到了他们的本土上，使得美国文化（异化了欧洲文化）对欧洲大陆的影响日益增大。但是美国文化的缺乏传统性决定了它的不稳定性。从20世纪初开始，年轻的美国人就一代接一代地反叛，如迷惘的一代、垮掉的一代，新“左派”、新“右派”等。与此同时欧洲大陆的文化领域也相继发生了类似的改变。在这种文化背景下，欧美的礼仪在20世纪表现出来的主要特征就是更加强调个人的主观性，以个人的私利和幸福为目的。

虽然美国文化的活力、英国的绅士风度、法国的浪漫情怀等依然为人们所追捧，但很多传统的礼仪在传承过程当中由于变得过于虚假和形式化而消亡；有些原本很有内涵的礼仪也逐渐变成了空洞的形式；宗教礼仪正在不断丧失地盘；法律也逐渐从礼仪中演化出去，个人的自由、幸福成为行为规范中的标准。

20世纪国际交往日益频繁，特别是1945年联合国成立以后，就逐渐形成了一种国际礼仪。这种礼仪不再是以往的各自为政时以我为主的外交政策，而是以全球为出发点。现代国际礼仪正式出现的标志就是1961年的《维也纳外交关系公约》，这是国际交往的总的原则与纲领。

该公约是基于联合国宪章的宗旨及原则基础上制订的，旨在维护各国主权平等、维护国际和平与安全，以及促进国际友好关系等，从而确定外交人员的特权及豁免权。根据卢梭的观点，“一旦人群这样地结成了一个共同体之后，侵犯其中地任何一个成员就不能不是在攻击整个共同体；而侵犯共同体就更不能不使它的成员同仇敌忾”。[③]因此，任何国家在对待外国人时就得特别慎重，而外交人员则更是直接代表着派遣国，需要更为谨慎。也就是说，一个国家对待别国外交人员的政策就是对待别国的政策。这种政策既要考虑双方各自的利益，同时还要考虑国际惯例。因此国际礼仪是与国内礼仪不同的。新加坡判处菲女佣死刑而引起菲律宾抗议并导致两国关系陷入了严重的危机，这个例子说明在国际交往中，国家、民族是作为整体出现的，它的自尊心就像个人的自尊心一样容不得伤害。

总之，国际礼仪强调的是相互平等，相互尊重，在享受特权的同时也有义务尊重接受国之法律。

二、中国礼仪发展的历史过程

中国的礼仪文化源远流长，它的产生和发展基本上与中国社会的政治性质变化相适应，

---

① 卢梭：《社会契约论》商务印书馆1980版，第9页。

② 同上，第19页

③ 同上，第27页。

呈现出成形早、发展慢的农业文化的稳定性的特点。从历史发展过程来看，中国礼仪孕育于商殷时代，诞生与发展在漫长的封建社会里，变革在五四时期，而新兴于现代新中国。

(一)中国礼仪的孕育、诞生与发展

中国传统文化中，礼是相当重要的一个成分。商代甲骨文中已有礼字的原型出现。商代人的精神生活还处在原始宗教的迷信阶段，因此，这时人们的礼仪大都局限在祭礼上。根据当代许多学者的研究，商代的祭礼相当频繁，而且祭仪也相当复杂。这同西方礼仪的产生是非常相似的。然而，当中国社会进入殷周时代，礼仪出现了较大的变化。特别是当周灭殷之后，礼仪明显地出现了人文主义倾向。周人从殷朝统治的灭亡中领悟到冥冥之中的神祇并不能毫无保留地庇护人类，人必须对自己的行为负责。周初的人文精神的内涵是人必须敬德，人应该谨慎自己的行为。因此，从西周起，礼不仅仅是指祭礼，也指人事仪节。《诗经》中诗人以老鼠为喻，指责"人而无仪"、"人而无止"、"人而无礼"，连老鼠都不如。可见，西周人的礼仪有着人文精神。昭公二十六年晏子更详细地规定了礼的内涵，就是指君令、臣共、父慈、子孝、兄爱、弟敬、夫和、妻柔、姑慈、妇听。此时，礼已开始具有伦理化倾向。

春秋战国时期是中国文化相对繁荣的阶段，也是中国礼仪文化发展史中一个重要里程碑。可以说，中国传统的礼仪是在这个时期奠定的。这个时期的礼仪表现出几个明显的特征：第一，中国人赖以修身养性的礼仪经典是由这个时期产生的。现今我们所能见到的专论就有《周礼》、《礼仪》、《礼记》等史籍，书中详细地记载了各种礼节、程式。第二，社会上对礼的讨论达到了空前的程度，几乎所有的思想家都参与了这种讨论。第三，礼的内涵在夏礼、殷礼和周礼的基础上有了深入的发展。一方面礼保留了宗教祭礼的原始含义，另一方面礼的内涵扩展到了社会制度和人伦规范。第四，儒家正统的礼仪得以逐步确立。日后历代统治者都将儒家的礼仪精神作为自己维系社会人文秩序的重要准则。

在中国封建社会里，礼成为束缚人心的工具。社会要稳定、国家要安宁，对统治者来说长治久安是主要的。而孔子所提倡的"克己复礼"就是冲着这稳定而来的，因此秦汉以后历代文人争相研习，历代统治者争相仿效。但是到宋明时期，由于新儒学的兴起，中国的礼仪出现一些变化。宋明哲人所强调的是道德的形而上学，而对于道德理性的客观化、实践化并不注重。因此，在宋明理学的影响下，人们把心知、良知作为处世的基础，若徒拘泥于古，不得于心而冥行焉，是乃非礼之礼。然而中国文化是农业文化，崇老崇古的观念相当强烈。万事由前人定下的规矩，后世就很难更改，因此中国的礼仪文化结构完整，运行相当稳定。

在中国漫长的封建社会里，儒家礼仪传统始终是主流，各种外来文化的冲击以及内部各皇朝的更替也难以撼动它的根基。在中国礼仪的文化氛围中，外来者只能入乡随俗，不断地被同化。比如佛教、伊斯兰教的礼仪都必须具有中国特色方能生存。

(二)中国礼仪的第一次变革

到清代中国传统礼仪仍以儒学为正统，保持祖制流传下来的礼仪。但是，到了20世纪，随着世界形势突飞猛进的发展，中西文化的接触更加频繁，西方文化的影响也越来越大。而且它的影响不仅仅是物质上的，更重要的是精神上的，其结果最终导致了辛亥革命的爆发和清皇朝的覆灭，促使新文化运动的进行。在这时期内，中国礼仪的以下几点变化是值得注意的：

第一，辛亥革命及随后的军阀割据，使得中国的传统礼仪分崩离析，难以自保。

第二，新文化运动高举打倒"孔家店"的义旗，第一次对中国传统礼仪进行了全面的反

省，表现出礼仪上的人心思变。

第三，新文化运动主张全盘西化的策略产生了“取法乎上仅得其中”得客观效果。那些真正繁文缛节式的东西以及那些与年轻人切身利益相关的礼教被迫退出了历史舞台，比如：男女授受不亲的男女大防、包办婚姻、三跪九叩等。一种平等、自由的生活习惯开始出现，礼俗开始真正融合。

五四时期，中国礼仪某种程度上的西化，一方面说明了中国传统礼仪试图走出封建的框架，另一方面表明人类礼仪有着某种共同性。

（三）共产主义道德规范的建设

新中国成立以后，中国的礼仪文化完全以一种崭新的姿态出现。这种姿态的出现并不是偶然的，而是以新文化运动为前奏，以马克思主义思想为指导逐步发展而来的。

在五四新文化运动对封建礼教进行否定的基础上，新中国开始建立一种以共产主义道德规范为主体的礼仪体系。这种礼仪体系深深地扎根在反对剥削、反对压迫的无产阶级意识形态中，人民成为真正的主人，政府官员成为“公仆”，因而人与人之间真正地处在一种平等、自由、民主的社会主义社会关系中。劳动者在这种社会关系中，平等对待，尊老爱幼，万众一心地为建设社会主义的美好明天而辛勤愉悦地劳作。

在新的时代，我们看到礼仪的建设也并不是一帆风顺的。特别是当历史进入到本世纪60年代的中后期，社会开始进入到十年动乱“文革时期”，在“阶级斗争为纲”的思想影响下，人与人之间的关系出现了扭曲。

但是，文革以后的中国礼仪又发生了新的变化。社会呼唤着具有时代精神的礼仪。在党和国家的大力提倡下，社会开始注重礼貌言语、文明行为，“五讲四美三热爱”成为人们礼仪行为的基本规范。现今中国的礼仪一方面在改革开放的影响下，吸收了不少西方的礼仪规范，特别是国际礼仪。另一方面，在弘扬祖国传统优秀文化中，继承和发扬了中国传统礼仪中的优秀部分，形成了“礼俗不分、中西并存”的格局。

三、中西方礼仪特点之比较

由于受人种、地理环境、文化氛围等诸多因素的影响，中西方礼仪呈现出各自独特的风格。当然我们进行中西方礼仪的比较并不是想去着意地刻画它们之间泾渭分明的内在差异性，而是想通过这种差异的理性比较来互补地了解人类礼仪的完整性。

（一）导致中西方礼仪不同发展趋向的基本因素

从文化人类学的角度看，导致中西方礼仪的不同发展趋向的因素大致有以下几个方面：

首先是人种。人种是指在体质形态上具有某些共同遗传特性的人群，它是人类行为先天的生理条件和心理条件。由于中西方人群在人类学意义上归属于不同的人种，他们各自受自身生理、心理条件的制约而在行为方式上产生了一定的差异，从而导致日后礼仪行为上有所不同。

其次是地理环境。地理环境包括生活地域的地理情况与周边的地形地貌。黄河流域以及周围的地理结构使得中华古国能安全自由地发展自己的农业文化，从而产生相应的礼仪。中华大地幅员辽阔，更提供了很大的发展潜力以及在外族入侵时的防御能力。而希腊半岛特殊的地理条件使得古希腊发展成带有商业性的松散的城邦制国家。那种开放性的地形，造就了一种开放型的不稳定的文化：繁荣时可以远涉重洋征服别国，但衰落时也很容易被夷为平地。

再次是生活习惯。不同的人种，不同的地理环境，造成了不同的生活习惯，形成了不同的民俗文化，进而产生了不同的礼仪。这在中国的地域文化当中就能得到很好的解释。

最后是文化环境.文化环境包括自身的文化氛围、文化传统以及周边文化。中国文化，特别是汉文化，它具有一种超稳定的结构。汉文化传统源远流长，赋予了中国文化顽强的生命力。周边的文化很少能有与之相抗衡的。比如北方的游牧文化，尽管强时能横扫千军万马，但这也只能逞一时之勇，到最后要么是被同化，要么是被排斥出去。元、清两代就是如此。但是西方文化就没这个优势。自身文化的不稳定，再加之传统的支离破碎，与周边文化的关系是一种此消彼长的关系，你过来了，你把我同化；我过去了，我也把你同化。古希腊、古罗马都是如此。

（二）中西方礼仪各自的价值取向

中国自古以来被称为礼仪之邦，礼在中国传统文化中占据了重要的地位。荀子讲"礼有三本，天地者，生之本也；先祖者，类之本也；君师者，治之本也。"在荀子的思想中，他特别推崇"礼"，将这个为仪节、风俗、习惯的精粹。"（礼）天地以合，日月以明，四时以序，星辰以性，江河以流，万物以昌，好恶以节，喜怒以当，以为下则顺，以为上则明。万物变而不乱，贰之则表也。礼岂不至矣哉。"[①]荀子的思想比较典型地反映了中国传统文化中关于礼的价值观。

从荀子的思想中我们可以看到，作为整个自然界的天地是人生的根本。事实上，中华民族所处的特定地域——以黄河、长江两大河系为中心的辽阔土地成为我们生活的根本。因此，在这块土地上生长的文化也就自然地把价值目标指向以农业经济为中心的文化框架。中国传统文化的价值趋向首先指向的是以土地为基础的人生本位，土地在中国人看来是高于一切的东西，有了土地就有一切，而丧失了土地也就丧失了一切。在土地上，人充分地体现他的主体性。

由于中国的传统文化在很大的程度上是立足于宗法家庭的基础上而发展起来的，具有血缘关系的宗法家庭可以说是中国传统社会基本单元的载体。中国社会是从原始的氏族社会稳步发展而来的农业社会，家庭是整个社会的细胞。原始的血缘纽带是社会伦理的基础，渗透着浓厚的感性成分和情感因素，而社会的人际关系是从家族的亲伦关系扩大而来的。中国人强调的是类，是群体，中国人对社会的思考是从家庭开始的。在群体和个体的关系上，人们注意到的是个体对群体的依附性，强调的不是一个个的个体组合成一个集合体，而是只有承认群体的存在，个体才有生存的空间。人生下来就处在一个血缘关系网中，成为家庭的一员。由此，我们也可以得到中国礼仪的另一个价值趋向，即以家庭为基础的群体本位。这种价值观念最核心的部分就是祖宗的观念、后代的观念。在中国人看来，自由、平等是有条件的，只有在承认家庭、群体的前提下才能获得自由平等。这正如闻一多所提出的"戴着脚镣跳舞"才会显示舞者的风采；没有脚镣那不是自由，而是放纵。平等也是一样，"学而优则仕"，你必须按部就班，脚踏实地，自然可以达到理想的地位，与人平起平坐。中国人在礼仪上，就像在其他方面一样，是以群体为本位，以家庭为本位，个人的价值是由其在家庭社会中的地位来决定的。因此每个人都应根据自己特定的身份和地位，选择特定的行为方式。

荀子还讲到"君师者，治之本也"，这里的君师者是指有德行的人，也即是中国传统文化

---

① 《荀子·礼论篇》第 19 章 76 页

中道德的体现者。而“治”实际上是指处理人与人之间关系。所以中国礼仪的价值趋向还有一个是指向以伦理为基础的道德本位。中国传统文化中的儒家学说就是建立在家族制基础上的伦理道德体系。传统的农业大国，以家族或以家庭为单位的土地分配方式强化了以土地、家庭为基础的本位观念，反映到社会中，就形成了大一统的伦理道德体系。在这个道德体系中，强调的是一种秩序、孝忠和自然法则。家族中有辈分之分、长幼之别，在整个社会中体现了权力之分，家族中所有成员的权利和义务都是为了维护大家共同的生活，他们都受到一套宗法礼仪的束缚，在国家中就形成了伦理道德规范。在儒家眼中，国家在理论上就是一个大家族，皇帝、君主是臣民的父亲，臣民则是皇帝、君主的子女，臣民要服从君主的权力管制。在伦理道德规范原则下，强调修身齐家、治国平天下。《尚书》云：“先修身而以渐推之于九族，而百姓，而万邦，而黎民”。在儒家，认为“有天地然后有万物，有万物然后有男女，有男女然后有夫妇，有夫妇然后有父子，有父子然后有君臣，有君臣然后有上下，有上下然后礼仪有所错”。这是儒家的自然法则，他们也是运用这个自然法则来解释和构建社会的。

但是西方礼仪中体现出来的价值观念正好相反。西方人以个体为本位，每个人并不以血亲和家族为其生活的依据，而是以财产和能力为存在的保障。就是夫妻之间、父子兄弟之间也是如此。他们不可能像中国人那样不分彼此，作为一家人共同生活。在西方人眼中，单个的人才是社会的细胞，没有水滴无以成大海，个人的利益、幸福是行为的最高标准。所以西方会有人本主义思想，才会提出个性自由、个性解放、人格平等；才会强调天赋人权，提倡博爱。个人的利益是神圣不可侵犯的。西方礼仪的价值趋向从本质上来讲体现在三个方面：

第一，西方文化长期来坚持不懈地追求希腊精神。所谓希腊精神也就是一种追求个体的独立、平等、自由和民主精神。这种追求意识在西方国家的意识里根深蒂固。德国古典哲学家黑格尔认为，希腊精神具有两大特征：一是构成希腊性格中心的美的个性；二是那种追求真理、酷爱独立、自由的性格。这些特征源于希腊的城邦制度，希腊的小城邦不仅是独立的主权国家，而且直到亚历山大事实上把他们降为一个大帝国的自治城市以前，他们仍各自顽强地坚持独立。这不同于中国春秋战国时的诸侯国，虽然各诸侯国政治各异，各自讨伐，但始终有一个凌驾于他们之上的最高政治制度。这使得古希腊有一个不为中国古代所知道的民主制度产生。这种直接民主制度使凡享有政治权利的公民的多数决议，无论在寡头、贵族还是平民政体中，总是最后的裁断，具有最高的权威。因此，在这种希腊精神的特征下，每个人都保持独立的地位，多样化的差异使得人们追求自由。

第二，追求凝结在宗教里的价值目标。宗教生活在西方人那里是一种重要生活内容，赞颂自然界和伟大创造者以及坚持不懈地行善是行为活动基本目标，特别在中世纪和文艺复兴时期，人们的文化生活处处留下宗教的烙印。在公元前 6 世纪以前，古希腊人就相信大自然和人类都是由诸神所创造和统治的。在西方，宗教和哲学、科学始终纠缠在一起。人们在生活中赞美上帝，在行动上追求上帝所赋予他们的同情心，追求人与人之间真诚的交流。

第三，追求商品经济的价值目标。西方文化自从产生后就与商品经济结下了不解之缘。由于地理环境的局限，西方人不像中国人那样迷恋土地。因为土地并不能为他们提供足够的生活资源，所以交换的商品经济意识在西方人那里同样是根深蒂固的。西方文明起源于古希腊文明，前面讲过，古希腊最早是从克里特岛开始的，生活在爱琴海区域内的古希腊人没有像中国人那样产生绵延不断的土地的感觉，跳动的、独立的岛屿生活造就了古希腊人独特的性格，他们没有土地的羁绊，为了生存，他们发动战争，对外掠夺。特别是当哥伦布环球航行发现新大陆之后，西方人向往富饶的东方，在交流、战争中，商品意识逐渐强化。十三、十四世纪以后，城邦式小作坊的出现，资本主义萌芽开始产生，商品经济意识也就和西方结下了不解之缘。

（三）中西礼仪中的人情与理性

作为伦理体系中的一个子系统，礼仪是介于感性与理性之间的中间环节，是情理交融的。因此，中西礼仪在情与理的共通性上是不言而喻的，理是人情的延伸，同时也要进行理性的把握，以求完美的人格。但是中西礼仪在这方面的不同之处也是明显的，主要的表现就是中国礼仪重人情，西方礼仪重理性。

中国礼仪以血缘纽带为基础，以家庭为本位，因此所有的礼仪都带有浓厚的亲情，诸如“君怀臣忠”、“父慈子孝”、“夫唱妇随”无不是和乐融融的家庭景象，即使祭天地的仪式也与祭祖先的仪式差不多。在处理人际关系时，中国人的忍耐谦让也是培养感情的一种方式。一方面自己可以“退一步海阔天空”，但更重要的是大家可以相安无事，说不定别人会“受滴水之恩当涌泉相报”，更何况同在一个大家庭中，“抬头不见低头见”，何须顶真。其实，既然国是一个大家，那么人与人之间的关系不就是兄弟之情、手足之爱吗？但这对西方人来说，是不可思议的。人天生就是自由的，有独立人格的，不管是亲人还是路人，桥归桥，路归路，来不得半点含糊。父子之间，兄弟之间都是相互独立的。他们处理人际关系的手段除了天赋的人权之外就是冰冷严格的法律了。绝不能让感情模糊了理性的双眼，这是西方人所秉乘的理念。另外，我们也可以从婚礼、饮食礼仪等各方面去看中西礼仪在人情与理性上的各执一端。总之，中国礼仪太过温情脉脉，太过投入而缺乏冷静的理性把握，西方礼仪又太过于阴冷而缺乏温情。

（四）中西礼仪与宗教

中西礼仪在与宗教的关系上是有一致性的。在任何生活习俗当中，都带有一定的宗教色彩，特别是各种各样的祭祀仪式、各种禁忌，无不与宗教信仰有关。在远古时期，中西礼仪的多神色彩都是很明显的。

但是，由于宗教是一种信仰，中国人不愿在这上面多花精力，他们更愿讲究人情、讲求经世致用。因此中国礼仪除了在各种仪式上还留有宗教色彩外，其他方面就淡化了宗教色彩。再者中国人是多信仰的，任何人都能成为神，结果是多信仰就等于无信仰，多宗教就等于无宗教。按卢梭的社会契约原理，这么多的宗教律法也就没办法成为公众共同的约定了。因此中国礼仪也就逐渐淡化了宗教色彩。而在西方，从古希腊罗马时期的多神教到基督教是一脉相承的。即使经过文艺复兴、启蒙运动的攻击，基督精神也还是根深蒂固，就连尼采大喊“上帝死了”也无非是为了将自己树为上帝，把宗教的狂热精神换一种方式表现而已。宗教礼仪是西方礼仪的重要组成部分。即使非宗教礼仪的那一部分也有很多与宗教礼仪渊源相关。宗教色彩也是西方理性色彩的另一种表现，西方人对宗教始终有很大的热情，乐此不疲。

（五）中西礼仪与法律

礼仪具有法约性，法律也有礼俗化的可能，这是中西礼仪一致的，礼仪始终与法律紧密相关。但是中国的礼仪是法的基础，而西方礼仪，特别是现代西方礼仪都是以法为基础的，这种区别显而易见。

在中国，国是家的扩大化，因此即使“国有国法”，这法跟家规也没什么两样。古代统治者是像管理家庭那样管理国家的，掌嘴、打屁股之类其实就是父母管教子女的手段。如果中

国有法的话，这法也只是习惯，与古罗马王政时期的法律差不多。中国是礼治而不是法治。中国人把礼仪的法约性扩大化了，因而礼也就变成了法。

而在西方，尽管罗马法最早也起源于习惯法，但是由于法的昌明，法离习惯越来越远。到了基督教兴盛时期，根据原罪之说，人性是罪恶的，这就需要能体现神意的法律来约束人的罪恶，又形成了西方“自然法”的传统。文艺复兴以后，罗马法的传统与宗教律法合二为一，使西方社会法律日趋完善。最后法律变成了社会行为的唯一准绳。法是社会集合体得以成立的民众共同的约定，任何人都得遵循这个约定，只有这样人才能自由，否则别人也要强迫你遵守约定，强迫你自由。因此，在西方一方面法律条文成为行为规范，成为礼仪，另一方面在律法规定不到的地方，人们的社会行为也必须以法律为原则。

（六）中西礼仪中妇女的地位

从理论基础上讲，中西方礼仪都是主张男女平等的，只是在社会表现形式上有所差异。中国较为内隐，而西方较为明显。中国人强调男女平等的理论出发点是《易经》中的阴阳理论，万物负阴而抱阳，阴阳化合而万物生，阴阳调和是生命力的象征。阴阳调和也即画论里说的平衡、对称，阴阳中任何一方的消长都将影响原来的平衡和对称。所以在中国文化中，阴盛阳衰都是生命力衰竭的表现。从社会和谐的要求出发，男女之间不应该过于强调一方，而应该处于一种平衡状态。这种理论在农业文化里就表现为男女之间合理的社会分工，男耕女织，男主外女主内。但是儒家学说又强调人有高低贵贱之分，在现实社会中要求妇女礼遇男子。这样在儒家文化占据主导地位以后，社会中出现了一系列“男尊女卑”的礼仪规范，从而表现出理论与现实的矛盾。为了消除这种矛盾，儒家文化的礼仪体系又赋予母亲特殊的地位，婚礼礼俗中“老娘舅”具有绝对权威的现象就是试图调和这种理论与现实发生矛盾的结果。而在西方的礼仪体系中，男女平等是从人性面上来讲的，特别是经过文艺复兴运动和启蒙运动的洗礼以后，整个社会至少从人性理论上承认了男女平等。所以，在西方礼仪体系中，“女士优先”是一条基本的礼仪规范，然而在社会中这只是表现在社交性场合下。其实在西方社会里，特别在资本主义条件下，妇女的地位并没有得到充分的承认。在赤裸裸的金钱关系下，妇女通常成为商品交易的工具，所谓“女士优先”不过是有钱人嘴上的口号。所以，西方资本主义条件下的“女士优先”原则与中国封建主义条件下妇女的“小脚”一样都是男女不平等的现实反映。从人类文化的一般意义上讲，即使在今天的中西方礼仪体系中，妇女的地位问题其实还是没有得到彻底解决，只要社会要求尊重妇女，就意味着社会还存在着男女不平等的现象。

从殷商文化、古希腊文化到如今，中西方的礼仪文化都走过了漫长的道路，其中伴随着通常的变异、选择和整合，然而它们总的发展状态是一样的。中国的礼仪体系形成较早，但是在超稳定的社会文化结构中，它只能兼收并蓄，变化很小，具有强烈的稳定性特征。即使在现代社会里，中国礼仪体系中糅合了不少西方礼仪，但它还是万变不离其宗。西方礼仪的源头可以追溯到古希腊，但是它成形较晚。西方礼仪的系统化正式出现在文艺复兴以后，并且伴随着工业化的发展，西方礼仪出现在一个开放性的社会里，因此它具有较强的变异能力，从古希腊到今天的西方世界，礼仪之间的差距要远甚于中国从古到今的变化。另外，西方礼仪的发展还出现明显的地域中心迁移的现象，这也是导致它具有明显变异特征的一个重要原因。总的来讲，中国的礼仪体系具有较强的稳定性，而西方的礼仪体系具有明显的变异性。这种现象的产生主要是与中西方各自的文化背景有关。

第二章　礼仪的理论基础

第一节　礼仪行为的哲学诠释

一、礼仪行为的哲学本质

礼仪从表面上来看是一种人类常见的琐细行为，然而透过这个层面却能展示其深刻的文化内容。我们知道，谁都不能以单纯的眼光来看待世界，只要他在即时的现实生活中去感知世界，那么他必然会受到当时特定的社会风俗习惯以及由此而形成的思维方式的影响。日本学者小松和彦深刻地指出："礼仪通过象征的表现所涉及的即使是个人作为礼仪的具体对象，也同样是集体和社会的事情，是隐藏在日常生活背后的事情。礼仪涉及人类的根源性问题，关系到社会的根本。"[①]因此，在礼仪文化中，我们可以看到人类的文化根源性问题；看到人类对自然本体、社会本体最初的直觉把握；看到社会文化的价值是如何从礼仪文化中滋生出来。

(一)礼仪行为产生的社会原因

追寻礼仪行为的起源是一件相当困难的事情，但是我们有理由相信，追根寻源之时，透过层层神奇的迷雾，归根结底所看到的是社会生存、发展的需要。

尽管当今社会中温饱并不是谈道德的必要条件，但"仓廪足然后知礼节"至少是礼仪产生的合理解释。当社会生产力从原始社会的低下状态中走出，产品已超出原始群体维持最低生活与延续后代之必须时，社会出现了剩余产品，私有财产也成为可能了，于是群体内部的纷争自然而起，人际关系随之日益复杂。这就要求有一定的规范对人们的行为进行约束，对合乎生产关系的社会关系加以肯定，以维护社会的稳定和发展。这些规范就是最初的礼。与周介旦参酌殷礼，判定出"周礼三千"相先后，古希腊、古印度、古巴比伦等都建立了各自的伦理礼仪体系。这不是偶尔的巧合，恰恰是历史发展的必然结果，使社会生存的必然要求。尽管礼仪从民间的图腾习俗上升为伦理体系经历了相当长的演化过程，但是，礼仪无论借助于哪一种形态，从它产生的那一天起，就植根于社会历史的基础、人文心理的土壤上，而绝不是一种纯粹的装饰性的形式。

一种文化行为的形成，总是离不开这种文化行为赖以生存的社会物理基质，也离不开这种文化行为赖以发育、成长的人类学因素。因此，在现实文化中有效地把握礼仪这种文化行为也必须从人类文化学上去进行，脱离了一般人类文化学背景，就无法理解礼仪这种文化行为的任何特性。其实礼仪的本质特点并不表现在它的形式方面，而在于其依据上。

毫无疑问，礼仪是人类自己创造的产物。无论它是出自于幻想，还是出自于信仰；无论

---

① 石川荣吉主编：《现代文化人类学》，中国国际广播出版社 1988 年版，第 169 页。

它是有意设立的规范，还是无意沿用的习惯……总之，这不是自然界外加给人类的。那么，人们是依据什么来创造礼仪的呢？又是依据什么来遵守礼仪的呢？究其底蕴，礼仪的依据是人类在自身的民俗行为中所体现出的人的本性，人的尊严。

礼仪行为是我们人类在民俗行为中体现人的本性的需要。中国古代视礼的依据为义，义为宜，即合宜。合乎各在其位而相互享受的仁德就是人的本性，也就是义。仁义是植根于自然人性的根本，礼法则反映此仁义而为行为规范，而仪式则是礼法的外在表现。此理即：仁义发乎中，礼仪形于外。这就是所谓“发乎情、止乎礼仪”。礼仪之所以以人自身的本性为依据，说得通俗一些，人性本身有友善、关爱和仁慈的一面，所以才可能借礼仪来表现自身；同样，人性还存在着粗鲁、狭隘、暴戾的一面，所以才需要借助礼仪来规范和约束。礼仪本是人性的外观，决不是伪装。道貌岸然的伪君子与“彬彬君子”的基本区别就在于前者违背了礼仪的本质，而后者体现了礼仪的真谛。可以说礼仪本身包含了人们在社会生活中应予遵守的道德和公德，人们只有不拘泥于表面的形式，真正使自己具备这种应有的道德观念，正确的礼仪才可能得以成立。

礼仪行为是我们人类个体、民族和国家自我尊严的需要。比如，礼仪在国家尊严的体现上扮演了重要的角色。国际交往的根本法则为国家的主权。国家的主权是国家独立自主地处理对内和对外事务的最高权力。在现代国家关系中，相互尊重国家主权是各国都应遵循的一项基本原则。国家主权如果说在处理事务时表现为判断和决策的权力，那么在交往中就体现为国家的尊严。礼仪便是表现国家尊严的重要手段之一。国家尊严既意味着一国对自己所具有的自尊，同时也意味着不同国家之间的相互尊重。礼仪方面的任何失误，既会伤害对方，同时也有损自己的形象。严重的甚至会引起外交纠纷，影响国家关系，降低本国的威严和伤害本民族的自尊。这一类的教训在古今中外的外交史上不乏其例。我国春秋时期，就有著名的“萧太后辱使招祸”的故事。公元前 592 年，晋国中军元帅郤克奉命出使齐国，商量诸侯会盟问题。郤克先天跛足，当他瘸着腿朝见齐侯时，受到幕后萧太后和奴婢的嗤笑。郤克难以忍受这种耻辱，发誓报仇。不久郤克执政，于公元前 591 年鼓动晋侯联合卫国攻打齐国，将齐公子虏为人质。过了两年，又联合鲁国和卫国，浴血奋战大败齐师，终于报了萧太后嗤笑之仇。

礼仪产生的社会原因说明了讲究礼仪、遵从礼俗不仅不与人的个性发展相矛盾，恰恰它是人的个性发展所凭借的形式，礼仪不仅不会在事务和行为上干预人的自由，恰恰为人们自由地展示自己的优点提供条件。人们创造礼仪是为了使人性得到优雅的张扬，而不是扭曲人生；人们运用礼仪是为了有效地展示自己的人生，而不是束缚人生。这是礼仪本质的必然特征。正确地理解礼仪，才可能正确地运用礼仪，正确地应用礼仪，才能使礼仪真正体现其本质。就个人而言，不拘小节或许是一种潇洒的风格，但任何人都不可能脱离社会而孤立存在。不同的场合，不同的境遇，不同的氛围，不同的人际圈，不同的事务往来，都需要借助礼仪来面对生活中的各种情境和不同关系。而当你在礼仪中表现出个性的色彩时，你则进入了个性自由的新境界。

总而言之，礼仪体现了人类社会不断摆脱愚昧、落后、野蛮的进程；体现了一个国家和民族的文明、开化与兴旺；也体现了个体的修养和境界。无论个体还是群体，凭借礼仪表现着自己的内在世界，同时又是他们面对外在世界的方式。

(二)文化的礼仪根源性问题

在现代频繁的社会交往活动中,礼仪已构成不可缺少的一个组成部分,以至于任何一个国家、民族、团体、个人都将它视作对外交往的一个行之有效的工具。礼仪之所以在现代生活中重新散发出诱人的魅力,主要原因在于人们重新认识到它的价值。从哲学上看,它不仅仅是人类文化交流的形式活动,而且也是人类文化赖以形成和发展的源泉之一,也就是说,它的哲学内涵在于它是一种文化的生长点。

首先从历史上看,任何一种文化形态的历史演进几乎都有其理论的基础。尽管人们现在对文化形态有着不同的理解,但有一点可以肯定,即文化总是与人类的最初行为以及选择有关。人类的行为方式有多种多样的可能,但是一种文化在众多的可能性中只能选择其中一种,而这种选择有着自身的社会价值取向。人类最初的行为莫过于追求原始的生存形式,因而选择的行为方式首先包括了对待自身,即对待自身的生和死、青春期和成年期、婚姻等。随着社会实践时空的展开,人们的选择也涉及经济、政治、社交等领域的各种习俗和规矩,并逐渐通过形式化的方式形成特定的文化基质,从而整合成一个民族或部落的文化形态。美国新墨西哥的普韦布洛文化就是典型之一。普韦布洛印第安人在西方文明中是广为人知的原始部族之一,这些印第安人直到现在还是按照当地那种古老的方式生活。他们有着自身浪漫的历史,凡是他们居住的地方都可以看见他们先人留下的文化遗迹,尤其是那些建造在悬崖峭壁顶上的小屋以及规模庞大的谷底城市,至今都令人惊叹。但是要真正地了解普韦布洛人的文化,没有有关他们习俗和生活方式方面的知识,是不可能理解他们的那种文化完刑的。普韦布洛的祖尼人是一个讲究礼仪的部落,他们把一年中的大部分时间用在那些丰富而复杂的礼仪活动上。他们对于那些假扮的神,对于消灾除病的法术,对于太阳,对于神圣的偶像,对于战争,对于死亡的各式各样的顶礼膜拜都是采取定式化的、确定的具体仪式来表达。祖尼人的礼仪结构主要有三大部分:第一,礼仪由历法来确定;第二,礼仪模仿巫术,祷文公式化;第三,存在着大量的巫术社团。正是这些五花八门的礼仪构成了他们生活的主要内容,从而也形成了普韦布洛人的文化模式。美国著名的人类学家露丝·本尼迪克特曾详细地考察了普韦布洛人的礼仪对他们自身文化的发展所产生的巨大影响,从而写下了她的人类学代表作之一《祖尼印第安人的神话》。可见,一种文化形态的形成与礼仪密切相关。

其次从逻辑上看,任何一种文化形态的逻辑变化都有其人类的行为模式基础。美国的著名学者菲利普·巴格比认为,人类的行为模式是"文化"的核心意义。这种行为模式包括"人的心——身;内在——外在;精神——生理的各种二元行为"。[①] 尽管人的心与身、内在与外在、精神与生理存在着相互依存的辩证关系,然而从逻辑上看它们毕竟分属两类不同性质的行为。观念、知识、信仰、规范、价值通常是属于内在精神行为的范畴,而习俗、仪式、礼节等这些习惯性方式行为当属外在行为。内在行为或精神行为往往是外在行为的基础上升华而来,即使是礼俗制度本身也是根源于人类的习惯性行为基础上,然后再形成社会组织结构及其他社会秩序。我国著名学者梁漱溟先生讲过:"人类除男女两性及亲子关系犹存有不少本能意味而外,社会的组织机构及一切生活秩序咸受成于后天礼俗制度,因时因地千态万变其不同焉。惟其如此也,我们可以说其规制来自自身本能者殊少且弱,几乎不算数,而大抵

① 菲利普·巴格比:《文化:历史的投影》,上海人民出版社 1987 年版,第 95 页。

出在心理习惯之间。”“说礼俗制度大抵出在人们的心理习惯之间，远非意味着一种唯心主义。”[①]从辩证唯物主义的观点看，文化的外在行为模式应该是内在行为模式的感性基础，在这个感性基础上才形成具有理性内涵的行为模式。因此，我们说作为文化外在行为模式之一的礼仪，必然构成文化模式的逻辑根源之一。

（三）文化价值意识建构的起点

我们知道文化通常具有一种直觉性格，它主要是指人的价值思维、价值判断可以直接从风俗、习惯、伦理道德以及宗教信仰的文化中吸取合理意义的品质。当然这时人的价值思维、价值判断不是按照“应该是什么”的方式进行，而是按照“是什么”的方式思考。当然礼教、习俗等行为方式，是用不着去追究为什么，它有什么道理，是否值得这样做，也用不着去思考。在这种文化背景下，人的价值意识建构就不是经过严格的文化训练，而是潜移默化的自然形成。礼俗文化在文化价值意识建构中具有天然的合理性。

我们之所以说礼俗文化是人类价值意识建构的主要起点，主要理由如下：从价值意识现象上看，直觉的价值意识常常带有原始性的、非逻辑性的，或者讲是非理性的，然而原始性、非逻辑性等直觉性格恰恰就是礼俗文化的主要特点。在礼俗文化中，人的内心世界还受生物世界和物理世界的自然因素影响，人的行为方式与天然的秩序和结构法则相一致，因此，礼俗文化对于价值意识建构来讲，本身就具有它一定的天然合理性，这种情况尤其体现在初民时期的礼仪活动中。

风俗习惯、礼教传统常常构成特殊文化背景。不管是什么人，只要生活在群体中间，就会产生特殊的价值意识。并且在这种文化背景里它为价值意识的取向和结构提供条件。例如，普韦布洛人的理想人格就非常奇特。在祖尼，个人的权威性也许是最为人所不齿的。一个渴望权力、渴望知识、希望成为领袖的人，往往受到非难，甚至会受到惩罚。原因就在于他们的礼俗文化要求每个人都成为参与各种礼仪活动的“平民”，财富和权力并不构成他在这个社会中的地位。相反的，乐于承担礼仪形式的主持人则常常受到人们的尊敬。因此，一个理想人格的价值趋向导致祖尼人排斥那些想当领袖、渴望权力和财富的人。风俗习惯、礼教传统不仅在古代社会中成为价值意识建构的主要文化条件，即使在现代社会里也常常如此。每当我们去了解现代人们的许多非理性的价值取向，或者了解非理性的价值思维时，我们不得不从风俗、传统中去寻找它的文化原因。其道理就在于人的价值意识常常得从礼仪这类生动的、直觉的文化现象中产生。

礼仪文化也是人类价值意识走向理性和逻辑的天然起点。从文化历史演变的过程中所产生的价值意识不仅仅是具有直觉性格，更重要的是它还有逻辑性，它能够建构人的逻辑思维能力，让人们知道除了要了解“是什么”之外，还要了解“为什么”。只有这样，才能在文化的选择与整合中发挥主体作用，但是，文化的价值意识走上逻辑的道路，首先要有一个直觉的过程。

直觉性格是从礼俗文化中产生的，我们完全有理由说礼俗文化本身也就成为价值意识建构的直觉起点。事实上，在许多礼仪行为中，人们的直觉价值意识常常是沉积在这些行为上。可以说礼俗文化从行为上看表现为礼教传统、风俗习惯等，而从价值意识上看表现为价值的原始形式。因此，礼俗文化是人类价值意识走向理性和逻辑性的天然起点。

---

① 梁漱溟：《人心与人生》，学林出版社 1984 年版，第 162 页。

（四）礼仪的象征主义

礼仪的象征主义从哲学上看，无非就是象征着自然本体、社会本体以及象征着人类对自然和社会的把握。在直觉性的、朴素性的文化体系中人们普遍地采用象征手法。礼仪就是这样一种象征体系。小松和彦说过："礼仪也是同神话、传说故事一样，充满着象征的表现。礼仪是通过形式的行为体系，以传达着是怎么回事的交流的象征体系。他是日常语言和行为不能表现的事情，通过形式化的语言和行为来表现。"①

礼仪常常是自然本体的象征。一是象征自然现象；二是象征自然的时空属性。

象征自然是礼仪的一个重要类别。举行这种礼仪的目的是为了使人类的生活更加丰富，以更好地驾驭自然界。例如，祖尼人的礼仪常常是围绕着雨展开的。因为他们生活在高原地带的沙漠国度，雨对他们来讲是五谷丰登的最起码条件。因此，雨象征着丰收。他们还常常把是否下雨作为评判礼仪成功与否的标准。在东非的斯威士的主权礼仪中，我们也可看到这种现象。在一种被称作"因库瓦拉"（Incwala）的复杂的主权礼仪中所表现的各种行为和使用的大部分器物都赋予了象征性的意义。比如，在"因库瓦拉"的主权礼仪形成中，在神圣围子里的王，做出了"变暗了"的状态，是为了对应太阳被月亮遮住时"死去了"的状态。而王在围子中，则象征地表示超自然的力量而起死回生。当然礼仪表面上象征的都是一些可见的自然现象，而对自然的本质象征往往失去功效。但是在礼仪中我们却可以看到人们对自然本体的一些属性的把握。

象征自然的时空。人们通过礼仪来把握自然本体属性主要表现在对时空的把握上，并且通过时空的认识来达到对自然界运动变化的认识。比如，我们常见海边的居民和山中的居民相互交换海产品和农作物，认为对方的食物是最好的东西。在举行礼仪的时候，海边的居民用山货，而山中的居民则用海货来做为礼仪中主要行为的祭祀宴会，并以之为赠物。虽然这种以食物为主的礼仪背后隐藏着复杂的社会经济关系和宗教意义，但礼仪所用物质取之于一定空间间隔的现象却表现了食物取自特定的地域空间。因此，有可能通过食物反映人和世界的空间关系，并在礼仪方面加以表现。

在时间上，礼仪更是充分地体现其象征意义，并明显地表现了人类对时间的把握。有关这方面的礼仪，集中地表现在"人生礼俗"和"岁时礼俗"两大类上。从哲学上看，"人生礼俗"建筑在时间不可逆性概念上，而且"人生礼俗"也体现了人对自身的把握。人的一生如果没有与时间有关的文化秩序相一致，那么将会混乱无序。但是通过以礼仪划分为媒介的行为活动，人的一生变得秩序井然。"岁时礼俗"建筑在时间的可逆性概念上，时间本是无影无踪，不可捉摸的，但是人们根据日月变化，斗转星移来制定历法。由于历法所反映的是"客观时间"，于是人们又通过"岁时礼俗"来创造"人世时间"，从而把时间置于自己的掌握之下，把人的印记烙在时间上。总而言之，人们通过礼仪来表现自身对自然属性的把握。

礼仪通常也是社会本体的象征。不管是古代社会还是现代社会，人们常常通过礼仪的形式活动来体现自身的社会结构和各种社会关系。

一个社会的结构最主要的就是它的经济结构、政治结构以及相应的思想意识结构，或者是一个社会的生产力、生产关系、上层建筑和经济基础之间所构成的特定结合方式。礼仪就用自身生动的、形象的、直观的方式来表现它们。我们前面曾谈到过祖尼人的礼仪就体现了

① 石川荣吉主编：《现代文化人类学》，中国国际广播出版社 1988 年版，第 169 页。

他们的社会结构以及特别的社会运作方式。祖尼人参加礼仪是一种义务，不管是贫穷还是富裕，但礼仪用品不是属于个人的。一个人的自身价值只有在礼仪中才能得到充分的体现，尤其是对于那些男人们，在礼仪活动中他们才有所得。祖尼人的礼仪活动中之所以会存在着利益和礼仪用品的分离现象，原因之一就是他们的习俗就是让财富在礼仪特权的行使方面起着尽可能小的作用，他们是一种在礼仪上统一于神圣偶像的所有权和照管权的母系家族。在这种情况下，处理经济事务和个人私事变得微不足道。

礼仪还反映了社会的一种等级秩序现象。在中外礼仪中，跪拜礼是最典型的。行跪拜礼的总是那些臣民在礼仪中表现他们对权力的尊重和服从。社会需要通过等级差别从混沌走向有序，使未来社会在人际关系中体现人与人之间的平等。这是一种历史合理性。在一个社会中礼仪可以通过相互实现的场面来承担社会秩序再生产的功能。这样婚嫁、葬礼、治病等礼仪也就常成为人们交换各种财富、分配各种利益的机会，同时也成为缔结和平条约、预防战争爆发的机会。

总之，在礼仪中我们看到，人类个别性的行为活动与共同的世界观、共同的社会观联系了起来，礼仪使得世界观、信仰体系、道德体系都糅合在人类的文化行为活动中。

二、道德与法的行为映射

礼仪在人类生活中以其独特的功效来发挥作用，在一定条件下能够折射出人类社会中道德与法的一种人文精神，或者讲礼仪是道德与法的行为映射。礼仪作为道德与法的行为映射主要表现在两个方面：一是礼仪成为人类道德自主的行为表现；二是礼仪又成为人类社会法治的行为补充。

（一）礼仪是人类社会道德自主的表现

礼仪作为现实生活中卓有成效的交往工具，在于礼仪的核心是建立在以礼为中心的道德规范上。

首先，礼仪中蕴含的礼是指人的行为规范。美国著名的礼仪学家埃米莉·波斯特在她的巨著《西方礼仪集萃》中讲到："表面上礼仪有无数的清规戒律，但其根本目的却在于使世界成为一个充满生活乐趣的地方，使人变得平易近人。"[①]埃里扎贝斯·波斯特在修订埃米莉·波斯特的著作时曾讲："礼仪是行为准则，其出发点是宽厚和体谅。"[②]在西方人看来，礼仪是作为人的一种行为准则。

在中国传统文化中，礼仪更是强调礼的实质内涵。从面上看，礼的意义似乎是指人事仪节，其中祭礼占据主要地位。然而从西周起我们就可以看到，礼的真正内涵在于谨慎自己的行为。周初的人文精神是敬德，天上的神祇不是毫无保留地庇护人类。人必须对自己的行为负责，人可以凭自己的努力而影响天意。在《左传》中，礼的内涵扩大了许多，"礼，经国家、定社稷、序民人、礼后嗣者也"。礼包含了人类政治、宗教、社会各方面生活的规范。可见中国的传统文化中礼也是作为人的一种行为规范。

其次，礼仪中蕴含的礼还指人生规范。把礼从人的行为规范上升到人生规范，这是中国传统文化中最精彩的理论成果之一。春秋以后，礼学在孔子手中得到了发扬光大。孔子对礼最深刻的反省在于，他认为礼可以培养一个人的道德人格，或者讲礼可使人格道德化。从

① 伊里莎白·波斯特：《西方礼仪集萃》，生活.读书.新知三联书店 1991 年版，第 1 页。
② 同上

孔子的礼学理论上看，人人践礼的最终目的是使人的内在道德理性在潜移默化过程中呈现，最后成为一个完整自我的道德人格。孔子要求每一个人的视、听、言、行都要合乎礼的规范，只要我们能做到这一点，那么就能够达到道德的最高意境“仁”。礼之所以能够折射出人的道德精神，主要原因还是在于人的内在本性，本身就包含了实践道德的倾向。

在各种各样的礼仪中我们是可以看到许多的礼仪行为常常就是一种道德行为的映射。见面时的礼节、称呼，会谈时的态度、言辞等都可以反映一个人的道德水准。

（二）礼仪是人类社会法治的补充

从表面上看，礼仪与法制相距甚远。礼仪是人类习俗文化，具有一种自主行为的特征，而法制作为一种维护社会秩序的工具，具有强制性的行为特征。但是，当我们从文化的演进历史过程中去考察礼仪时，则可以发现，礼仪与法制常常有着天然的行为联系。

法制可以从礼仪中诞生出来，而法制的实施又常常通过礼仪来进行。这种现象在礼俗制度的社会中表现得更为明显。梁漱溟先生曾认为，礼俗与制度二者略有不同，但考虑到“国家在人类历史上为后起之物，将来且会要清除，而不论在其前在其后，人类却一贯地生活总须有其规制，社会总须有其秩序，我们即不妨浑括地用礼俗制度来称谓它。”“而礼俗制度大抵出在人们的心理习惯之间。”①所以从理论上看，法制源于人类社会的礼制，并且法制最终在礼制中消亡。

管子在《管子·枢言篇》中就明确地说：“法出于礼，礼出与俗”。意思是指，俗间的习惯便是礼，礼加上强制力便是法。所以，人的行为合乎于法实质上也就是合乎礼。

礼源于法，从辩证唯物主义的观点看也是顺理成章的。人类社会的发展始于社会生产的发展，而在长期的社会生产发展过程中，人们必然会形成特定的社会民风，特定的社会心理习惯。而一旦社会生产力达到一定程度，整个的社会单凭一种软性的道德约束维持不了正常的运行程序，这就需要用某种强制性的法律条件来约束自己的行为。因此，法律常常出于对礼制的校正。

法制源于礼制最好的验证在于法律在初期常常是以礼作为其核心内容。这一点同样在中国社会的发展中表现得非常明显。尽管中国古代儒家与法家在社会的治理中究竟是强调法治还是礼治有着巨大的分歧，但是有一点却可以肯定，法必须按照礼的意蕴来制定。我们知道孔子心目中的理想世界是一个按照伦理原理运作的社会。但是他也认为如果要造就一个和谐有序的社会，应该以礼教为主，法律为辅。可见礼在中国法律的形成和发展中起着举足轻重的作用。

礼与法的关系更重要的还在于，一旦法制建立之后，礼就成为法的行为互补。关于这一点不论是东方还是西方都非常注重。法国著名的哲学家、法学家孟德斯鸠就说过：“民主非德不立，是固然矣，即贤政之制，亦以仁义为基……”。“是固贤政之群贵其所以自束者，有二途焉；其至优之德，视其身与齐民为平等，贤政也若可为其民主，此一道也；其次，则德虽未优，而可与其曹为平等，政府之中，不相牵制，此亦一道也。……是故礼让为国者，贤政治之精魂也。”②可见，即使在一个法治国家里，法的执行必须以仁义为它的基础。孟德斯鸠尽管非常强调法必须与礼相区别，礼必须与俗相区别，二者不能混淆，然而他还是主张礼是法的

① 梁漱溟：《人心与人生》，学林出版社 1984 年版，第 162 页。

② 孟德斯鸠：《孟德斯鸠法意》，商务印书馆 1981 版，第 32—33 页。

行为基础。

综上所说，礼仪从礼仪文化学上看就是道德和法的行为映射。在现代社会里，我们也常以各种节假日、现代风俗或者仪式来反映现代社会的精神实质。比如“五一”国际劳动节，“三八”妇女节，“六一”儿童节等，都从某个角度折射出现代社会道德与法的内在精神。而礼仪作为礼仪的一个分支，其实质无非是进一步折射出跨文化条件下道德与法的行为。

三、宗教信仰的行为承诺

礼仪成为宗教信仰的行为承诺主要表现在两个方面：礼仪是对宗教信仰的行为承诺；礼仪是对宗教信仰的道德价值观的行为承诺。当然，除此之外，礼仪常常也是宗教心理活动的行为体现。

（一）礼仪是信仰宗教的行为承诺

从宗教文化现象上看，礼仪在宗教的构成要素中占有重要的地位。在中国的语言系统中，礼字最初的意思主要是指祭祀之事。可见，礼仪通常与宗教密切相关，并且它常把宗教信仰和超然的存在作为自身存在的价值前提。礼仪之所以频繁地出现在宗教信仰活动中，在我们看来主要是因为它成为人们信仰宗教的一种行为象征，或者讲它是宗教信仰的一种最重要的行为承诺。一般说来，各种宗教总有它特定的教义，它要求每个成员能够自觉地在行为上按照教义去做。在正式场合下，人们真正履行教义的行为就是通过礼仪这类形式化的活动。它表现了人们从行为上和灵魂深处对宗教信仰的承认。

例如，基督教的某些重要礼仪被称为圣事和圣礼，神学上认为圣事是借助可见的形式或表象将不可见的神恩赋予领受者。东正教和天主教都认为圣事的效用在于通过合格的神职人员，依照基督的样式，按照教会的规定礼仪施行，从而“按礼生效”。天主教的礼仪以弥撒为中心，参加弥撒礼仪也就意味着献祭和牺牲自我。

基督教中还有许多崇拜礼仪，其中最普遍的崇拜仪式是在每星期天举行的主日崇拜及西方两个最主要的节日：复活节和圣诞节。

所以，从宗教文化的礼仪现象上看，实际上表现了信教人员对宗教信仰体系的一种行为承诺。表面上看起来是一些繁琐、重复的行为活动，实质上却是体现了信教人员从内心对宗教信仰的承认。

（二）礼仪是宗教道德价值的行为承诺

从宗教文化现象上看，礼仪不仅仅表现为对信仰的宗教施行简单化的仪式，而且也表示了自我对宗教的道德价值观的认同。

我们知道，宗教的价值从整体上分为两个方面，一方面是要求信仰者对超自然偶像的崇拜；另一方面是要求在世俗生活中按照教义规范来活动，以便通过现实行为活动来达到皈依宗教的义务承诺。但是思想、信念中的宗教成分，只有当它被赋予一定意义的行为活动，并且这种行为活动又被强烈的思想情感所强化时，才有影响力，因此，礼仪就常常成为实现这种价值观的行为方式。

在我国少数民族的一些宗教活动中，礼仪也强烈地反映了他们对自己信仰体系中道德价值观的认同。在我国数十个少数民族中几乎都流行着崇拜祖先的仪式。因为他们认为人的死亡仅是肉体的消亡，灵魂却依然存在，不过是到了另一个世界，他们希望通过对亡灵地祭奠来福佑子孙。这种以奉祖价值观为核心的礼仪活动也就成为我国少数民族最重要的民俗。在中国传统社会中还有一个非常重要的社会习俗，即相当讲究长幼之伦，敬老尊师被颂为人之美德。因此,在各种各样的礼仪活动中,长幼有序的现象比比皆是,它从一个侧面反映了礼仪成为一种道德价值观的行为承诺。

当然,宗教的礼仪活动是把宗教信仰和超自然的存在作为前提,就这一点而言它无论在理性上还是在经验上都没有积极的意义。马克思主义历来主张无神论,主张辩证唯物主义,只有立足于无产阶级道德价值观之上的礼仪活动,才是我们应该提倡的行为活动。但是,在涉外交往活动中,我们却不能无视其他国家和地区所持的信仰,尊重他人的信仰,注意他人的礼仪行为方式,才能有助于我们进一步开放和交流。

四、图腾和禁忌风俗的行为表露

在社会文化发展中,礼仪与图腾和禁忌风俗有着千丝万缕的联系。图腾就是原始人迷信某种动物或自然物同氏族有血缘关系,因而用来做本氏族的徽号或标志。禁忌是一种社会心理层面上的民俗信仰,也是一种十分复杂的认知心态。从社会文化的发展史看,礼仪也是图腾和禁忌风俗的行为表露。尤其对于初民时代的原始礼仪来讲,礼仪原本就是图腾和禁忌的行为化。所以说图腾和禁忌风俗,尤其是带着社会趋同性的图腾和禁忌风俗必然会通过特定的仪式表现出来,也即我们现在了解的许多礼仪有相当多的部分是从图腾和禁忌风俗上发展起来的。

(一)图腾和禁忌社会心理的行为表露

礼仪的产生与发展和图腾、禁忌风俗的产生和发展有着密切的关系。由于人类生存进化的需要,人们常常会在衣食住行上产生各种禁忌。在荒谬与合理的交互影响下,千百万善男信女跪伏在它脚下顶礼膜拜。在原始的宗教信仰中,人们认为本氏族人都源于某种特定的物种,而且在大多数情况下,被认为与某种动物具有亲缘关系,于是图腾信仰便与祖先崇拜发生了联系。比如,《史记》中讲,"天命玄鸟,降而生商",于是玄鸟就是商族的图腾,对玄鸟的崇拜就是对商族祖先的崇拜。许多图腾就是这样从崇拜祖先的社会心理层面转化为行为层面的礼俗规范,从而形成许多特定的礼仪。

由于人类在认知上存在某种障碍,常常导致人们对自然现象和社会现象的认知的偏差,从而滋生出许多禁忌现象。在认知求解与百思不得其解的矛盾心态下,人们对许多现象只有侧身膜拜,虔心礼敬他们内心那种认同的神秘力量。由于社会文化的延续性、一贯性以及人们崇古性的护持,许多禁忌也就从社会心理层面转化为行为层面的礼俗规范,从而形成许多特定的礼仪。正如弗洛伊德所说:"随着文化形态的改变,禁忌形成一种有它自己基础的力量,同时,也慢慢地远离了魔鬼迷信而独立。它逐渐发展成为一种习惯、传统而最后则变成了法律。"①

(二)人类生存禁忌的行为表露

人的本质在于他是社会关系的总和,他总是在特定的地理历史环境、社会文化背景、风俗信仰观念的混合体中成长、活动。人又是高度进化了的动物,出于生存的需要,懂得保护自我的重要及其手段,但是面对复杂的生存禁忌,进而形成特定的禁忌礼仪。久而久之,这些禁忌礼仪通过社会文化的"遗传机制"而流传下来。在中外礼仪类型中,关于衣食住行的禁忌礼仪是最常见的一个方面。由于这些禁忌礼仪中蕴含着理性和实用性,因此往往使得世世代代的人们都信奉它。

---

① 弗洛伊德:《图腾与禁忌》,中国民间文艺出版社 1986 年版,第 31 页。

（三）人类现象禁忌的行为表露

不管是古代还是现代，人们不可能对自然与社会中所发生的一切现象都了如指掌。受制于特定的生产力水平与思维水平，人们常会把一切疑惑不解的现象，把凶吉祸福的根源归因于一种冥想中的特殊力量，从而加以信奉、尊崇、畏惧，并且往往通过种种禁忌以形式化的方式来约束众人。例如，人的衣食住行无不仰赖于农桑、狩猎、渔业、林牧等，为使生产得以正常进行，保证足够的物质生产资料，遂有了形形色色的针对自然和社会现象的生产禁忌礼仪；为了更好地协调人与人之间的相互关系，使得整个社会在一种和谐的氛围中正常运行，就产生了许多社会禁忌礼仪；为了了解动物与自然现象的因果关系，了解动物与人之间的相互关系，又产生了许多动物禁忌礼仪。这些礼仪同样通过社会文化的沿袭而世代相传。

可见任何一种禁忌都与人类某种强烈的意愿活动有关，他们一代一代流传下来。如此延续到一定时代，被整个社会“组织化”和“定型化”为一种共同接收的礼仪形式，对它的任何触犯都会导致令人无法承受的社会心理压力。所以禁忌礼仪在中外都表现为一种深层结构的习惯势力，成为人类自身的一种无形锁链。

第二节　礼仪与行为科学

从文化人类学的角度去看，礼仪事实上体现了人类特定的文化行为这个特征。因此，礼仪学的理论必然与人类的行为科学有着密切的关系。

一、礼仪与礼仪的基本需要理论

任何人类的文化行为就其发生上看，都有其深远伟大的自然原动力。这个原动力可以说根源于人类的一种基本需要。从行为科学的理论上看，礼仪归根结底就是人类基本需要的反映。具体地说，它们表现在下面五个方面：

（一）人类生存的需要

在人类的需要中，最基本、最强烈、最明显的需要可以说是生存需要。生存需要主要包括了食物、衣着、住所、性爱等。尤其是当一个人缺乏食物而感到极度饥饿时，那么他就会表现出除了食物之外，对其他东西毫无兴趣。但是，一旦当他满足了生存需要时，那么他就会去寻求其他需要。礼仪行为从需要理论上看就是人类生存需要的外在形式表现。

我们说礼仪行为反映了人类的生存需要，并不是说礼仪就简单化地直接反映了人类的生存需要，而是从礼仪的产生与发展，从礼仪所体现的一种深层的文化行为意义上来讲的。在现代人的礼仪活动中，现象上似乎更多地表现为交往的需要。然而透过这种交往需要的层面，我们可以发现，它背后所隐藏的是人类生存的需要。就这一点而言，不管是个体还是群体，抑或国家、民族，它们常常都是出于生存的需要而进行名目繁多的礼仪。

礼仪体现为人类生存需要的一种行为方式，最明显地反映在初民时期，也即礼仪产生的原始时期。那个时代，由于社会生产力极度低下，物质生活资料匮乏，人们认识水平不高，对许多影响着人类生存的因素存在着恐惧心理，因而引发了许多带有原始宗教性质的礼仪活动。这一点从早期的礼仪内容总是与衣食住行密切相关就可以看出，在现代社会中，个人、企业、国家所推行的各种规范礼仪事实上也常常与自身的生存有关，其目的也都是为了排除生存中所碰到的各种障碍。例如，我们现在之所以强调在对外开放中，要依照国际惯例同其他国家、民族开展广泛的交往，提倡礼仪，说到底是为了使我们自身更好地立足于这个开放的世界中。

(二)人类安全与寻求保障的需要

马斯洛认为，人在生理需要得到满足之后，就会考虑安全，就会寻找保障的机制。一个寻求安全的人同一个饥饿的人一样，他对生活的全部看法会因为缺乏安全而受影响。在他看来，此时任何事物都不如求得安全那么合乎需要。可以说，礼仪行为的发生，在许多场合下就是出于安全和寻求保障的考虑。

向外探求安全的保障机制，即借助于礼仪这个行为工具，来调整人们之间的相互关系，以便更好地化解人与人之间、人与自然之间所存在的一些危险因素，从而在一种和谐的生存环境中生活。例如，在西方许多民族中，每逢战争的爆发，或者自然灾害的发生，都会举行各种仪式，以便使自己赢得战争的胜利，或者避免灾害再次降临。特别战争结束、缔结友好和约时更会举行盛大的仪式活动来表示庆祝。在西方，许多个人礼节也常常会出于这方面的考虑。比如，吹口哨在西方常被视为一种表达喜悦的方式，然而，倘若你不顾场合、时间乱吹，那便会成为一个不受欢迎的人。

向内探求心理上的自我平衡，通过礼仪这个行为工具来消除自我对环境变化所产生的恐惧感，即使自我心理适应环境的变化。由于恐惧和不安全感往往出于对外部现象不了解，或者了解了又感到自身无能为力改变现状，因此，人们才常常举行带有宗教性质、具有神秘性的礼仪。这些礼仪表现为人们试图祈求某种冥冥之中的神秘力量，或者寄托某些“运气”来消灾除难。中西方的许多礼节和禁忌风俗常常源出于此。例如，西方人每逢灾难临头之际会进行祷告，以求神灵保佑。而我国历来盛行祭祖风俗，以求祖先神灵保佑今人今世的幸福安全。中西方人都有佩戴护身符的风俗习惯，在他们看来，护身符具有特殊的魔力，能够保护自己免遭各种意外灾祸；还有家里或自备汽车中放些吉祥物，以避免某些厄运；出门旅行、做客、待人尽量说些吉利话等。所有这些都表明礼仪的许多类型往往是出于人们安全需要的考虑。

(三)人类归属与爱的需要

当一个人在生理和安全的需要得到满足时，他就会提出对爱和归属的需要。马斯洛认为，在这个时候一个人会开始追求与他人建立友情，即在自己的团体里求得一席之地。他会为达到这个目的而不遗余力，他会把这个看得高于一切，他甚至会忘了当初他饥肠辘辘时曾把爱当作不切实际或不重要得东西而嗤之以鼻。这种对朋友、爱人和家庭的渴望，完全可以支配一个孤独的人或一个群体，从而在他或他们的行为方式上得到再现，其中形式化的表现在文化传统中也就演变成特定的礼仪。

如果从人类爱和归属的需要来看礼仪的话，那么礼仪实际上是人生礼俗在这方面的特定表现。因为在世俗的生活中，一个人渴望同他人建立一种充满友情的关系，渴望成为某个群体中的一员，常是人生生活中的一个重要的理想寄托。因此，一旦这种愿望能够得以实现的话，那么他总是将它视为人生中极为重要的事情。为了表示对它的重视，于是就用特定的礼仪方式来进行，如举行各式各样的婚礼、举行各种各样加盟仪式。中国古代历来认为，“洞房花烛夜，金榜题名时”，一婚一官，是一般人生活理想的重要追求。因此，对于婚姻大礼，就职仪式常常举行得异常隆重。同样的，当一个人加入某一个团体、帮会、党派，也会举行特别的形式化仪式。

当然，爱与归属并不仅仅表现为个人需要，也是一个社会群体维持特定关系的需要。社会就是这样通过爱与归属的寻求来形成并维持稳定的社会结构。正因为如此，社会就非常注重这方面的活动，从而形成具有特定文化性质的礼仪活动。所以，在礼仪的历史演变中，有许多形式就是出于这方面的社会礼俗。

（四）获得尊重的需要

尊重对人类所具有的鼓动力常常也是个谜，它来无影，去无踪，但却始终左右着人们的行为。马斯洛发现，人们对尊重的需要可分为两类：自尊和来自他人的尊重。自尊包括对获得信心、能力、本领、成就、独立和自由的愿望。来自他人的尊重包括这样一些概念：威望、承认、接受、关心、地位、名誉和赏识。只要一个人、一个社会在满足了生存需要、安全与保障需要以及爱和归属的需要之后，他们必然会非常注重对尊严的满足。因此，反映在他们的行为上就表现出各种各样的礼仪形式来认真地对待自尊和来自他人的尊重。

礼仪作为一种获得尊重需要的行为，在现代社会中尤其表现得淋漓尽致。几乎可以说礼仪就等同于尊严。例如，现代国际交往中，只要在较大或隆重的场合下，都可以看到各种礼宾仪式。事实上，礼宾仪式就是指在社会交往过程中，为表示重视、尊重、敬意而举行的合乎社交规范和道德规范的仪式。也即指交往中关于礼遇规格、礼宾次序等方面应遵循的礼貌，礼节要求。在个人的社交活动中，我们也可以看到不少人出于自尊或获得他人尊重的需要考虑，而在衣饰、言行等方面按照一定礼节来规范自己。这些表明，礼仪事实上是人类获得尊重的一种行为反映。

自由和独立是人类最起码的人格和国格。因此，每当一个人、一个民族、一个国家获得了自由和独立，都会举行盛大的庆典活动。每当对外交往时，都要用特定的标式来表示自己的独立和自由。例如，国家与国家交往时，总要用各自的国旗、奏各自的国歌等。所有这些所反映的就是人类需要自尊，自尊总是通过特定的行为方式表现，而这些行为方式一旦形式化就成为一种礼仪活动。

举行礼仪实际上是获得他人尊重的一种重要方式，也是给予他人尊重的一种行为方式。古往今来，人类在相互交往中之所以非常注重礼节，其原因之一在于礼仪是人类追求尊严需要的一种行为方式。

（五）人类自我实现的需要

礼仪作为人类的一种特殊行为，自然地与自我实现需要有着相当密切的关系。自我实现需要是礼仪行为发生的重要心理基础。尽管历史上礼仪的形成有着复杂的社会文化因素，礼仪的实施有其复杂的社会文化动因，然而只要我们暂且撇开这些复杂的社会文化因素和动因，那么礼仪行为很大程度上就是植根于人类自我实现的需要心理基础上。人类总有成长、发展、利用潜力的心理需要，这是现代行为科学的重要结论。然而这种需要不可能深埋在人类心灵深处，它总是力图通过人的社会文化机制来适应这种自我实现的需要。因此，礼仪自然成为这种需要的最佳选择之一。

自我实现需要通过礼仪中介实现它的社会化。礼仪由于一方面是人的行为，表现了个人的动机和行为，另一方面它又是特定文化的产物，是现实生活所承认和认可的文化现象。所以，我们认为自我实现往往可以通过礼仪中介来实现它的社会化。行为中介的方式多种多样，但是其中最有效地体现一个行为主体的心理状态的行为方式就是礼仪。在现实生活中，我们可以说，礼仪就是自我实现的心灵写照。一个人的举止行为、衣饰谈吐反映出他希望得到社会的认可。一个人之所以在社会活动中注重礼貌、礼节，实际上就是要体现他在社会中的价值。当然，对于一个企业、集团或组织来说，它的自我实现的“心理目标”也许更为复杂，但不管怎样，它无非也是想在社会中体现它的价值。因此，它同样需要借助礼仪这个中介来显示它的存在价值。可以说礼仪实际上就是把行为主体的内在心理搏动充分显示给社会，让社会通过礼仪来了解、认可行为主体的价值。可见，礼仪在行为主体自我实现中充当着重要的中介角色。

二、礼仪中的个体行为特征

毫无疑问，人人都知晓他们自己与相邻的民族、国家之间在习惯、风俗即生活方式上有差异，因此，在行使礼仪时常常会用各种形式来恰当的表现。但是，不管礼仪有着如何丰富多彩的形式，就个人的行为而言，总能找到它的一般特征。个体礼仪发生的动因通常有两个方面的因素：一是内在的自我动因；另一是外部的社会文化动因。由于礼仪是在长期的社会文化中逐渐形成的一种习惯性重复行为，因此，礼仪中的个体行为就有三个重要特征：(1)行为感性和直观性；(2)行为的从众性；(3)行为的价值化。

（一）礼仪行为的感性和直观性

个人的礼仪行为因受内在需要的驱动而使其本身从举止、言辞、思维、表情等生理状态上来符合传统的习俗、风情，符合个人对外交往的社会习惯。它的重要特征是感性直观性。比如，在礼仪的行为举止上主张稳重、得体、大方。用一句中国的传统用语表示就是“站有站相，坐有坐相”。在言辞谈吐上，主张语多激扬而不粗俗，言谈风雅而不随便，含蓄蕴藉而不猥琐，旁征引博而不芜杂，以及恰当地选用各种尊称。在礼仪的思维上，主张合理、合礼，使用自然。在礼仪的行为表情上主张从容，适时适地，不忸怩作态。由需要驱动的浅表性礼仪行为主要有语言行为和非语言行为两大类：

语言礼仪是以语言符号系统为礼仪信息载体。一般说来，语言礼仪又可分为口头语言礼仪和书面语言礼仪。口语礼仪适合人们利用有声的自然语言符号系统，通过口述和听觉实现，也就是人与人之间通过对话来达到行礼的目的。书面礼仪是人们利用无声的文字语言符号系统通过书写和视觉实现的，也就是人与人之间通过文字表达而达到行礼的目的。在长期的社会文化变迁中，不同民族、不同国家都形成了一套行之有效的礼仪用语，具体内容我们将在下面进行论述。

非语言礼仪是以非语言符号系统为礼仪信息载体。比如用眼神传情，用身体姿势表意，用非语言的声音表达情感等。据国外心理学家测定：人们在表达思想感情时，55％的成分需要借助身体各部位做出的姿态和动作，38％借助声音，而只有7％借助语言。由此可见，非语言符号系统在礼仪行为中具有很重要的地位。

（二）礼仪行为的从众性

所谓礼仪行为的从众性，是指个人礼仪行为因受社会文化环境的影响而在心理上产生从众意识，从而引发个体行为的从众性。一般地说，礼仪中的从众行为是由于周围环境及舆论给个人的强烈影响，迫使他们改变以往的态度，产生符合社会和群体要求的礼仪行为。

群体的条件与特点影响着个体的礼仪行为，群体规模越大，产生的从众行为也越大。另外，群体的特点（比如群体的吸引力），个人对群体的依赖以及群体的内部团结性都能影响礼仪从众行为的发生。一个群体如果能满足个体的需要和愿望，就对个人有极大的吸引力，因

而成员较易产生从众行为；个体对群体有依恋之情，也易于出现从众行为；如果群体内部团结融合，则个体同样易于发生从众行为。

个人的心理特征影响着礼仪从众行为的发生。若一个人非常重视他人及社会对自己的评价，则较容易发生从众行为。个人的智力水平及自信心也会与礼仪的从众行为有关。当个人认为自己的智力水平不如他人而受不了社会压力时就会产生从众的礼仪行为。

当然礼仪的从众行为在很大程度上还是出于自己意愿的。因为礼仪在社会中被认为是一种合理并合乎社会伦理道德的规范行为，只要生活在这个特定氛围的社会条件下，个人的礼仪行为就会合乎社会的价值导向。

（三）礼仪行为的价值化

所谓礼仪行为的价值化，是指个体的礼仪因受社会文化背景的影响而使其行为符合社会文化的价值内涵，这种个体的礼仪行为其主要特征在于追求礼仪行为背后所隐藏的价值观念。价值型的礼仪行为主要是受价值理性所驱动。由于在不同的文化背景下会有不同的价值观，因而价值型礼仪行为也呈多样性。根据礼仪的一般特征，日常生活中存在着6种主要的价值型礼仪行为：(1)以知识真理为中心的理论型；(2)以事物的形式为中心的唯美型；(3)以群体和他人为中心的社会伦理型；(4)以利益和效益为中心的经济型；(5)以权利和地位为中心的政治型；(6)以信仰为中心的宗教型。

价值型礼仪行为是礼仪个体行为中的高层次行为。在现代社会条件下，价值型礼仪行为受到人们的广泛重视，价值型礼仪行为本身已超越了礼仪的原始内涵，从社会的人生目标和人生意义高度上体现了现代人的行为规范。

礼仪中的个体行为往往是把这三个特征同时显示出来，原则上不存在着三者严格分离的现象。

三、礼仪中的群体行为特征

应该说礼仪的出发点是基于规范个人的行为上，即礼仪行为是以人的规范行为为基础的。但是在社会活动中，由于很多场合下礼仪都是以群体面貌出现的，因而单从个人行为上了解礼仪的行为特点就显得不够充分，还应该考虑礼仪的群体行为特征。

群体行为主要是指一定数量的人群在处理各种关系中所呈现出来的特定的活动方式。群体的概念一般地说包括了正式群体和非正式群体两大部分。所谓正式群体指的是公开的、合法的、有明确的领导和被领导关系的相对稳定的群体。例如，组织团体、行会、学会、协会等。而非正式群体则指的是自发产生的、没有明确的领导关系，具有松散、不稳定性特征的群体。礼仪的群体，不管是正式群体还是非正式群体，它们的行为在整体上表现出以下重要特征：

（一）礼仪群体行为的有序性

礼仪群体行为的有序性主要是指群体的礼仪行为总是处在一种高度组织化的状态下。礼仪本身的内在要求规定着礼仪活动中的群体行为，而避免各种冲突行为。

首先，礼仪群体行为的有序性表现为礼仪行为目标的一致性。在特定的社会条件下，不管举行何种礼仪活动，也不管这种礼仪活动究竟受何种价值观念支配，只要它形成了一种群体活动，我们就可以看到，凡是加入这种礼仪活动的人，他们都具有共同的目标。比如，有些民族把生病和死亡看做是超自然的力量在作怪，因此，为了避免各种不正常的疾病和死亡，人们举行各种治疗礼仪，参加这种礼仪活动的人都是为了乞求健康。再如，我们在每年的五

月一日总要举行劳动节的纪念活动，凡是参加这一活动的人，他们都是想表明劳动对人的价值，同时也表明劳动者在现实生活中的地位和作用。可见，礼仪的群体行为在目标上总有他们的一致性。事实上，如果目标不一致，共同的礼仪行为就不会发生。

其次，礼仪群体行为的有序性表现为礼仪活动的组织化。所谓礼仪群体行为的组织化在这里的含义是指，在礼仪活动中，行为群体总是为了实现一些共同明确的目标或目的，通过工作和功能的划分，以及权威和责任等级系统的确定，给群体的活动进行合理的协调。事实上，在社会的礼仪活动中，不管是正式群体还是非正式群体，只要他们有着共同的礼仪目的，那么在群体行为上就会出现组织化现象。

在礼仪历史上，我们发现，重大的礼仪活动几乎都是有组织的，其成员的活动取向都非常规范地按照一定程序进行。在现代社会的礼仪活动中，我们同样看到这种组织化现象，特别在一些重大场合，比如迎送国宾、企业对外洽谈重大项目、举行重大签字仪式等，都具有群体的组织化倾向。

礼仪中群体行为的组织化，客观上也符合协调共同行为的要求，以便达到共同的目标，离开组织化难以举行重大礼仪活动。主观上，礼仪群体的组织化也是为了塑造这个群体的形象，表达一种共同意志、权利、地位以及信念等。

第三，礼仪群体行为的有序性表现为礼仪活动的秩序化。在群体的礼仪活动中，一个显著的现象就是群体行为按照一定的时空条件进行有序的活动。比如，在岁时和人生礼仪中，群体行为的时间概念非常强烈，做什么事，怎么样做都有具体要求。再如，在社会礼仪中，人们对时空概念非常注重，特定的人处于一个什么样的位置上具有确切的顺序关系，特定的物件安排在什么位置上也有具体的规定。

（二）礼仪群体行为的模式化

尽管现代社会是一个多彩的社会，尽管一个民族所面对的外部世界是一个多色调的世界，然而人们的礼仪行为似乎总有那么一些固定不变的、程式化的东西。

礼仪群体行为的模式化首先体现了一种文化价值。一个群体采取何种行为表达礼仪的精神内涵，实质上受制于人们对流行价值的认可和选择。社会文化中总有那么一些占主导地位的价值，是每一个成员都应选择的，群体中的每个成员的行为活动不能离开这一基本面。久而久之，这种共同的行为就形成了特定的礼仪模式。

礼仪群体行为的模式化也表现在基本的价值思维方式非常相似，或者说具有一致性。长期的社会文化环境熏陶，个体人的心理不可避免地形成共同的心理定势。这样，在礼仪行为上就会出现这种思维方式和心理定势支配的固定活动。

礼仪群体行为的模式化倾向于社会群体的价值轴心。社会中会出现各种各样的礼仪文化行为，但是社会群体总是倾向于把那些符合群体利益的礼仪行为整合进来。由于整合过程中，社会的选择总是围绕着一个最为基本的价值轴心来进行，这种围绕着价值轴心运转的礼仪群体行为最终经过历史的考验而成为某种固定的行为模式。

（三）礼仪群体行为的风俗化

礼仪群体行为风俗化，主要是指群体的礼仪行为在整体上出现两种现象，一种是群体行为结果导致行为成为社会的风俗，另一种是群体行为沿着既定的社会风俗进行。

在特定时期人们形成的礼仪行为经过历史的选择和整合，成为社会的习惯性礼俗行为。例如，在现代中国社会的纪念活动中，每年的3月5日是毛泽东同志发表“向雷锋同志学习”

题词的纪念日，这一天，不同职业的人纷纷走上街头，举行各种各样的义务服务。经过许多年的变化，这一纪念活动正逐渐地演变成为一种风俗习惯。现在，每年的这一天，人们总会自觉地选择做一、两件有意义的事，以表达自己"为人民服务"的一种精神境界。所以，礼仪的群体行为往往会导致形成一种社会的风俗习惯。

礼仪的群体行为又往往沿着当时社会既定的流行风俗进行。不管社会礼仪的形式如何丰富多彩，它总是和特定的社会风俗习惯联系在一起。有什么样的风俗习惯就会产生什么样的礼仪，以及特定的群体行为方式。比如，在现代中国社会中，人的平等概念得到普遍的认同，但是在群体礼仪中，长幼之伦仍然是施行礼仪的重要标准。从现代意识来看，长幼之伦的施行有许多弊端，但是中国文化的理想是安顿在现实生活之上，人际关系的和谐是社会追求的目标，长幼秩序又是社会中最常见、最基本的秩序关系。论资排辈的风俗习惯在群体礼仪行为中仍是一个重要的行为准则。相反的，在西方礼仪行为中，长幼秩序与中国相比就显得不那么重要。

第三节　礼仪与礼仪心理学

人类的每一文化行为不可避免地受到自身心理状态的影响。英国著名的社会人类学家R. R. 马雷特认为，民俗不仅仅是历史的文化残留物，而且它还反映历史上人类的心理和思想感情，"外观地被看成是一种风俗的东西同时也可以内观地被理解为一种心理状态"。[①] 因此，从心理学的角度来了解礼仪行为与心理行为的关系，了解礼仪行为的心理特征，对于我们完整地把握礼仪具有重要的理论和实践价值。

一、礼仪中的个体心理特征

所谓礼仪的个体心理特征是指表现与礼仪个体身上最稳定、最根本的心理特征。它主要包括礼仪的动机、能力、气质、性格、认知以及心理定势。

（一）礼仪的动机

礼仪心理动机的产生是一个复杂因素的产物，概括起来主要有以下几方面：

内部动力。内部动力包括需要、兴趣、理想、信念以及世界观等。这些因素都可以成为人们礼仪行为的原因，使人产生礼仪动机。在现代人的心目中，需要动机占有很重要的地位，因为礼仪能够满足自我与其他民族和国家联系的需要，消除长期以来封闭性所带来的一种民族性孤寂感。兴趣和理想是个体礼仪行为的推动力，在对外交往活动中，礼仪能够给人带来各种不同的愉快感觉和功效，因此形成一种对礼仪的定向反射；理想可以说是一种理性化的兴趣，它往往是以理性来推动礼仪形式的产生。信念和世界观是礼仪行为最有力、最复杂的动机，它决定着礼仪个性的基本面貌以及礼仪行为水平。

外界压力。外界压力主要包括必须履行的职责、社会的期望、组织的要求，以及各种外界舆论等。外界压力是礼仪产生的外因，它迫使个体产生礼仪行为；比如有些个体出于公司涉外业务的需要而产生礼仪活动；有些个体则出于外界舆论以及社会道德而进行各种礼仪

---

① R. R. 马雷特：《心理学与民俗学》，山东人民出版社1988年版，第10页。

活动。受外界压力驱动的礼仪行为常常不是本意，因此，在礼仪的行为表现上也就常常容易受到其他心理因素的影响，从而产生各种行为障碍。

目标引力。目标引力主要包括了适宜的刺激强度、丰富而新奇的工作、利于个人发展的条件，以及优厚的生活待遇、舒适的生活环境等。目标作为人们礼仪的行为结果，一旦实现，总是给人带来某种心理上的满足。因此，礼仪目标实现的可能性越大，目标引力的条件越充分对人的吸引力也越大，从而越能激发起人们产生一定的礼仪行为。当然，礼仪目标的引力与个人的兴趣爱好、价值观念，以及个人抱负等心理因素有关。这些因素会影响目标引力的大小、方向和强度，从而影响礼仪行为的发生。但总的说来，礼仪目标是礼仪行为产生的激励因素。

在上述三种因素中，目标引力起着激励作用，外界压力起着鞭策作用，内部动力起着决定作用。这三种因素在个人的礼仪行为中相互联系，不可分割。

（二）礼仪的能力

在心理学上，能力是指成功地完成某种活动所必需的那些心理特征，它是个性心理特征的综合反映。在礼仪行为中，个体礼仪能力在很大程度上表现为礼仪的操作能力。操作能力是有客观标准的，它包括四个方面：处理和解决问题的质量；处理和解决问题的种类；处理和解决问题的速度；处理和解决问题的代价。操作者处理和解决问题的质量越高，种类越多，速度越快，代价越小，表明他的操作能力就越强。在礼仪操作上，个体的操作能力主要表现为针对性、技术性、变通性。

礼仪行为的针对性是指针对特定的对象和目标进行各种礼仪活动一种能力。现代社会活动中，礼仪行为的对象和目标呈现多样性的特征。因此，行为主体需要针对不同的对象和目标来采取不同的礼仪行为。比如，不同民族、国家的风俗习惯是不同的，这就需要个人按照不同的方式来进行交往。即使在同一民族里，由于各人生活的文化背景不同，性格和习惯也不尽相同，同样需要按照具体对象来进行活动。

礼仪行为的技术性是指个体在礼仪中利用各种器物、技巧、程序来表现礼仪内涵的一种能力。礼仪是跨文化条件下的一种规范性的、有具体规则的文化行为。在什么时间，在什么地点，用什么语言，不同情况下有不同的要求。这就需要个体能够娴熟地利用礼仪技术，得心应手地把所想达到目标转化为现实行为。

礼仪行为中的变通性是指个体在礼仪活动中针对情况的变化而及时应变的能力，包括主体能够触类旁通，善于运用非常规性的方法处理问题的行为方式。社会活动是非常复杂的，不可测因素非常多，尽管礼仪非常讲究规则，但个体能否根据实际情况来调整自己的行为方式，反映了个人处理和解决问题的能力。规则化的行为活动如果没有应变性辅之，往往会变成一种凝固的，没有活力的行为活动。

现代社会中，个体礼仪行为的能力在很大程度上表现为一种社交能力。社交能力尽管不是个体礼仪能力的等同语，但它往往也会成为人们评价个体礼仪行为能力的一种印象。善于和各种人打交道，善于用合适的语言表明自己的意向，善于理解对方的意思，并且能够在这些基础上实现相互之间的沟通，是礼仪行为能力强的主要表现。

（三）礼仪的气质与性格

气质是组成个性心理特征的成分之一，它反映人在进行心理活动时，在行为方式上所表现的强度、速度、稳定性、灵活性等动态性质方面的心理特征。心理学家认为，气质是一种高

级神经活动类型。它主要有四种表现形式:(1)兴奋过程特别强,抑制过程受到很大压抑的,这就是胆汁质气质;(2)兴奋过程强,但转换灵活,反应快的,这是多血质气质;(3)兴奋过程强,但反应不灵活的,这是粘液质气质;(4)兴奋过程弱,抑制过程为主导的,这是抑郁质气质。

性格是在高级神经活动类型的基础上形成的联系系统。气质主要由生理特点决定,而性格主要在社会实践中形成。性格是对客观现实的稳固的态度以及与之相适应的习惯化的行为方式。外倾性的气质和性格比较适合节庆、婚礼礼仪的场合,而内倾性的气质和性格比较适合于主权礼仪、宗教礼仪等庄重场合。

气质和性格是风度的内在心理基础,而风度是气质和性格的外在表现。通常在礼仪场合,胆汁质气质和性格孤傲的人,容易显得孤傲、孤芳自赏、咄咄逼人。多血质气质和性格活泼的人,大多洒脱、活泼、挥洒自如。粘液质气质和性格刻板的人,较为稳重、沉静。抑郁质气质和性格文静的人,大多表现为淡雅、恬适、文质彬彬。不同的气质和性格外显为不同的礼仪风度,因此我们每一个人需要根据自身特点来适应涉外活动中的各种礼仪要求。

事实上,谁都有气质上的不足、性格上的弱点、风度上的缺陷。这需要每一个人根据自身的心理特征来进行调整。现代心理学家们指出,在一定条件下,经过个人的努力,气质和性格都会发生变化。因此,我们应该加强气质的培养,加强性格的调整,扬长避短,使我们在礼仪行为中做到:大方而不轻佻,自重而不自傲,豪爽而不粗俗,谦虚而不虚伪,认真而不迂腐,活泼而不轻浮。

(四)礼仪的认知

人们在礼仪活动中,首先要了解礼仪行为的表现形式以及它所赋予的内在涵义,了解自我在礼仪行为中扮演的角色,了解自我与礼仪对象之间的相互关系,并以此为根据采取相应的礼仪行为。只有认识判断正确,礼仪行为才能得体适宜。因此,要提高礼仪行为的水准,就要掌握人对礼仪认知的过程和规律。

礼仪认知主要是指个人对礼仪行为的内涵、形式、自我在礼仪中的角色以及自我与礼仪对象之间相互关系进行推测和判断的过程。

自我角色认知包括了在礼仪场合下的角色知觉、角色扮演、角色期待、角色规范、角色技巧等方面的内容。

角色知觉是个体在礼仪情境中对角色现象的整体反映。任何一种角色行为只有在角色知觉十分清晰的情况下才能使角色得以实现。一个人在礼仪活动中能否成功地扮演特定角色,关键取决于对自我角色认知的程度。

角色扮演是指个体角色按照特定的礼仪情境,遵循角色期待所表现出来的一系列角色行为。由于各人在礼仪活动中所处的地位不同,因此,规定了其必须采取的行为方式。只有了解这一点,才能使自己的礼仪行为达到"合角色"。

角色期待是指群体和个人对某种角色在礼仪中应表现出来的特定行为的期望。在礼仪活动中,个人的角色能否符合其所处的地位,在很大程度上看他是否遵从了角色期待,按照群体和社会对他的期望去行动。

角色规范是指任何个体在活动中必须按照特定的方式去规范自己。个体在礼仪中必须懂得自我角色必须遵守的行为准则,否则不能成为一个合格的礼仪行为者。

角色技巧则是指个体所具有的那些能够成功地、有效地扮演礼仪角色的特质和方式,通常包括角色扮演者的礼仪行为能力、礼仪经验以及特殊的礼仪角色训练。角色技巧一般在个体的发展过程中通过学习、训练、实践得来。只有当个体充分地认知，并掌握了这些技巧，礼仪的水准才能得以提高。角色认知是个体自我认知的关键内容，每一个礼仪行为者都应该充分地认知自我角色。

自我与礼仪对象关系的认知，尤其是人与人之间的人际关系的认知是个体礼仪重要的心理表现。个体与礼仪对象关系的认知是相互感知的过程，个体按照自己的动机、价值系统去知觉对象，对象通过它的行为方式来影响个体。在这种相互作用的过程中，个体来认知自我与礼仪对象之间的关系。在礼仪活动中，只有当个体充分地认知了对象及对象与自我之间的关系，那么才有可能根据对象特点以及相互之间的关系来调整自身的礼仪行为。

（五）心理定势

心理定势也就是心理上的定向趋势，它是一定的心理活动所形成的准备状态，对以后的感知、记忆、思维、情感等心理活动和行为活动起正向或反向的推动作用。

礼仪中的首次效应。首次效应是指个体在认知礼仪时，最初得到的信息总是对印象的形成产生最大的作用，而且留下的深刻印象成为以后的心理定势而难以改变。首次效应表明，在礼仪场合，人们对于第一次的礼仪行为总是给予更多的注意，以后的印象总会有意无意地将它与第一次印象相比较。这就告诉我们，礼仪的行为给人的第一印象是相当重要的。第一印象不仅来自于直接的接触，也可能来自于传播媒介的间接介绍。比如大部分西方人认为中国人的行为方式比较内向，较为顺从、一致、谦恭、贬低自我、强调人际和谐，而这种印象多数来源于对中国传统文化的研究结果，来源于各种信息媒体。当然，第一印象也不是一成不变的，通过长期接触，第一印象也是可以改变的。

礼仪中的晕轮效应。晕轮效应也称光环效应，它是指人们在礼仪认知上，常从对方所具有的某个特征而泛化到其他有关的一系列特征上，也即从对象的某种特征推及对象的总体特征，从而产生美化或丑化对象的印象。这种心理定势就像月晕一样，会在真实的现象面前产生一个更大的假象，从一个中心点逐渐向外扩散成越来越大的圆圈。礼仪认知心理上的晕轮效应告诉我们，一个礼仪行为者，要尽量运用这种效应来达到礼仪的最佳效果；一个礼仪认知者，要尽量避免由于晕轮效应而产生的认知印象偏差。所以，晕轮效应在实际的礼仪活动中有一定的作用。

礼仪中的经验效应。经验效应是礼仪心理定势的一个重要方面，它是指个体凭借以往的礼仪经验来进行礼仪的认知、判断、决策的心理活动形式。通常经验会给礼仪活动的产生带来一种定势的准备行为，人们也常常依据一定的经验来对礼仪行为的优劣做出价值上的判断。在礼仪场合，究竟采用何种礼仪形式往往依据以往的经验来做作出决定。经验效应虽然能够帮助我们正确地进行礼仪活动，但是，经验毕竟不是十分可靠的，它缺乏一种灵活性和创造性，因此，在涉外社交、涉外公务活动中不能单凭经验办事，而要有意识地、理性地分析经验效应所带来地利弊。

二、礼仪中的群体心理特征

社会中的礼仪行为不仅仅是一种个体行为，而常常是一种群体行为。这样，在礼仪活动中，我们除了能够看到个体的一些心理现象之外，还能够观察到由群体构成的心理现象。在礼仪中，群体心理是一种复杂的社会文化心理，它除了具有礼仪心理的一般特征之外，还具有自身特定的特征。了解这些特征，对于礼仪的行为操作具有实际意义。

（一）礼仪群体心理的具体特征

礼仪的群体心理是指在一定范围内由共同利益和文化特质构成的人群所共同具有的一种礼仪心理现象。一般地说，它有三个主要特征：

群体认同意识。一个礼仪群体，不管是正式的还是非正式的群体，他们都有认同群体的共同礼仪心理，也即他们不否认自己是该礼仪群体的成员。因此，在礼仪的行为上具有趋同性。具体表现为采用共同的礼仪用语，采用共同的行为方式。

群体归属意识。心理学认为，一个群体里的成员，出于安全、社交等动机需要会产生一种依赖群体的心理倾向。在礼仪的行为上，群体中的成员也会产生一种依赖感。这种依赖感也许来自更为复杂的社会心理因素，有出于安全感，也有出于社交动机，更有出于道德因素和社会压力等。这种依赖感驱使礼仪群体成员表现出愿意归属于这个群体的共同心理，离开这个群体，他就不能达到自己的礼仪目的。

群体排他意识。一个礼仪群体，只要有了群体认同心理、群体归属意识，就必然伴随着一种排他心理。心理学认为，群体总是具有相对独立性，群体成员总有整体意识，这样必然会在不同程度上产生排斥其他群体的意识。在礼仪活动中，排他意识具体表现为抵制来自于其他群体或人员的礼仪行为，其中最主要的是排斥其他的礼仪语言和礼仪行为的方式。当然，礼仪群体的排他心理常常是与这个群体的文化特质有关，与这个群体的价值观念有关。

（二）礼仪的地域文化心理

礼仪的地域文化心理是礼仪群体心理的重要方面。不同的地域，由于自然和社会条件不同而形成不同的地域文化。这种地域文化反映到人们的群体礼仪活动中，就形成礼仪的地域文化心理。

所谓礼仪的地域文化心理是指以地域文化为背景的群体心理，具体表现为以乡土观念为基础的礼仪亲缘心理；以乡土文化为基础的礼仪依从心理。在这种亲缘和依从心理的支配下，人们的礼仪行为通常遵循这样一些基本原则：第一，礼仪用语必须符合乡土习惯，或者地域习惯。我们在现实生活中常常可以看到在社交场合往往只要凭一口纯正的乡音就可以在不相识的老乡那里得到有效帮助。在礼仪场合我们也会碰到这种类似的现象。第二，礼仪行为方式必须符合乡土或地域习惯。特定地域里的人群，在礼仪行为上一般都有共同的行为方式。以乡土观念为基础的亲缘心理往往迫使人们的各种礼仪行为按照乡土习惯来进行。第三，礼仪行为发生的时空条件必须符合乡土或地域文化。不同的地域，由于时空上的差异常常导致礼仪行为发生的时空差异。例如，同样是人生礼俗和岁时礼俗，在不同的地域会有不同的表现。因此，只要以乡土观念为基础来行使礼仪行为，那么亲缘心理往往会使礼仪行为的发生符合乡土地域习惯。当然乡土观念也是可大可小的，大到一个国家、一个民族，小到乡镇甚至村庄。有道是“千里不同风，十里不同俗”，这些需要我们视具体情况而定。

（三）礼仪的民族文化心理

所谓礼仪的民族文化心理是指构筑在一定民族的经济地域基础上并渗透着该民族共同的文化传统，决定着该民族礼仪行为模式的共同心理倾向和精神结构。一般说来，不同的民族有着不同的精神结构和行为方式，也即有着不同的民族性格和国民性，因此，了解礼仪中的民族文化心理对礼仪来说就更加具有重要的意义。礼仪的民族文化心理作为一种独特的群体心理现象，有着以下的基本特征：

社会历史性。一个民族的礼仪心理的形成和发展，都要受到社会历史条件的制约，这就决定了礼仪民族文化心理的社会历史性。从理论上讲，任何一种民族的礼仪心理都是由文化的境况所决定，而这种境况归根结底是受到社会生产力和社会生产关系的制约。中国传统社会是小农经济的社会结构，在这种状况下形成了以儒家思想为主体的礼仪心理。而西方社会长期来是商品经济的社会结构，因此，在这种条件下，逐渐形成了以资本主义思想为主体的礼仪心理。一般来说，礼仪的地域文化心理比民族文化心理具有更大的兼容性，而礼仪的民族文化心理比地域文化心理具有更大的沉淀性。

相对稳定性。礼仪的民族文化心理一旦形成，通常会在一定时间和一定范围内保持延续性和相对稳定性。而且，这种相对稳定性表现在礼仪的行为过程中不易被异族文化简单同化。例如，几千年的中华文明史，形成了中国人民在礼仪行为上一贯持有的谦虚、礼貌、克制、耐心、谨慎的特征心理。

共同倾向性。民族是由许多个体组成的人群共同体，尽管每个个体都有自身的心理素质，但是，由于整个成员都共同处于同一的经济地理环境和文化背景下，因而在心理上会形成共同的倾向，在行为上表现出很大的相似性。礼仪的民族文化心理可以分为深层心理结构和表层心理结构。深层心理结构是指那些稳定于心理深处，不易变化且影响和控制表层心理的心理结构。例如，民族文化心理中的价值观和世界观等。而表层结构是相对深层结构而言的，它是指那种受到深层结构的影响并与行为模式直接联系的心理结构。如礼仪的社会态度和情感，礼仪的民族人格和认知方式等。

三、礼仪的心理障碍及其矫正

从礼仪的角度看，礼仪的心理障碍主要来源于我们认知上的理解性障碍、性格性障碍、社会心理障碍，以及一些组织行为心理障碍等因素。因此，正确地矫正或排除这些心理障碍对礼仪行为的具体操作具有重要的实用意义。

（一）认知心理上的理解性障碍

礼仪中的语言理解障碍。由于文化传统上的差别，礼仪行为者容易产生不确切地表达自己的思想和错误地理解对方思想的现象，从而引起误会和冲突。语言理解上的心理障碍主要在于我们无法辨认或者模糊地理解那些合乎礼仪用语的语句里所蕴含的具体内容。由文化差别而形成的理解上的心理障碍是礼仪行为中最值得重视的认知心理障碍。

礼仪中的思维定式性障碍。前面我们曾谈到，心理定势往往使一个人在行为发生之前就准备对某类事件或现象做出肯定或否定的反应心理。心理定势虽然有其积极意义，但是也容易导致我们认知心理上产生理解性障碍。

在礼仪中，克服认知心理上的障碍是调整礼仪心态的重要方面。一般来讲，克服语言理解上的心理障碍关键在于掌握和了解对方的语言符号系统，了解对方的语言习惯，了解对方的文化传统，了解如何沟通思想，这就需要调整自己的知识结构。除了在认知心理方面做出调整之外，还应该注意情绪调整。情绪最容易使我们误解对方的语言思想，也容易使我们自己不能确切地表达思想。因此，在礼仪行为发生前，做好充分的准备是非常必要的。《纽约时报》的专栏作家威廉姆·赛弗埃认为，为了有效交往，你应该整理好自己的思想，应该让思想围绕着一个总目标，或是说服、或是指导、或是启发、或是诱导。这样可以尽量避免不良心理情绪的产生。总之，对于自己想表达的应该尽量做到先想后说。

对于定势性障碍的心理矫正，关键在于尽量避免自己的思维处在定格的状态下，也就是

说在礼仪行为中，当自己想要对某人、某事、某现象做出判断之前，应该事先考虑一下自己是否受肯定或否定定势的左右。这时，不妨多采用逆向思维来矫正原有的定向思维。

（二）性格性心理障碍

礼仪行为的性格性心理障碍主要是指人们在礼仪行为过程中因受自身的气质、性格和个性等心理因素的影响而导致礼仪行为不能达到预期目的，或者行使礼仪行为不能正常开展。

礼仪中的个体心理的倾向性。就目前个性心理的研究来看，个体的心理倾向性主要分为外向型与内向型。外向型的人虽然善于交际，适合于礼仪场合，但是外向型的人对自己的感情控制不严，人们常常对其感情持有怀疑态度。而内向型的人在行为上基本以自己的感情和概念为准则，不太愿意与人交往，因此，在礼仪活动中常常表现过于慎重而让人产生感情上的空间距离感。所以，有人认为内向型的人一般不适合于参加礼仪活动。这种观点虽然过于偏激，但也说明内向型的人在礼仪场合也许更容易发生心理障碍。

礼仪中的性格突显方式障碍。性格突显往往对环境具有选择敏感性，也就是说性格突显中隐藏着各种社会因素。从心理学的角度看，激越性的人在礼仪行为中缺乏对公务或团体义务的一种足够严肃的态度，容易出现轻率的行为而使人反感。易激动型的人对欲望控制力差，在礼仪活动中不易达到一种和睦相处的状态。易变形的人情绪变化的影响较大，因而难免发生冲突，尤其是在一些区区小事上与他人发生冲突。这种情况一旦发生将会妨碍礼仪活动的正常开展。演示型的人往往过于自信，且喜欢自吹自擂，容易使他人感到不满。学究型的人在礼仪活动中过于强调形式主义，喜欢咀嚼细节，易惹人厌烦。性格突显的方式很多，这些事例说明性格突显的缺陷容易成为礼仪活动中的心理障碍。

礼仪的行为主体努力对于性格性障碍的自我克服至关重要。克服性格性心理障碍，首先要正确地认知自我心理特征、礼仪对象的心理特征。在日常礼仪活动中，应该而且可以预见到各种类型神经系统的人的反应特点及感情变化的情况，并对其做出合适的反应。一般不应该用先天性品质和气质为自己的性格性心理障碍或缺陷辩解。任何一种气质都有适宜礼仪场合的特点，因此，自我辩解往往使礼仪行为达不到既定要求。其次，既然性格性心理有着环境因素培养的成分，因而，应该学会在不同环境里与不同心理特征的人打交道，也就是说礼仪性格性心理障碍可以通过实践活动进行不断排除，每一次针对自己的心理弱点来加以矫正。

（三）社会心理障碍

在礼仪行为中，礼仪的社会心理障碍主要表现为人际吸引障碍、面子效应障碍和等级心态障碍。在我国传统文化中，对集体主义和相互依赖性的评价一直很高，建立、维持和发展同他人的友好关系被认为是礼仪的重要品质，并将这种品质认为是增加自己对其他人吸引力的重要标志。但在西方文化中，人们则非常强调个人主义和独立性，交往倾向太强被看成是缺点，认为它会削弱个人的吸引力。因此，当这两种价值观放在一起时，就使人们的礼仪行为发生了矛盾的现象。一方面，礼仪行为者想维持自己的传统，另一方面又想适应对方的传统。若以对方习惯来行使礼仪，担心受到自己社会的批评；若坚持自己的传统习惯时，又担心礼仪行为不符合对方习惯。这样就形成了人际吸引上的障碍。

面子在传统社会里代表一种声望、地位，它是通过自己的成功来获得的。面子在社会中是维护个人道德完整的保证，如果一个人丢了脸在社会中很难正常生活，所以，脸面既是加

强道德标准的社会戒律，也是内心的戒律。在社交中，人们常常会碍于面子，做出违心的行为。由于面子的作用，我们在社交礼仪中往往会产生这些行为：(1)有意抬高自己的面子。为了面子尽力去美化自己的境遇、能力、品质。(2)有意抬高他人的面子。通过各种方式去增加他人的面子，从而抬高自己的面子，做到双方都有面子。(3)照顾面子。由于暴露对方的缺点会破坏双方的和谐，所以，考虑到情面关系，常会用一些模棱两可的语言，用一些敷衍面子的礼貌用语来代替内心的真实思想。这种“碍于面子”的思想在礼仪中常常使我们不能潇洒自如地与人结交，有时要么冲撞对方的“面子”，而被人视为不礼貌；有时要么过于讲究面子，而被对方认为不诚实、虚伪。

自我与领导之间的等级心态也是礼仪中常见的现象。中国传统社会是一个大一统社会。长期的社会熏陶，养成了一种依附、顺从权威的行动方式。在礼仪行为中，表现为视官方的意志、上级的意志为自己的行动方向，缺乏一种独立性，自我意识也差。当有些人在礼仪场合出现时，会被一种等级观念所左右，要么受某种指令影响表现出固执的行为；要么缺乏某种指令，行为无所适从。总之，在这种社会心理影响下，礼仪缺乏个性，缺乏自由度。而西方受古希腊民主精神的影响，他们的行为方式具有较为明显的个性，自由度大。

矫正这些心理障碍，应该注重调整价值观。在现代社会中，我们应该注意集体主义与自我意识的辨证结合，既不能强调集体主义而忽视礼仪行为个体的自我特点，也不能因强调个人的自我意志而忽视我们传统的集体主义美德。面子观是我们中国文化遗留的产物，面子的影响在人们的礼仪行为中不可能完全抹去，因此，注意面子在交际活动中的作用也是无可非议的。但是，面子观应该与现代行为方式相结合，面子观应该与正常的道德行为相结合。只要是自然的行为，合情合理的行为，将面子赋予现代意义，将面子纳入现代的道德价值体系内，那么，面子心理障碍也是可以克服的。等级观念应该讲是一种封建意识，礼仪的行为过程应该表现出平等、自由的价值观，不要为等级差异而影响自我的行为。只要不损害国家的利益，民族的利益，集体的利益，那么在礼仪中应该追求高度的自由性；只要我们在礼仪行为中将人与人的关系视作一种平等的关系，那么我们就会避免因等级的差异而引发出来的行为心理障碍。

第四节　礼仪的风俗文化背景

所谓风俗文化，是指一定的民族或国家在一定的自然环境和社会环境中，经过长期共同的历史生活所形成的相对统一，较为稳定，极富特色的风俗习惯、道德风尚、行为规范、生活情调和精神特质。风俗概念的含义相当广泛，既涉及风俗文化的表层结构，也涉及风俗文化的深层结构；既有风俗文化的自然环境特征，也有风俗文化的社会环境特征。因此，在礼仪中，了解各国风俗的基本构成就具有理论和实践上的意义。

一、自然环境在风俗构成中的作用

自然环境包括地理水文、气候、植被等要素。它不但构成了特定民族、国家和地区赖以生存繁衍的栖息地，而且在一定程度上制约和影响了该民族、国家和地区的生产方式、生活方式、精神特质和审美观念，从而形成特定的风俗习惯。人们在长期的社会生活中，通过对风俗习惯的选择与整合来形成自己的礼仪方式。

(一)自然环境制约着生活方式

自然环境制约着生活方式具体表现在以下几个方面:

居室。在高原和草原上从事畜牧业生产的民族,过着“逐水草而居”的生活,因而不可能营造永久性的居室。蓝天白云下的各种帐篷,便构成了游牧民族的居室特色。在平原、盆地或狭小的山区从事农业或畜牧业生产的群落,则营建永久性的和固定性的居室,聚族而居。虽然我们很难从人们的居室中直接看到它们对礼仪的影响,但是居室肯定会对人们的生活习惯产生重要的影响。不管是在古代还是在现代,也不管是在中国还是在外国,人们对居室的地址和朝向,对房间内部空间的划分都会有特殊的要求。现代人类学家认为,人们对居室的要求除了有其科学性的一面之外,其中很大部分来自于人们生存环境所带来的生活习惯。因此在礼仪中我们要了解各国的风俗,包括人们的居住习惯。

食物结构。食物结构是人类生活方式的重要内容,它与人类的自然环境有着更为密切的关系。一般来讲,游牧和狩猎民族往往以肉为主食,农业民族往往以谷物为主食,自然环境的不同,所食食物的种类亦有所差别。通常食物结构对礼仪的影响要比居室大得多,现在世界上不少礼仪就是围绕食物而展开的。因此在礼仪中,我们应该注意由食物结构所引起的生活习惯。

生活习惯。气候炎热、雨水频降的东南亚地区的人有经常洗澡的习惯,而在寒冷、干燥的青藏高原,洗澡成为一种奢侈。荷兰多雨,地处“低地”,一年到头处处湿漉,荷兰人因此有穿木鞋的习惯。阿拉伯半岛阳光较强,气候干燥,高原、沙漠横亘其上,风沙恣肆,因而有缠头、裹身的习惯,女性还戴面纱。

居室、食物结构和生活习惯构成了生活方式的重要内容,而这些内容则是礼仪所必须考虑的风俗文化背景。

(二)自然环境与精神物质的密切关系

黑格尔在其著名的《历史哲学》一书中,曾将人类文明划分为几种状态,并着重探讨自然环境与精神物质之间的关系。大致说来,农业文明是由那些在平原、盆地等自然环境里,长期从事农作物的种植、生产,以及过着定居生活的民族、国家所创造的,其精神特质为天人合一型,追求人与自然的和谐,向往和平稳定的生活。游牧文明是由那些在草原、高原等自然环境中,长期从事畜牧的养殖、生产,以及过着“逐水草而居”生活的民族、国家所创造的,其精神特质为天人冲突型,对自然的征服欲念较为强烈,追求一种动荡不定、自由自在的生活方式。海洋文化所处的自然环境比较恶劣,前有浩瀚海洋的阻挡,后有崇山峻岭的障碍,内乏耕地与牧场。为了谋求生存与发展,这些民族与国家的人民便力图克服自然环境的阻碍,穿洋越岭,从事贸易,换取必需的物质生活资料。其精神特质为天人冲突型,对自然的征服欲念极为强烈,崇尚创造、发明以化无为有。

一个民族或国家的精神特质为其社会风俗规定了思想内涵,而由这种思想内涵决定的社会风俗,又进一步地为其礼仪形态奠定了思想基础。

最后,特定民族和国家的审美观念,往往受到特定自然环境的影响。例如,在我国,黄河由昆仑山上直泻而下,在河套平原转个大弯后,穿越黄土高原、华北平原,挟带着沉重的淤泥,东流大海。它不但在相对干燥的北方成为一大自然奇观,而且成为中华民族历史、文化、精神的象征,因而具有震撼人心的审美效果。芬兰素有“千湖之国”的称号,寒冷气候下的山峰终年积雪。如此特殊的自然环境，使人们对白颜色具有浓厚的兴趣，并把它看成是和平、纯洁、公正的象征。在泰国，成群白象成为当地的一大景观，白象极受国人的喜爱，把它看成是国宝，象征着智慧、力量、忠诚、吉祥。骆驼是沙漠世界的奇观，它耐饥渴，生命顽强，能够穿越沙漠，负重致远。毛里塔尼亚人非常珍重骆驼，把它视为国宝，象征着民族的灵魂、民族的骄傲；他们在迎接外国贵宾时，还用披红挂绿的骆驼队，组成一支独特的欢迎队伍。

这种由审美情趣而生成的社会风俗往往成为各种各样礼仪形式的美感源泉。

二、风俗中的社会关系表现

社会关系是指人们在长期共同的社会经济生活中所形成的各种相互关系。它不但是人们本能的产物，而且是特定社会分工、社会结构、社会制度和社会文化的产物。社会关系是俗文化的重要内容，因而必然会在礼仪中表现出来。

（一）两性关系

男女两性由于生理和心理方面的差异，曾在不同的社会形态中，拥有过不同的权力和地位，承担过不同的责任、义务，扮演过不同的社会角色。尽管现代社会的两性关系是建立在平等自由的基础上，然而，由于世界各民族和国家的社会历史的差异性，两性关系的表现是不平衡的。

在欧美国家中，两性关系最能体现平等自由的精神。这种两性关系，与欧美各国近代以来社会经济的发展，科学技术的进步，以及以人为核心的社会理论的探索和实践，有着相当密切的关系。

在阿拉伯社会里，两性关系则保持着较为浓厚的传统色彩。在部分坚持伊斯兰教的王国中，《古兰经》和《圣训》既是宗教典籍，同时也是现行法典，传统的规范一成不变。例如，沙特阿拉伯的女子，在婚姻上多听从媒妁之言、父母之命，较少自主选择的权力；她们通常不见客人，尤其不见男客。有些国家，虽然在法律建设上仿效英国法、法国法或荷兰法，但同时也宣布伊斯兰法的至高无上性，两性关系的限制仍然比较严格。例如，巴基斯坦规定，男女不准当众或在公共场合中接吻；利比亚规定，禁止男子观看少女跳舞，否则轻者罚款，重者判刑坐牢；伊朗规定，女生进行体育锻炼时，男生不可以进入操场等。

至于其他的民族和国家，除了特别封闭的之外，一般在西方文明冲击和自身改革开放的双重作用下，两性关系介于现代和传统之间。例如，在远东社会里，男女社会地位、权力、义务的对等性，在法律中得到了规定和保障，两性关系发生了历史性的变迁。同时，传统的心理与观念，诸如大男子主义、重男轻女、传统女性审美观、女性的依赖思想等，在具体社会生活中仍然普遍存在。

（二）代际关系

代际关系也是最重要的关系之一，影响着整个民族与国家的风俗习惯。老人拥有丰富的阅历和经验，赋予他们较高的社会地位、威望和权力，曾是人类社会早期普遍认同的一种惯例。迄今为止，马达加斯加人仍然遵循这个惯例，在许多社会行政机构中，管理人员大多是上了年纪的人。然而，随着社会的发展和科学技术的进步，这种观念日益受到削弱，所谓“代沟”问题便常常表现出来。尽管如此，尊老作为一种传统的习惯，在现代社会里仍被沿袭下来，通过赋予它新的内涵之后，成为一种具有国际性的美德。

由于社会历史和传统文化的差异性，西方和东方社会的代际关系，无论从内容到形式，

还是从家庭到社会，都呈现出较大的差异性。一般来讲，西方社会的代际关系建立在平等、自由的基础上，双方的界限并不严格，清规戒律也不多，呈现出某种对等性。因此，在西方社会的具体生活和社交活动中，尊重老人、长辈的意见，把年青人、晚辈介绍给老人、长辈，这是符合其自尊精神的。

东方社会的代际关系，尽管较之过去有了很大改善，但是传统的底色仍然浓厚。在日本，家庭中的晚辈总是带着疑问和请教的语气和他们的长辈交谈。在柬埔寨，家庭中晚辈的床铺不得高于长辈的床铺，晚辈对长辈说话时，不得高声大嗓，需毕恭毕敬。在泰国，年轻人须主动向长辈致合掌礼。在缅甸，晚辈路遇老人，常施鞠躬礼。在马来西亚，无论在家庭中，还是在公共场合，只要有长辈在场，做晚辈的必须行为规范，谈吐文雅。这些国家都受过儒家文化的熏陶，从中可以看到儒家文化代际关系的特征。

（三）等级制度关系

等级制度的特点是人为地将社会群体分成几个集团，集团间界限分明，享有不同的社会地位和权力，承担不同的社会责任和义务，遵循不同的行为规范和生活方式。本世纪以来，等级制度遭到各国公民的质疑，以平等、自由、人权为基础的新型社会关系，普遍在世界各民族和国家中建立起来。尽管如此，由于社会分工的事实差异、社会地位和权力的事实不均以及传统心理习惯的多重影响，等级观念仍然存在于东西方许多民族和国家中，渗透在人际社会交往的行为规范之中，对于风俗习惯和行为礼仪发生重要影响。当然，现代的等级观念与传统的等级观念，存在着质的差别，无论是实际内容还是表现形式，都不可同日而语。

综观世界各民族和国家，现代的等级关系和等级观念，大致有以下几种表现形式。

群体关系表现。这种表现形式存在于个别国家，在礼仪中应该加以重视。例如，印度传统社会曾将社会群体划分为四大种姓，即“婆罗门”、“刹帝利”、“吠舍”、“首陀罗”，这就是“种姓制度”。各种姓的社会地位与权力、社会责任与义务、生活方式与行为规范、道德风尚，都有明确的划分和规定，界限森严，互不通婚。在四大种姓之外，还有一种被称为“哈里真”的“不可接触的贱民”，几乎没有任何社会地位和权力，备受歧视。种姓制度的实质就是等级制度。现代印度，尽管在法律上取消了种姓制度，赋予全体国民以平等、自由的社会地位与权力，但是在具体社会生活中，种姓制度仍然存在。

服饰表现。初到缅甸的人，通过当地人的服装，尤其是男子头上的纱布巾，就可以知道其身份和地位。缅甸男子成年后都要头扎一种称为“岗包”的布巾，它是装饰品，是成年的标志，也是权势的象征。凡是“岗包”华丽，露出脑顶的便是王室贵族或大臣官吏；头巾裹住整个脑顶，在“岗包”的右边垂有一条巾尾的则是普通百姓。实际上，通过服饰来表现自己的地位、职业的现象，在世界各民族和国家中很普遍。由于存在着服饰的等级关系，所以服饰礼仪常常是现代礼仪的重要内容。

称谓表现。称一切男性为“先生”，称一切女性为“小姐”或“女士”，在现代社会是比较流行的礼貌称呼。但是在不少民族和国家的人看来，其中的尊敬意味是颇值怀疑的。德国人、俄罗斯人、阿拉伯人等，都喜欢人们在称呼其名时，加上符合其身份、地位的职衔。

礼节表现。在西方社会的社交活动中，把地位低的人引见给地位高的人，是条永远不变的原则。而印度教徒在迎接宾客时，主人要向客人敬献花环。花环的大小视客人的身份而定。献给贵宾的花环一般很粗大，其长过膝；献给一般客人的花环仅及前胸。在老挝，施合礼有以下规定：对僧侣、王族、长辈、上司等身份比自己高的人，合掌要置于额前；对小辈、下级等身份比自己低的人，合掌置于颌下；对平等或普通人等，合掌置于脸前。实际上，在世界各民族和国家中，礼节与等级的关系都是颇有讲究的。

现代的等级关系和等级观念基本上是建立在身份差异、地位高低和职务大小的基础上，它没有任何法律上的依据，只是人们在具体社会生活中，出于传统的心理习惯和表示尊重的需要，自觉或不自觉地形成的一种礼仪规范。一般来讲，由于社会历史和文化的差异性，东方人比西方人更加具有等级观念和注重等级关系。

总之，两性关系、代际关系和等级关系，甚至是阶级关系，它们不但构成了风俗发生与发展的社会基础，而且完全渗透在风俗中，成为风俗的重要组成部分。它们对于各民族和国家的礼仪都产生了直接的影响。

第三章　个人礼仪

第一节　语言礼仪

一、交谈礼仪

（一）交谈的语言

说话礼貌的关键，在于尊重对方和自我谦让。礼貌不能只强调主观动机，还必须讲求实际效应，那么，怎样才能有礼貌地与人说话呢？

1. 态度要诚恳、亲切

交谈要有自信。听众就是上帝，这并非夸张。为了表示尊重听众，表示礼貌和谦虚，说话者往往需要借助现成的寒暄语。说话本身是用来向人传递思想感情的，所以说话时的神态、表情都很重要。当向人表示祝贺时，如果嘴上说得很动听，但态度却是冷冰冰的，那么对方一定认为你是在敷衍他。当你向别人慰问时，神态却是很不专心，那么对方会认为你是在故作姿态。这样，对方不但不感激你，反而会产生疑虑。因此必须态度诚恳和亲切，让对方对你说的话产生表里一致的印象。许多人害怕与人交谈，唯恐自己无言以对，谈话时总是绞尽脑汁琢磨自己接下去该说什么，对别人说的话一个字也听不进，结果反而使谈话难以进行。所以，谈话时不要惊慌，对自己要有信心，要一个字一个字地听，一个字一个字地说。千万别担心无话可说而害怕与陌生人接触，其实大多数谈话失误不是因为说话太少造成的，而是说话太多造成的，即言多语失。

2. 用语要谦逊、文雅

在谈话中多使用礼貌用语，是博得他人好感与体谅的最为简单易行的做法。所谓礼貌用语（简称礼貌语）是指约定俗成的表示谦虚恭敬的专门用语。例如，初次见面，要说“久仰”；许久不见，要说“久违”；客人到来，要说“光临”；等待客人，要说“恭候”；探望别人，要说“拜访”；起身作别，要说“告辞”；中途先走，要说“失陪”；请人别送，要说“留步”；请人批评，要说“指教”；请人指点，要说“赐教”；请人帮助，要说“劳驾”；托人办事，要说“拜托”；麻烦别人，要说“打扰”；求人谅解，要说“包涵”等。在社交中，尤其有必要对以下词语经常加以使用：

您好。是一句表达问候的礼貌语。遇到相识者与不相识者，不论是深入交谈，还是打个招呼，都应主动向对方先说一声“您好”。若对方问候了自己，也要以此来回应。在有些地方，人们惯以“你吃了饭没有”，“最近在忙什么”，“身体怎么样”，“一向可好”来打招呼，问候他人，但都没有“您好”简洁通行。

请。是一句请托礼貌语。在要求他人做某件事情时，居高临下、颐指气使不合适，低声下气、百般乞求也没有必要。在此情况下，多用上一个“请”字，就可以逢山开路，遇水架桥，赢得主动，得到对方的照应。

谢谢。是一句致谢的礼貌语。每逢获得理解、得到帮助、承蒙关照、接受服务、受到礼遇之时,都应当立即向对方道一声"谢谢"。这样做,既是真诚地感激对方,又是对于对方的一种积极肯定。

对不起。是一句道歉的礼貌语。当打扰、妨碍、影响了别人,或是在人际交往中给他人造成不便,甚至给对方造成某种程度的损失、伤害时,务必要及时向对方说一声"对不起"。这将有助于大事化小,小事化了,并且有助于修复双方关系。

3. 语言要准确

在交谈中,语言必须准确,否则不利于各方之间的沟通。要注意的问题主要有:

(1) 发音准确。在言谈之中,要求发音标准。其含义有三:一是发音要标准,不能读错音,念错字,让人见笑或误会。二是发音要清晰,要让人听得一清二楚,而不是口齿不清,含含糊糊。三是音量要适中,过大令人震耳欲聋,过小则让人听来费劲,都不大合适。

(2) 语速要适度。在言谈时,对其应加以控制,使之保持匀速,快慢适中。在言谈中,语速过快、过慢或忽快忽慢,都会影响效果。

(3) 口气要谦和。在谈话中,讲话的口气一定要平等待人,亲切谦和。不要端架子、摆派头,以上压下,以大欺小,官气十足,倚老卖老,盛气凌人,随便教训、指责别人。

(4) 内容要简明。在谈话时,应力求言简意赅,简单明白,节省时间,少讲废话。

(5) 土语要少用。谈话对象若非家人、乡亲,则最好不在交谈之中使用对方可能听不懂的方言、土语。硬要那么做,就是对对方不尊重。在多方交谈中,即便有一个人听不懂,也不要采用方言、土语交谈,以免使其产生被排挤、冷漠之感。

(6) 外语要慎用。在普通性质的谈话中,应当讲中文,讲普通话。若无外宾在场,则最好慎用外语。与国人谈话时使用外语,不能证明自己水平高,反而有卖弄之嫌。

人类社会的发展,要求我们不断地提高自身用语的文明程度,而说话文明是其中一个极重要的方面,某种程度上也是一个民族精神面貌的体现。说话文明看似简单,但要真正做到也并非容易。这就需要我们身体力行,加强修养,从而使我们中华民族"礼仪之邦"的优良传统,真正得到进一步的发扬和光大。

(二)交谈的方式

生活经验告诉我们:使用委婉的方法向人表达某种意思,常常比用直率的方法好。

1. 尽量采用与人商量的口气

说话者往往采用寒暄的方式以达到婉转地表达说话者意图的目的。例如:"我认为采用这种方法才行。"就不如"我想这一种办法也不一定最好,只想请你加以研究。"例如:"我们都知道您经历的事情比别人多,所以这事还得听取您的意见。"委婉曲折的表达方法可以使对方在接受你的意见时不会被动、勉强、有压力。同时也要注意倾听,做个忠实的听众。谈话本身包括说和听,不要口若悬河地垄断整个谈话,要给对方发表意见的机会。要全神贯注地聆听对方的讲话、不要轻易打断对方的谈话，以示尊重。对方讲话时，也可在适当时候发表自己的看法，不过一般不谈与正在讨论的内容无关的话题。如果对方谈到一些棘手的话题，或者你认为他的观点你根本无法接受时，不必轻易表态或随声附和，可设法尽快转移话题。

2. 尽量采用自谦的口吻

多使用寒暄语。例如："我觉得大家说得都不错，现在采用我的意见真是让我感到意外。"为了表示尊重听众，说话者往往就要借助现成的寒暄话："我水平不够，研究不够，恐怕讲不好。"诸此类的寒暄话，表面上是随口而出，是习惯用语，实际上起着表达作者谦恭愿望的作用。这是寒暄话的功能。我们在讲这些话的时候，一定要在神态上也体现出自己内心的这种情感。

寒暄话是交际往来常用的应酬套语，每每是润滑社交齿轮的油，能减少"摩擦"、"噪音"。请人办事，说一声"劳驾"；送客临别，讲一句"慢走"。这些都能显示出你礼貌周到、谈吐文雅。擅长外交的人们，像精通交通规则一样熟谙客套话。正如培根所说，得体的客套同美好的仪容一样，是永久的推荐信。

3. 学会赞美别人

赞美是一种卓有成效的交往艺术。国外有些社会心理学家把赞美看作"仙人的魔棒"、"点石成金之术"。但是赞美如果运用不恰当，也会引起不良的心理反应。首先，赞美的态度要恳切。态度恳切是影响赞美效果的首要因素，只有真诚的赞美才最能打动人的心灵。赞美别人实际上是对他人长处的学习，对他人成就的肯定和敬重。赞美别人需要有一颗真诚、热情的心，需要善于发现、欣赏别人的优点和长处。其次，赞美的语言要得体。含糊其辞的赞美会让人觉得言不由衷、违心阿谀，产生被敷衍搪塞的心理感受。美国社会心理学家海伦·H·克林纳德认为，赞扬时使用的词语不当是引起窘迫、屈辱等问题的原因。再次，赞扬的内容要具体，赞美什么、为什么赞美要明确，并实事求是，恰如其分。夸大事实的赞美不仅不能使人获得好感，而且容易让人产生讨好之嫌，留下不良印象。最后，赞美的频率要适度，时机要恰当。赞美的频率适度是指在一定的时间内对他人或对同一事情、同一对象赞扬的次数要适度，过于频繁的赞扬不但会降低赞扬的激励作用，而且会让人产生反感情绪。时机往往是事物的连接点和转化的关节点，赞美也一样，只有时机选择恰当才能获得理想效果。

4. 如何拒绝别人

交谈中不可能没有拒绝。由拒绝所引起的对方的心理抗拒以及由此产生的消极情感往往是不可避免的。为了使这样的消极后果能降低到最低限度，应当学习和掌握交谈中的一些拒绝艺术。首先，该说不时就说不。在社会交往当中，经常会遇到许多社会组织、群体或个人有求于人的时候，这些请求多数情况下又是不能全部满足的。遇到这种情况，该怎么办呢？一概承诺不可能，也办不到，如果都答应下来却做不到，最后只能落个"言而无信"的坏名声。为了长远、有效、脚踏实地地发展人际关系，使众多的不得不采取的拒绝行为所引起的抗拒心理和消极情绪反应降低到最低程度，社交活动中应当首先自觉地建立起一种随时说不的勇气的自信心。其次，巧言诱导，委婉拒绝。必须表达否定的时候，首先必须尊重对方，说话要适当、得体，使用一些敬语，以扩大彼此的心理距离。采用诱引方法也是表达否定的极好手段。需要否定时，人们不妨在言语中安排一两个逻辑，不直接说出逻辑结论，逻辑上必然产生的否定结论留给对方得出，这样的逻辑诱导法如果在面对上级组织，身处领导地位的听众时使用，效果往往比较理想。最后，道明原委，互相理解。一般来说，人们之所以拒绝对方，总是有一些不得不这样做的理由，总是有主观或客观上的困难，对于这些困难，有求于人的公众未必知道或未必完全清楚。拒绝对方的时候，人们一方面要寻求对方的理解，另一方面也要主动理解对方，这样才能达到“买卖不成仁义在”的效果。

另外，在谈生意时，你要语气坚定，也要表现出友善，显得平易近人，过与不及都不恰当。如能做到说话音调有热忱，亲切和充满活力；表达出强烈的情感，例如怜悯和热心；说话时没有口音；所说的话明白易懂，而且措辞清楚等，就能达到事半功倍的效果。

（三）交谈的艺术

1. 说话时要认清自己的身份

在运用语言进行交流时，应尽量合乎交流双方的特点，诸如性格、心理、年龄、身份、知识面、习惯等。有这样一个笑话：在一只游艇上，来自各国的一些实业家边观光边开会。突然，船出事了，慢慢下沉。船长命令大副：“赶快通知那些先生们，穿上救生衣，马上从甲板上跳海。”几分钟后大副回来报告：“真急人，谁都不肯往下跳。”于是，船长亲自出马。说来也怪，没多久，这些实业家们都顺从地跳下海去。“您是怎样说服他们的呀？”大副请教船长。船长说：“我告诉英国人，跳海是一项运动；对法国人，我说跳海是一种别出心裁的游戏；我警告德国人，跳海可不是闹着玩的！在俄国人面前我认真地表示，跳海是革命的壮举。”“你又怎样说服那个美国人呢？”“那还不容易，”船长得意地说，“我说已经为他办了巨额保险。”这纯粹是个笑话，然而笑话里包含了一个浅显的道理：说话的内容和方式要尽可能地合乎对方心理需要，这样才能取得令人愉快和满意的效果。比如，对待小孩子，你可以这样说“在用茶杯前一定要先看看里面是不是干净，懂吗？”但是对待老人，这样说话显然是没有礼貌的，应该说：“老伯伯，请稍等，我帮您把杯子洗干净后再倒水喝，好吗？”

2. 说话中要适当考虑措词

谈话时，要时时留心自己的谈吐，并且严密注视听话人的反应，只有这样，才能知道自己语的言词是否妥当。语言的心理调节作用也是显而易见的。在我们的日常生活中，把素面称作“阳春面”，把劳教所中的囚犯称作“触犯了法律的朋友们”等，都会收到意想不到的效果，显示了说话者高雅、诚挚、宽容的生活情趣和教养。在产品推销中，“您是否需要鸡蛋？”和“您要几个鸡蛋，一个还是两个？”两种不同方式中，后者把心理引导术结合在推销艺术中，其效果可想而知。又如，在进行公务性的谈话中，当需要提醒对方交货不太准时时，使用“脱期”显然比使用“违约”一词好。因为“脱期”虽然也是属于违约，但还只是限制在时间的范畴内，如用“违约”，对方可能由此猜测你想终止合同，事态就严重了。另外，还要考虑到交流双方的文化因素的差异。地区文化运用不当会使语言沟通受阻，在上海见人称“师傅”习以为常；称北方人为师傅，会让他觉得非常正式客套；而称广东沿海等地的人为师傅，则会让人觉得粗俗和不近人情。文化背景、个人资历、阅历等都会影响到语言的交流，例如，对知识层次较高的人语无伦次，漫天闲聊，会使对方生厌。只有明确交谈双方的联系与差异，才能找到共同的话题，并由此萌发交往欲望，拓宽交流的内容范围，并逐步深入。为了时时处处体现“礼”的内涵，要谦虚和谨慎，语言条理清楚，目的简洁、明确，适应不同对象的理解程度；要三思而后言，避免“祸从口出”；要有意识地控制谈话的深度、情绪和节奏。

3. 谈话时要把握交谈对象角色

要想交谈顺利展开，应了解自己在交谈中的位置，更要了解、把握交谈对象的身份、角色，因为只有把握了交谈对象，才能使交谈不“越位”，不“越界”。

（1）与领导或上司交谈时，要记住自己是部下、助手，交谈中要谦虚谨慎，充分尊重领导或上司的意见和决定。如与领导或上司意见有分歧，应在适当的时机，用委婉的方式陈述，不要自以为是、狂妄自大，否则就会引起领导或上司对自己的不信任，甚至反感。

（2）与前辈交谈时，要谦虚谦好学，切勿自命不凡、不懂装懂，毕竟前辈比自己无论在社会阅历还是经验方面都要丰富。与同辈或同级的人交谈，应互相尊重，平等相待，不要表现张狂；与晚辈交谈，虽然晚辈资历比较浅，但也不要太过炫耀自己的优势、长处，自吹自擂，因为每个人都有自己的长处。现代社会，“文化反哺”现象普遍存在。

（3）在与女士交谈时，应把握好分寸，不要表现出过度的热情、殷勤，不然容易使女士产生不安的感觉。

（四）怎样使用敬语、谦语、雅语

1. 敬语

敬语，亦称“敬辞”，它与“谦语”相对，是表示尊敬礼貌的词语。除了礼貌上的必须之外，多使用敬语，还可体现一个人的文化修养。

（1）敬语的运用场合：第一，比较正规的社交场合。第二，与师长或身份、地位较高的人的交谈。第三，与人初次打交道或会见不太熟悉的人。第四，会议、谈判等公务场合等。

（2）常用敬语。我们日常使用的“请”字，第二人称中的“您”字，代词“阁下”、“尊夫人”、“贵方”等都属敬语。

2. 谦语

谦语亦称“谦辞”，它是与“敬语”相对，是向人表示谦恭和自谦的一种词语。谦语最常用的用法是在别人面前谦称自己和自己的亲属。例如，称自己为“愚”，称家人为“家严、家慈、家兄、家嫂”等。自谦和敬人，是一个不可分割的统一体。尽管日常生活中谦语使用不多，但其精神无处不在。只要你在日常用语中表现出你的谦虚和恳切，人们自然会尊重你。

3. 雅语

雅语是指一些比较文雅的词语。雅语常常在一些正规的场合以及一些有长辈和女性在场的情况下，被用来替代那些比较随便，甚至粗俗的话语。多使用雅语，能体现出一个人的文化素养以及尊重他人的个人素质。在待人接物中，要是你正在招待客人，在端茶时就应该说：“请用茶”。如果还用点心招待，可以说“请用一些茶点。”假如你先于别人结束用餐，你应该向其他人打招呼说：“请大家慢用。”雅语的使用不是机械的、固定的。只要你的言谈举止彬彬有礼，人们就会对你的个人修养留下较深的印象。

（五）恭维话

人人都喜欢恭维话，也喜欢恭维者。我们常常奇怪，为什么许多人吝啬恭维。这也许是因为许多人生来厌恶当面品评他人，也许有些人因为腼腆羞怯而不愿启齿，而另一些人或许根本从未想过赞美之词会如何使人感到高兴。如果你对当面表示个人的称颂感到为难，那你不妨间接地表示敬仰之意。“我昨天见到玛尔吉·梅，她告诉我，你组织的基金筹集工作颇有成效”。你这一句话可以使你得到两个人的好感，一是你的交谈对象很开心；二是玛尔吉，她事后得知也会高兴。

恭维话必须是真诚的由衷之言。富尔顿·希恩大主教曾经讲过：“赞美之言犹如极薄的香肠片，美味可口，而谄媚之语则像肥厚的香肠令人腻烦”。

倘若有人恭维你，你必然要表达喜悦和感激之情。不论人家恭维何事，你切不要虚伪地假笑，也不要自我贬低。例如，有人说“你的衣服真漂亮”，你不要说“噢，这衣服相当便宜，我觉得它并不太合身”。对恭维话的最恰当回答应该是“谢谢”或者是“我真高兴你喜欢它”，也可以说“谢谢你的美意”。

二、交谈话题

（一）谈话的禁忌

1. 不要喋喋不休

交谈的话题应避开疾病、死亡、灾祸以及其他不愉快的事，以免影响影情绪和气氛，应该谈论那些使听者感兴趣和高兴的内容。还应避免谈论稀奇古怪、荒诞离奇的事，没有教养、愚昧无知或素质低下的人才会对这类话题津津乐道。不要像青蛙，整日鸣叫，但却不被人在意，反而惹得他人心烦意乱；相反雄鸡天亮时的一声啼叫，却一鸣惊人。

2. 不要尖酸刻薄

不要出言不逊，恶语伤人，而应该言语得体，不要总是指责，更不要冷嘲热讽，而应语气委婉，各抒己见，尽量说服对方或求同存异，辩论完分手时应相互道歉。在自己的社交行为中，敌人太多总是不利。

3. 不要逢人便诉苦

托尔斯泰说得好：“幸福的家庭永远都是一样，不幸的家庭各有各的不幸。”不要怨天尤人，因为人人都有一本难念的经，诉苦者不会从喋喋不休休的抱怨中得到安慰。

4. 不要一言不发

有些人在交际场合里很少说话。原因可能是个性比较内向，也可能是由于自卑感作祟，以为自己学问不如人或地位太低等。过于沉默的习惯会大大妨碍社交活动，而且也可能使别人误会你是个性情高傲的人。应该学会一些场合上的客套话和应酬话，这让你更令人亲近。谈话中如果有一阵子陷于沉默，你应该设法打破沉默。

5. 不要自以为是

切忌在社交场合态度傲慢、自以为是、目空一切、夸夸其谈。谈话要自然，态度要和蔼。说话时不要像“井底之蛙”一样自高自大，要多问些“为什么”“怎么样”的话，这样会使你更加受人欢迎。

（二）选择话题

与人谈话最困难的，就是讲什么话题。若想让别人觉得自己很有吸引力，最好的办法就是说话真诚明了，并明智地选择话题。一般说来，在交际场中，第一次交谈是最不容易的。因为彼此不熟悉对方，不知对方的性格、嗜好和品性，又受时间的限制，难以作更多了解或考虑。下面是几种常用的开启话题的方法：

1. 提问

如果你碰巧坐在一位陌生人身边，不妨先自我介绍，然后用提问的方式进行试探。比如说：“我叫 xx，是史密斯夫妇的新邻居，你是他们的同事吗？”或是说：“听说您和××先生是老同学？”无论问得对不对，总可以引起对方的话题。问得对的，可依原意继续追问，猜得不对的，根据对方的解释又可顺水推舟，在对方的生活上畅谈下去。要是你对同席的伙伴一无所知，你也可以问：“你是住在霍姆维尔，还是来此地访亲问友？”从他的回答中，你很可能会发现可以交谈的内容。他也许会问你住在何处，在哪里供职。事情并不复杂，但你要让对方

有说话的机会。

另外，就有争议的问题展开话题，也不失为社交聚会上一种开口妙法。例如，在选举年份里，可直接问：“你准备投谁的票？”或者“你以为副总统候选人如何？”等问题。在改革的岁月里，可以问：“你认为目前的国企改革如何？”或者“你认为行政改革的方案怎样？”这些有争议的话题可以使你毫不费力地开始交谈。

2. 赞美

赞美一样东西常常是一种最稳妥得体的开头语。如赞美主人家的花养得好之类。如果女主人已经向你谈过这位同席的伙伴，那你可以对他说：“我听说你最近有部新作出版了，那一定写得非常精彩。”或者说：“我听说你在上星期的比赛中战胜了罗伯特，那场面一定激动人心。”

当你与一位刚刚相识或不知底细的人交谈时，最好的方法是不停地变换话题，就像渔夫不断寻找最合适的钓饵一样，你可以用提出一些问题的方法进行“试探”。一个话题谈不下去时，就换到另一个话题，你也可以接过话头，描述一件你正在做的事情或者正在思考的问题，如修剪花园、计划旅行等，也可以谈谈你读过的一篇有趣的文章，或说说你刚刚看过的一部精彩的电影。如果谈话出现停顿，千万不要急于找话谈，沉默片刻也无妨。谈话不是赛跑，无需拼命冲向终点。

3. 赐教

向人请求赐教是另一种十分奏效的开场白。“我们正筹划驱车开往南方，你知道途中有什么名胜值得驻足吗？”或者问：“我正打算买一台家用电脑，你有何高见呀？”其实，你可以向他请教任何事，诸如政治、体育、股票行情和流行时尚等，这种做法比较可靠。

餐桌上的事物与美酒也是另一个良好的开场话题。“味道好极了，苏珊在汁里放了什么调料，竟产生这样特殊的香味，你知道吗？”

（三）不受欢迎的人

1. 讨厌的人

对什么是讨厌的人，有一种解释：“当你想谈谈自己的事时，这种人却偏偏大谈他自己的情况。”从表面上来看，确实如此。但还有一种更为确切的解释，即：这种人总是没完没了地向你唠叨一些你根本不想听的事，尽管你明显地表现出厌烦，他却坚持要你听到底。

2. 怨天尤人的人

合乎情理的交谈的基本原则之一，就是应该谈论那些使听者感兴趣和高兴的内容，然而，说来似乎不可思议，许多人总是喜欢谈论灾祸、疾病以及其他不愉快的事。不要向别人抱怨自己的难处，因为听你讲话的人也各有自己的苦衷，他们不会从你的抱怨中得到宽慰。只有你最亲近和心爱的人才会关心你进过多少次手术室等不愉悦事情。

3. 抢话的人

有些人能比其他人更快地找出恰当的词句。他们常有一种难以抑制的欲望。对那些在表达完整思想时不能很快找出恰当词句的人，他们总喜欢多嘴，抢着替他人把话说完。如果你有这个毛病，应竭力加以克制，否则你的话会使你的交谈对象感到不快，你也会有卖弄之嫌。

4. 爱反驳的人

许多年前有这样的一首歌，歌词唱道：“不在于说什么，而在于怎么说”，这句话同样适用于反驳别人观点的时候。每人都有表达自己观点的权利。如果你要反驳和发表不同的观点，你应该说，“我想事情是这样或者那样的”，而不要说“你错了，我对了”。你应该讲明自己的理由，然后认真听取别人的意见。

5. 左顾右盼的人

当你与某人交谈时，他的眼睛却根本不正视你，这是最令人困窘的事。有的人在讲话时东张西望，有的人则在听别人讲话时左顾右盼，这两种人都不懂得做一个善于谈话的人的基本要领——要善于倾听别人讲话。当你与别人交谈时，你应该看着对方，当然不要目不转睛地盯着看，而是要始终正视你的谈话伙伴，使他感到你没有分散注意力。

6. 爱抢话头的人

我们都见过这样一种人，他们从不让别人把一个故事讲完。他们经常抢话头、纠正故事的细节，然后自己把故事讲完。这种现象尤其发生在夫妻和父母与子女之间。这种情况如果经常发生，就会演变成为非常令人恼火的恶习，它是许多夫妻之间口角的祸根。你自己首先应该避免这种行为，同时，当你的叙述被打断时，你也无需以缄默来容忍别人的这种做法。许多人并没有意识到自己爱抢话头，更不知道自己的所作所为如何令人恼火。你先对打断你的人进行有礼貌的暗示，如果他仍不自觉，你就在他每次抢话头时对他说：“好吧！你来讲吧”。这话理应奏效，当然厚脸皮的人除外。

7. 爱传播秘闻的人

在公开场合中总有一种人喜欢单独与某人嘀嘀咕咕窃窃私语。他的举动必然使周围的人感到他在议论他们，或者自己错过了什么特别的趣闻。当某两人用一种周围人不懂的语言交谈时，也会产生类似后果，它会被误认为是在谈论什么秘密，同样是不礼貌的表现。

8. 爱发表个人评论的人

前面已经讲过，恭维话与顺人心意的评语不仅可以被人接受，而且也是人们所希望的。可是令人不愉快的评语或令人难堪的话就很不得体。有一句古老的格言，“不能美言则免开尊口”，这是极好的忠告。

有时也会出现这样的情况，你为是否应提出可能被视作批评性意见而左右为难。例如，女友的连袜裤跳丝了，你也许不知是否应该告诉她。这取决于你的好友是否有可行的补救措施。假如她有可能就近购买一条新的连袜裤，那么就应该告诉她。在无法补救的情况下，将此事告诉她只能使她意识到自己有不足之处，而这本是她所无需知道的；或者使她意识到，她原以为能遮掩过去的缺陷，现已被人发现，从而产生不自在的感觉。

女人们经常拿不准是否应该提醒一个未拉好裤前拉链的男人。只要对方不是一个素不相识的人，你最好提醒一句，这样做在当时会使你和他略感尴尬，但是如果由他发现自己陷入的处境，而且为从何时开始便处于这种状态而感到疑惑，这更会使他难堪。与此相比，主动提醒他，一时造成的尴尬局面就微不足道了。当然，如果你与这位先生是初次见面，最好还是让与他熟识的人去提醒他。

9. 语言过多的人

很少有人为说话少而懊悔。“宁可缄口不语而被当作蠢人，也不要因张口胡言而招来非议。”不懂不要装懂。真正的聪明人从来不以承认自己“不知道”为耻。

说话随便的人常常言语过多，因而不免失之轻率。有些人具有活跃的想象力，可是他们的话却经常不可信；另一方面，“寡言者”很少讲话，却往往在朋友间很有威信，可是这种

人是不可能使一次聚会增加生气和欢乐的气氛的。其实,谈话也同其他的许多事情一样,中间状态最为可取,既应该知道何时恭听别人说话,也应该知道何时由自己开口,使交谈继续下去。

说话不要重复,既不要反复叙述同一个故事,也不要再回述故事中曾激起人们兴趣或引人发笑的情节。许多事情之所以有趣,就在于人们是第一次听到,而且叙述的方式简练。再有趣的事也经不住重复。

三、交谈的技巧

(一)声音和词汇的关联

倘若你认为某位管理者有不错的声音,那么你或许会注意到,其实他说话时所选用的词语也影响到你对他声音的感觉。无论是谈话还是沟通,选用文雅的词汇,将会获得他人善意的回应,这也是声音品质的要素。

如果发现有以下的情形,你的声音就有待改进:

(1)所说的话含混难懂,发音不准确;

(2)说话带有呼吸声,那么表示你优柔寡断,而且缺乏安全感;

(3)音调太高,以至声音听起来不成熟或过度紧张;

(4)语气粗俗,听起来刺耳、无理;

(5)声音听起来冷淡、漫不经心而疲乏;

(6)声调平淡无趣,似乎面无表情、不为所动;

(7)说话时带有很浓的口音,模糊了说话的内容,使听者无法了解你说话的内容。

高雅的声音应该是:

(1)没有浓重的地方口音;

(2)用正确的语法;

(3)不说令人厌恶的字眼;

(4)当话题涉及宗教或者其他国籍的人时,绝对不使用轻蔑的称谓;

(5)所有的字发音都正确;

(6)不要一再使用口头禅;

(7)避免使用俚语,酒就是酒,而不是黄汤;钱就是钱,而不是钱两;女人就是女人,而不是马子。

(二)演讲礼仪

演讲是一门与人交流,表述想法,感染他人的艺术。掌握演讲中的礼仪,有助于提高商务人士在商务活动中的感染力和影响力。有许多人觉得在公众面前讲话是最可怕的经历之一。但有时你必须在公司的会议室里演讲,而这攸关你一生的前途,在这关键时刻,你可就不能畏缩不前了。

1. 演讲礼仪的技巧

作为一名高明的演讲者,要使演讲精彩,至少应掌握以下技巧:

(1) 演讲要保持充沛的精力

在演讲之前,一定要充分休息,养精蓄锐。演讲的前一晚必须睡眠充足,使喉咙获得良好的休息。心理上、情绪上、精神上保持放松,以克服不安。你可以预先假设可能发生的事情,但不要心存恐惧。演讲时则要器宇轩昂、洒脱大方,表现出气度来。站立要稳,切勿前后摇摆。有的演讲者常常左右移动重心，这会使人认为你心神不定。目光要前视听众，左躲右闪会给人一种鬼鬼祟祟的感觉。不要一直看稿或看地板，要注意与听众交流，不然好像做亏心事一样。这几种情况，都会直接影响演讲效果。

（2）演讲人的声音要洪亮

音量的大小根据会场的大小和人员的多少而定。既不要过高，也不要过低。过高易失去自然和亲切感，过低听众听不清演讲者的话语，可能会使现场出现不应有的混乱。

（3）演讲者要注意双手的姿势

双手尽量不要胡乱挥动，可以双手相握，放在身前或身后，或者放松垂在两侧。双手的姿势相当重要，有时能加强你演说的感染力。可是要尽量避免一再重复同一动作。不要胡乱地挥动手臂，以免分散听众听你演讲的注意力。

（4）演讲者的服饰应整洁大方

穿着合宜得体的服装。男士的服装一般以西装、中山装为宜。女士不宜穿戴过于奇异精细、光彩夺目的服饰，服装过于艳丽，容易分散听众的注意力。

2. 演讲稿的准备

对一次成功的演讲来说，最主要的是要做好充分准备并预先演习。演讲可长可短，或严肃或幽默，但如果你想从自己的十分出色的演讲素材和顺乎自然的表现形式中获得信心，那就要花费数小时的时间去做准备和练习。这并不意味着你应该像一次记忆练习那样连珠炮似的背诵自己的发言，当然也决不应该让人听起来好像是在朗读发言稿。

在写好演讲稿之后，应当用大而清晰的印刷字体在索引卡片或小本子上做摘记(如果演讲稿长得使你有理由这样做的话)。这些摘记仅作演讲的提纲——一旦你思路中断，可起提示作用。你应该把演讲排练几次，第一次对着镜子讲，然后，如果可能的话，再当着家人或朋友进行演讲，这样当你站在更多听众面前时，就不会感到不自然。练习时，试着以几种不同的方式表达某一观念不失为一个好主意，因为这样做会使你的演讲听起来不带有“背诵”味道，而更好像是你在临场思考你要讲的话。

除非有绝对的必要，不然不要把你的演讲词全部写出来拿到台上去照本宣读。不管你多么熟悉自己的演讲材料，当众朗读会令人听来枯燥乏味，听众很快就会失去兴趣。书面讲稿只有像提纲那样作为参考材料时才能起作用，但是书面讲话稿的页数太多，又会使你一时翻找不到要查阅的段落。如果你必须将(无论是因为它包括一切必要的详细情节，还是因为你缺乏信心)演讲内容全部写出来，你应更加刻苦地进行练习，以求能达到几乎能全部熟背的程度，并能时常使目光离开稿子，吸引观众的注意力。

（三）适当的肢体语言也是一种好的会话

肢体语言又称身体语言，是指经由身体的各种动作，代替语言来达到表情达意的沟通目的。广义的肢体语言也包括前面讲到的面部表情；狭义的肢体语言只包括身体与四肢所表达的意义。肢体语言是一种个人行为，它可以透露出一个人在谈话时的态度，例如他是否用心地与你交谈，是否尊重谈话的对象，以及是否真正注意某人的意见等。为了使自己的交谈获得成功，左右逢源，要特别留意肢体语言。

谈到由肢体表达情绪时，我们自然会想到很多惯用动作的含义。诸如鼓掌表示赞同，顿足代表生气，搓手表示焦虑，垂头代表沮丧，摊手表示无奈，捶胸代表痛苦。当事人以此肢体活动表达情绪，别人也可由之辨识出当事人用其肢体所表达的心境。

由肢体动作表达情绪时，当事人经常并不自知。当我们与人谈话时，时而蹙额，时而摇头，时而摆动手势，时而两腿交叉，我们多半并不自知。正因如此，心理学家提出一个如下的假设：当你与人说真话的时候，你的身体将与对方接近；当你与人说假话的时候，你的身体将离开对方较远。此假设验证的结果发现：如果要求不同受试者，分别与别人陈述明知是编造的假话与正确的事实时，说假话的受试者会不自觉地与对方保持较远的距离，而且显得身体向后靠，肢体的活动较少，唯面部笑容增多。

运用肢体语言要注意以下这些技巧：

（1）与别人见面时不要站得太靠近，脸上不要有生气的表情。保持两英尺是最适当的距离；

（2）绝对不要把对方逼到墙角，他会有囚禁的压迫感，记得给别人留点转身的空间；

（3）当你在一个团体中谈话，你的肢体语言若不是快活，文雅，相反的就是鲁莽、消极。

下列的肢体语言告诉别人你正在专心聆听：

（1）端正地坐在椅子上，当然也不能像歌德式雕像一动也不动；

（2）双眼注视说话者的脸部，全神贯注就是礼貌；

（3）双腿保持不动，不要一直改变位置，或者交叉来交叉去。注意坐姿，尤其是女性，避免做出错误的肢体语言或发出暧昧的暗示，而自己却不知道。

（四）加强说话技巧

有好口才的人大多是：

（1）见闻广博，喜好阅读；

（2）温文儒雅；

（3）兴趣广泛；

（4）热心、活泼。

如果你拥有上述的特质，就会成为每个人都想接近的人。因为有口才的人能：

（1）让别人感觉亲切；

（2）给他人提供建议，让他人看见希望；

（3）使时间愉快的飞逝。

有好口才的人可以展现下列迷人的仪态：

（1）能谈各种主张，即使不懂，也能侃侃而谈；

（2）对别人正在做的事，如何做和从何开头，都表现出兴趣；

（3）能迅速的改变话题，从商业到国际政治，或从生态环境到一部正在上映的电影；

（4）知道如何巧妙地转移到听众感兴趣的话题上；

(5)不插嘴。内心清楚打断别人的讲话是非常鲁莽的事；

(6)与人谈话时两眼直视对方。不论在任何时候，眼光的接触非常重要，如果说话时你的眼睛不直视对方，那表示你正在想其他的事情，或者正在寻找比对方更重要的人。

(7)友善的针对陌生人或事物发问，而不是打听的方式；

(8)有礼貌地接受赞美，不拒绝别人的美意；

(9)诚心诚意并利用合适的机会，温文的赞美，而没有丝毫的夸张和矫揉造作；

(10) 知道何时可谈正事，何时不谈，不是只谈公事而令人厌烦；

(11)准备好许多有趣的话题；

(12)不在别人面前驳斥某人的话；

(13)帮助害羞的人觉得自己是谈话中的一分子；

(14)感觉出自己言谈无趣时，知道该怎样应变。

第二节　举止礼仪

一、表情礼仪

表情，即人的面部表情，是指头部(主要是脸部)眉、眼、嘴、鼻的动作和脸色的变化表达出来的思想感情。在体态语中，面部表情最为丰富，且最具表现力，能迅速而又充分地表达各种感情。现代心理学家总结出一个公式：感情的表达＝7％的言语＋38％的语音＋55％的表情。面部的表情有天生的因素，但是后天的气质、内涵、学识、性格等也会真实地反映在脸上，它与修养水平有着密切的关系。构成表情的主要因素是眼神和微笑。

(一)说话时要注意面部表情

一个人在与他人说话的时候，一是通过语言内容来传递自己的思想感情，二是通过表情的变化来加强这种信息的传递。因此，听话者一定要注意对方的表情变化，以准确地把握住对方的思想情绪。说话者也要随时留心自己的表情，以使对方能正确地理解自己的意思。

1. 神态自然大方

语气亲切，言辞得体，落落大方。为了使言谈更有声有色和增强感染力，说话时可以加进一些手势，但是动作不要过大，更不要手舞足蹈或用手指指人。在说话时不可面露谄媚、猥琐或者低声下气的表情。

2. 最好面带笑容

与人说话时，能面露喜色或者嘴角含笑是适宜的表情。因为笑容通常是表示自信和友善，能增强说话时的融洽气氛，当然笑也要有分寸，否则会使对方疑虑，甚至会以为是在取笑自己。空乘小姐在接受培训时，有一个项目就是训练如何微笑，可见微笑对空姐形象和服务质量的重要性，其他职业也是如此。

3. 表情要诚挚专一

诚挚即"心口如一"，即你嘴里在说客气话，面部就应该有谦虚的表情，绝不能言行相悖。

"专一"指态度专注，眼睛应凝望对方的脸，耳朵应聆听对方的话，而且还应对对方的说话随时有反应，决不能敷衍，甚至"顾左右而言他"，不然十分失礼。

（二）说话时与人保持适当的距离

依据通常的情况，人们的个体空间需求大体上可分为四种距离：亲密距离、个人距离、社交距离、公共距离。

（1）亲密距离是指两人的身体很容易接触到的一种距离，一般间隔在 15～45 厘米之间，甚至可以紧挨在一起，亲密无间。这一距离适用于情人或夫妻间谈情说爱，也适用于父母与子女之间或是很要好的朋友之间谈话。这种距离只有最亲近的人才彼此允许进入，人们会像保护自己的财产一样保护着这个区域。

（2）个人距离是指比亲密距离稍远一点的距离，一般在 45 厘米至 1 米之间。其特点是伸手可以握到对方的手，但不容易接触到对方的身体。通常熟人朋友间的交谈多采用这种距离。在社交场合，某些人为了向对方表示一种亲近感也会采用这种距离。

（3）社交距离的范围比较灵活，近可 1 米左右，远可 3 米以上。这种距离通常用于与个人关系不大的人际交往，例如小型招待会上，双方隔几步远打招呼或寒暄几句便又分开。如果双方相互有吸引力，也可以缩短距离，可灵活掌握。

（4）公共距离是指人们在公共场合的空间需求，除了公共汽车、电梯等特定场合外，一般都在 3 米以外，如公园散步、路上行走、在剧场前厅等候看演出，还有演讲者与听众、讲课教师与学生之间的距离等。

说话通常是为了与别人沟通思想，要达到这一目的，当然必须注意说话的内容，同时也必须注意说话时声音的轻重，以便使对话者能够听明白。因此在说话时必须注意保持与对话者的距离。说话时与人保持适当距离，一是出于对方能否听清自己说话的需要，另外是出于怎样才更合乎礼貌的的考虑。从礼仪上讲，说话时与对方离得过远，会使对话者误认为你不愿向他表示友好和亲近，这显然是失礼的。然而如果在较近的距离和人交谈，稍有不慎就会把口沫溅在别人脸上，这是最令人讨厌的。有些人，因为有凑近和别人交谈的习惯，又明知别人顾忌会被自己的口沫溅到，便知趣地用手掩住自己的口。这样做形同“交头接耳”，样子难看也不够大方。如果是对异性，更是不雅观，可笑而不可取。因此从礼仪角度来讲一般保持一两个人的距离最为适合。这样做，既让对方感到有种亲切的气氛，同时又保持一定的“社交距离”，在常人的主观感受上，这也是最舒服的。

二、体态礼仪

（一）站相和坐相

要成为一个有修养的人，就必须从举手投足做起。“站有站相，坐有坐相”在中华民族的礼仪要中也是最基本的。

1. 站相

指站姿要正直。其基本要求是：两脚跟相靠，脚尖分开 45 度到 60 度，身体重心放在两脚上。从正面观看，其身形应当正直。头，颈，身躯和双腿应当与地面垂直，两肩相平，两臂和手在身体两侧自然下垂；侧视，其下颌应微收，眼平视前方，胸部稍挺，小腹收拢，整个形体显得庄重，平稳。两脚间的距离以不超过一脚为宜，叉得太开不雅观。站立时间较长时，可以以一腿支撑，另一腿稍微弯曲。

站立时，切忌无精打采地东倒西歪，耸肩勾背，或者懒洋洋地倚靠在墙上或椅子上。这样会破坏自己的形象。两手臂可随谈话内容适当做些手势，但在正式场合，不宜将手插在裤袋里或交叉在胸前，更不要下意识地做小动作，如摆弄打火机、香烟盒，玩弄衣带、发辫，咬手指甲等，这不但显得拘谨，给人缺乏自信和经验的感觉，而且有失仪表的庄重。在正式场合，不抖腿，不摇晃身体，不要挺肚子，否则形体不雅观。由于性别方面的差异，男女的基本站姿又各有一些不尽相同的要求。对男子的要求是稳健，对女子的要求则是优美。

站姿可以随着场合进行调整。同别人交谈时，如果空着手，双手可在身体前交叉，右手放在左手上。若身上背着背包，可利用背包摆出优雅的站姿。向长辈、朋友、同事问候或做介绍时，无论握手或鞠躬，双足应当并立，相距约十厘米左右，膝盖要挺直。等车或等人时，两足的位置可一前一后，保持 45 度角，肌肉放松而自然，并保持身体的挺直。如果站立的时间过久，可以将左脚或右脚交替后撤一步，其身体重心置于另一只脚上。但是上身仍需挺直，脚不可伸太远，双腿不可叉开过大，尤其女性应当谨记，变换也不可过于频繁。双腿交叉，即别腿，也不美观。总之，站的姿势应该是自然、放松、优美的，不论站立时摆何种姿势，只有脚的姿势及角度和手的位置在变，而身体一定要保持绝对的挺直。

2. 坐相

指坐姿要端正。人的正常坐姿态在身后没有任何依靠时，上身挺直稍向前倾，两肩平正，两臂贴身自然下垂，两手随意放在自己腿上，两脚间距与肩宽大致相等，两脚自然着地。在正式社交场合，即使背后有依靠时，也不能随意把头向后倾靠，以免显得懒散。就座后，不能两腿摇晃，不宜把

两腿分得很开，女性尤其注意。女性穿裙子时，侧坐也优美，答礼时必须正坐。就座时。亦能体现出落座者有无修养。若是走向他人对面的座椅，尽量不要背对自己将要与之交谈的人。为使坐姿更加正确优美，应当注意：入座要轻柔和缓，起立要端庄稳重，不可弄得座椅连响，就座时不可以扭扭歪歪，两腿过于叉开，不可以高跷起“二郎腿”，若跷腿时悬空的脚尖应向下，切忌脚尖朝天。坐下后不要随意挪动椅子，腿脚不停地抖动。女士着裙装入座时，应用手将裙装稍稍拢一下，不要坐下后再站起来整理衣服。正式场合与人会面交谈时，身子要适当前倾，十分钟左右不可松懈，不可以一开始就全身靠在座椅上，显得体态松弛。就座时，不可坐满椅子，但也不要为了表示过分谦虚，故意坐在边沿上。坐势的深浅应根据腿的长短和椅子的高矮来决定，一般不应坐满椅子三分之二以上。当然拜访长辈、上司、贵宾时，更加不宜在落座后坐满座位。若是只坐座位的二分之一，那么对对方的敬意无形中溢于言表。这是利用坐姿来表示对他人的敬意的重要做法。坐沙发时，因座位较低，亦要注意两只脚摆放的姿势，双脚侧放或稍加叠放较为合适。避免一直前伸，要控制自己的身体，否则身体下滑形成斜身埋在沙发里，显得懒散。更不宜把头仰到沙发背后去，把小腹挺起来。这种坐相显得很放肆，又不雅观。坐在椅子上同左或右方客人谈话时不要只扭头，这时尽量侧坐，上体与腿同时协调地侧向客人一端。座位的高低不同时，坐姿也有不同要求：

（1）低座位：轻轻坐下，臀部后面距座椅背约二厘米，背部靠座椅靠背。如果穿的是高跟鞋，坐在低座位上，膝盖会高出腰部，应当并拢双腿，使膝盖平行靠紧，然后将膝盖偏向对话者，偏的角度应根据座位高低来定，但以大腿和上半身构成直角为标准。

（2）较高的座位：上身仍然要正直，可以跷大腿。其方法是将左腿微向右倾，右大腿放在左大腿上，脚尖朝向地面，切忌右脚尖朝天。

（3）座位不高也不低：两脚尽量向后左方，让大腿和你的上半身成九十度，两膝并拢，再把右脚从左脚外侧伸出，使两脚外侧相靠，这样不但优雅，而且显得文静而优美。

端坐时要注意，双手不宜伸进两腿间或两腿下，而四字形的叠腿方式，以及用手把叠起来的腿扣住的方式，则是绝对禁止的。有失优雅风度的坐姿，比如把脚藏在椅子下，甚至用脚勾着座椅的腿，这都是非常不礼貌的举动，均属避免之列。

3. 走姿

指走姿要轻松优美。如果走路时身体有前俯后仰或左右摇晃的习惯，或者两个脚尖同时向里侧或外侧呈八字形走步，是不规范、不雅观的举止。走路的基本要领是：双目向前平视，面带微笑收下颌。上身挺直，头正、挺胸收腹，重心稍前倾. 手臂伸直放松，手指自然弯曲，摆动时要以肩关节为轴，上臂带动前臂向前，手臂要摆直线，肘关节略屈，前臂不要向上甩动，向后摆动时，手臂外开不超过 30 度。前后摆动的幅度为 30～40 厘米。走路时姿势美不美，是由步度和步位决定的。步度是指行走时两腿之间的距离。步度一般标准踩出落地后，脚跟离未踩出一脚脚尖的距离恰好等于自己的脚长。身高超过一米七十五以上的人的步度约是一脚半长。步位是指你的脚下落到地上时的位置。走路时最好的步位是：两只脚所踩得是一条直线而不是两条平行线。走路用腰力，要有韵律感。如果走路时腰部松懈，就会有吃重的感觉，不美观；如果拖着走路，更显得没有朝气，十分难看。优雅的步姿有几句口诀：“以胸领动肩轴摆，提髋提膝小步迈，跟落掌接趾推送，双眼平视背放松。”走路的美感产生于下肢的频繁运动与上体稳定之间所形成的对比和谐以及身体的平衡对称。要做到出步和落地时脚尖都正对前方，抬头挺胸，迈步向前。走路时应注意，最忌内八字和外八字；不要弯腰驼背、歪肩晃膀；不要步子太大或太碎；走路时不要大甩手，扭腰摆臀，左顾右盼；上楼不宜低头翘臀，下楼不宜连蹦带跳；不要双腿过于弯曲，走路不成直线；不要脚蹭地面；不要双手插裤兜；多人一起行走不要排成横队；有急事要超过前面的行人，不得跑步，可以踏步超过并转向被超越者致意道歉。

（二）特殊意义的动作

（1）点头。打招呼的礼貌举止。点头可以向很多人同时致意，表示对见面的喜悦或者对离别的惆怅。

（2）举手。和对方远距离相遇或者仓促擦身而过，表示认出对方。

（3）起立。这是向尊者表示敬意的礼貌举止。

（4）欠身(弯腰)。表示自谦。

（5）鼓掌。表示赞许或向别人祝贺的礼貌举止，表示自己的赞赏、钦佩或祝愿。

（6）抱拳。这是身份相仿者之间相致敬意的礼貌举止。是由古代的见面或告辞时的礼仪动作演变而来的。

（7）合十(即两手合拢置在胸前)。这是兼含敬意和谢意两重意义的礼貌举止。最初仅通行与出家人即佛门弟子之间，之后逐渐流传到俗家人之间。

（8）拥抱。表示亲密感情的礼貌举止。通常仅用于外事及送往迎来的特殊场合。有时有前嫌的双方在误会消除时也常常用拥抱来表达一些难以用语言来说明的复杂感情。不过这种方式在我国的异性之间都比较慎重，轻易不大使用。

（三）男子的风度

今天，人与人之间传统单一的线状交往，正在变为社会横向的网状交往。那种封闭，狭隘的单色调生活，正在被全方位、多色彩的开放生活所代替。作为男子，如何在社交场合中做到应付自如就显得十分重要。例如，男子要主动招呼妇女，与之交谈，要把她们介绍给大家，还要邀请她们参加各种活动，如跳舞，游艺等。看到长者要起立并且扶其入座。男子应有“阳刚之气”，但“刚”并不等于“野”，一个说话随便，粗野和骄横的男子会给人缺乏教养的印象；而说话和气，文雅，谦逊会让人看到你有一颗善良，纯真和美好的心。在人际交往中，男子更应该注意尊重别人，应学会以“愿望”来代替要求。

（四）女子的优雅

女子的气质贵在优雅，在社交场合，女子应表现出女性的温柔、轻盈、娴静和典雅之姿。动作要有柔性，给人一种虽动犹“静”的优美感。最好能经常面带笑容，使人有“如浴春风”之感。

女子同别人交谈，要注意聆听，不要东张西望，心不在焉。通常女子比男子更爱直眼看人，她们常常凝视着对话者，端详的时间也长些，这种本能的表现正好有利于使对方产生信任感，消除隔膜和戒心。

新时代的女性不必在陌生人面前低头不语和忸怩腼腆。女子在倾听时可以不发表意

见，但却不妨偶尔进行提问，表示你有同样的兴趣，令人产生好的印象。在社交场合，特别是在大庭广众之间，女子一定要落落大方。例如，男子已经伸出手来，就应与之热情相握，不能迟缓或者拒绝。当别人递上名片时，你也应含笑点头，双手接过。总之，该讲话的时候要讲话，该举杯的时候要举杯。

我国成语中有“眉飞色舞”“愁眉不展”等说法，这些都说明一个人的眉眼能表达丰富的情感。一般来说，说话时最好不要牵动眉眼，不然容易给人一种做作和不稳重的感觉，眼睑要保持自然的开度，不要频繁的眨眼，还要自然闭嘴。这是对女子口部最基本的要求。脸部静止时要注意口型的中正，不要歪曲。口型应该与发音的口型一致，不要有意无意地咧大或者缩小。微笑要自然，若过分如同谄媚，效果也适得其反。在青年男女共同社交的场合，女子应切忌交头接耳、窃窃私语，以及发出一些使人莫名其妙的笑声。

一般来说，在陌生人面前，女子“内向”一些比“外向”一些好，含蓄一些比夸夸其谈好。不要装出一副能说会道的样子。用多说话来表现自己的聪明能干或殷勤都会给人留下不好的印象。

（五）要克服哪些“冒冒失失”的行为

“冒失鬼”在个人礼仪方面是不可取的。例如：

（1）大大咧咧，不拘小节。有的人进门时不敲门也不招呼，推开门就往里闯。

（2）喜欢反客为主，随意在别人屋里乱翻乱动。

（3）以自我为中心，目中无人。找人时可以把大门拍得震天响，惊动左邻右舍，遇到熟人时，会像秦腔里的“黑头”一样吼叫，犹如晴空霹雳。公共场合中声如洪钟般的高谈阔论，引得旁人侧目。

（4）手脚太“快”，动作太“硬”，幅度太大。庄重肃穆的场合，窜来窜去；随意触碰展览会的展品；在拥挤的过道横冲直撞。

（5）言语冒失。说话不看对象，不分场合，不讲分寸，闹笑话；初次见面，就提不适当要求；还没弄清身份就开不得体的玩笑等。

三、卫生礼仪

（一）注意个人卫生

卫生是文明的标志。一个举止庄重的人，应该注意个人卫生和公共卫生，养成良好的生活习惯。个人卫生方面，比如应适时理发，经常梳洗，胡须要刮净，鼻毛应剪短，指甲要修剪，头皮屑太多要及时清洗干净等。内衣，外衣都要经常更换保持整洁，特别是衣领袖口要洁净。

（二）注意公共卫生

在公共场所，不要随地吐痰乱扔杂物，不要高声喧哗，并要坚决杜绝不雅的小动作，如当众修剪指甲、剔牙、掏耳朵、挖鼻孔、搓泥垢、揩眼屎、搔痒、打哈欠、对人打喷嚏、伸懒腰等。

要防止发自体内的各种声响。生活经验告诉我们，任何人，对发自别人体内的声响都不太欢迎，甚至很讨厌。诸如咳嗽、喷嚏、哈欠、打嗝、响腹、放屁等。当然，这些声响有的只在人们犯病或身体不适时才有，例如打喷嚏，常常是在一个人患感冒的时候才发生。当出现这种情况时，正确的做法可用手帕掩住自己的口鼻以减轻声响，并在打过喷嚏后向坐在近处的人说声“对不起”以表示歉意。

第三节　通讯礼仪

通讯礼仪，就是人们在人际交往中进行通讯、联络时所应当遵守的礼仪规范。遵守通讯礼仪，是确保维持良好的人际关系的重要前提。通讯礼仪的共性在于，它们都是关于某种人际交往的媒介操作规范。通讯礼仪的基本原则是“保持联络”。它的基本含义是：在人际交往中，要尽一切可能，与自己的交往对象保持各种形式的有效联系，以便进一步地加深理解和沟通，巩固、促进和发展双方之间的正常关系。遵守这一原则，是通讯礼仪的基本要求。

一、书信礼仪

书信，是人际交往中迄今为止最古老、最实用的一种通讯方式。在日常生活中，个人与个人、个人与组织、组织与组织之间，都可以利用书信来传递信息，互通情报，交流思想，表达情感。在现代社会中，随着科技的进步，业已涌现出了多种多样的新型通讯方式，与电话、电报、电视、网络相比，书信可谓既普通又原始。虽然如此，却不能认为在当前的人际交往中，通信已经可有可无，甚至即将退出历史舞台，“无可奈何花落去”了。就目前而言，书信在传递信息、互通情报、交流思想、表达情感诸方面，所发挥的某些特殊作用，还是其他新兴的通讯方式所难以替代的。此外，通过书信，还可以委婉地表意传情，提醒暗示。总之，对现代人来讲，在人际交往中适当地巧用书信，并不意味着落伍、守旧。与此相反，掌握必要的通信技巧，并且在人际交往中尽可能地利用书信与他人保持联系，依旧是人人要做的必行之事。

（一）信文的书写格式

1. 称呼要适当

写信一开始便要称呼对方，除了格式上要专行顶格之外，还要掌握正确称谓。称谓应遵循长幼有序，称呼得体的原则。如辈分：“祖父”“外婆”“阿姨”等；性别：“xx 先生”“xx 小姐”；职务：“某教授”“某老”（对高龄者）“某经理”等。

公务往来时，对于称谓，中国人习惯称职务，欧美人习惯称学术头衔（如博士等）。与港澳台地区的人士进行商务书信往来，在称呼后还可加上“台览”、“惠览”、“劳鉴”等文言敬语，如“王先生惠览”等。

2. 问候要热情

写信犹如见面，无论是初次相识，还是久别重逢，向对方问候一声，总是必不可少的礼节。因此，信的开头应该有问候语，可长可短，即使“你好”两字也应该发自内心，体现出写信人的一片真诚，而不是“应景文章”。

3. 正文是信函的主体

可根据对象和所述内容的不同，灵活运用不同的文笔和风格。如询问对方近况和谈与对方有关的情况，以表示对对方的重视和关切；回答对方的问题或谈自己的事情和打算；简短地写出自己的希望、意愿或再联系之事。

4. 祝颂要诚恳

写信将结束时，犹如向朋友告别一样，要道一声“珍重”。写信人在书信正文结束时也要写下向对方表达祝愿、勉慰之情的短语。格式上的规范要求一般分为两行书写，上一行前空两格，下一行顶格。

5. 落款及时间

在信文的最后，写上写信人的姓名和写信日期。署名应写在敬语后另起一行靠右的位置。一般写给领导或不太熟悉的人，要署上全名以示庄重、严肃；如果写亲朋好友，可只写名而不写姓；署名后面可酌情加启禀词，对长辈用“奉、拜上”，对同辈用“谨启、上”，对晚辈用“字、谕”等词。

最后要写上时间。如果信写完有什么事需要补充，可在信的最后加一个附言，把要补充的话写上去。

（二）书信的礼仪要求

书信是一种个性很强的应用文，写法上比较灵活，为了使其更好地服务于我们的生活和工作，书写过程一定要遵守有关的礼仪要求。

1. 写作要合乎规范

书信写作的礼仪规范突出表现在两个方面：一是书写格式的礼仪规范，无论是信文还是信封都不能随心所欲，要遵循一定的规范；二是书信语言的礼仪规范，用语要礼貌、得体，书信是一种书面谈话，要使收信人有一种亲切感和被尊重感。

2. 内容要信诚达理

“信”字本身有信任的寓意，这就要求书信不论写给谁看，所述之事都要实在，所表之情都要率真，所讲之理都要通达。尤其是给亲戚朋友的书信，在传达真实信息的基础上，感情表露可热烈些，以给收信人“见字如面”“见信如闻其声，如睹其容”的亲切感。当然，如果是商务和其他经济业务性质的书信往来，更要求做到及时、准确，而且商务和其他经济业务方面往来的信函要留下底稿，收到来函要妥善保存，以便必要时查询。书信若能动之以情，晓之以理，就能更好地促进双方的了解与合作，增进相互间的联系与情意。

3. 文句要流畅

信中文句要通顺流畅，而不要词不达意、不知所云，否则，会造成收信人的误解和不悦。

4. 字迹要工整清晰

写信时，书写要工整、美观，不能龙飞凤舞；不要漏字或出现错别字，更不要乱涂乱画。

5. 信纸要干净整洁

以选用16开的信纸或稿纸为宜，保持纸张的干净整洁，切勿油渍斑斑，信纸的折叠也要讲究工整，切勿草率行事。

6. 回信要及时、迅速

收到来信后，要给予足够的重视，及时回复，切勿拖拖拉拉。

7. 书信的一些禁忌

写信时忌用红笔或铅笔，红笔写信含有绝交之意，铅笔写信容易涂抹，显得过于随意，这些都是不礼貌的表现。私人书信最好不要打印。如果是公函可以打印，但是末尾的签字必须亲笔书写，以示对对方的尊重。

信封上切忌写“×××母亲大人启”、“×××女儿收”等字样。因为信封上的称呼是写给邮递员看的。信封不能开着发出去，如果是请人转交信件的话，最好开封，以表示对带信者的信任。

二、电话礼仪

目前电话的普及，手机的使用无疑成为现代社会的一大景观。电话通信是利用各种传输媒体实时传送以语音进行会知的一种通话方式。打电话，不仅是一种通讯手段，也成了一种交际方式，还是一种非常奇特的沟通工具。虽然电话通信不是一种面对面的交往方式，但通话双方能从彼此通话的声音语调中形成对对方的印象。电话刚问世时，人们十分重视电话礼仪，十分注意自己的礼貌、情绪，唯恐稍有差错，引起对方的不悦和批评。但是到了今天，电话几乎成为我们生活的一部分时，人们反而不再担心传达了什么样的声音到对方的耳里——包括喷嚏声，咳嗽声，咀嚼声等，语言的优点似乎完全不见了，这或许是太过分依赖电子设备的结果。下面介绍一下电话礼仪的基本要求。

（一）打电话的礼节

打电话是现代交际的一种重要方式，从某种意义上讲，它比面谈更频繁、更重要，因此，其礼仪要求就更不能忽略。

1. 选择恰当的通话时间。白天宜在早晨八点以后，节假日应在九点以后，晚间则应在十点以前，以免打扰受话人包括对方老人或者小孩的睡眠。工作电话应在上班时间才打，大部分人并不喜欢在家里接到谈公事的电话。老年人多有午睡的习惯，因此无特殊事情，也不要在中午给老年人打电话。与国外通话时，还务必要注意时差和生活习惯。通话时注意长话短说，不要喋喋不休。

2. 查清对方的电话号码，并正确地拨号。万一弄错了，应向接电话者表示歉意，不能将电话一撤了事。拨号后，如只有电话铃响，没有人接听，应耐心等待片刻，等待铃响过六次后再挂断。否则，如对方正巧不在电话旁，匆匆赶来接听时，电话已挂断，这是失礼的。

3. 电话接通后，可以先询问对方的号码或单位，然后主动报出受话人的姓名。如受话人不在，可将内容转达给接话人；如不便说出自己姓名及通话内容时，应该婉转回答。例如“我是她的朋友，我明天再打电话过来吧”。

4. 电话内容要简单明了。事先，可以将通话要旨归纳几条抄录到便条上，供打电话时使用。若由于某种原因导致电话中断，要由打电话人重新挂拨。如果是给不曾会过面的人打电话，最好在可能的情况下先发一封信，说明电话的中心内容。特别是请求对方帮助了解某件事情并等候答复时，要留给对方充足的时间。

（二）接电话的礼节

在通话的过程中，接电话的一方虽然处于被动的位置，但在礼仪方面，却没有主动、被动之分，同样要十分注意礼仪规范，以保持良好的形象，更好地联系、沟通。接听电话时，专心讲话，不能吃东西或喝咖啡。

(1) 电话铃响后，应尽快接听，不要故意延误。提起听筒后，还照常和周围的人闲扯，把发话人搁在一边，这是失礼的。接电话有“铃响不过三”的说法，就是接电话以铃响三次左右为最合适。在工作和生活中，我们应该注意遵守这一做法，不要故意拖延时间。

(2) 接听者可以先报一下自己的电话号码或单位名称，然后再问对方找谁。切忌自己什么都不说，只是一味地询问对方："你叫什么名字?""你是哪个单位的?""你找他是公事还是私事?"这种做法极不礼貌。

(3) 接听电话时，要积极呼应，态度热情、友好，不要装腔作势，冷落对方。要专心致志，不要心不在焉，三心二意。电话结束时，要主动说"再见"，做到客气、有礼貌。接听电话时，如遇重要内容，要认真做好笔录。

(4) 如果对方拨错电话号码，要耐心向对方说明，不要不耐烦，甚至恶语相加。通话时电话中断，要等待对方再次拨进来，不要远离电话或责备对方。

(5) 在会晤重要客人或者会议期间有人打来电话，应向对方说明情况，表示歉意并约好时间，主动打电话过去。一旦约好给对方打电话，就要守约。

(6) 按照电话礼仪的惯例，一般要由打电话者挂断电话。所以在对方没挂断电话时，接电话一方不应主动挂断。尤其在与位尊者或女士通电话时，一定要等对方先挂电话，以示对对方的尊重。

(7) 如果代接电话应做到:接电话时，如果对方不是找自己，不要拒绝对方代找他人的请求，或者对方要找的人就在旁边，却回答对方"人不在"。而应该问清楚找谁后，用手轻捂话筒，请打电话者要找人的人接听电话。如果打电话者要找的人不在，需要转达有关事项，代接电话的人一定要认真记录，重要事项待对方讲完之后，还应该重复一遍，以验证记录是否准确，同时将自己的姓名告诉对方，让对方放心。电话记录应包括通话者的姓名、单位、通话时间、内容、是否回电话等内容。代接的电话要及时转告，不要耽误。不应问清楚对方的姓名和要办的事后，再告诉对方要找的人不在，这样很容易让人产生误会。因为打电话只能根据对方的声音来做判断，这样的回答会让对方感到，人在与不在取决于打电话的人是谁和什么事，这是很不礼貌的。

(三) 重要的建议

(1) 你拨错号码的时候，不要问:"这个电话号码是什么，"而是说:"这是72213456吗?"这样你可以检查一下自己的号码，或是下次拨的时候仔细些。

(2) 不要接了电话之后又说:"稍等片刻，"让打电话的人等着，而你却去干自己的事情。如果这时正好门铃响了，你不能继续打电话，就说:"我几分钟后给你电话!"并且要做到。

(3) 不要让太小的孩子接电话。打电话人要在让小孩明白一条消息并传达给要找的人会浪费很多时间。如果长时间没有回音，也难以知道小孩是在找妈妈还是在和他的狗玩耍。

(4) 挂断电话之前，至少要让电话响六次。从阁楼上跑下来或是从澡盆里冲出来接电话，却发现打电话人已挂断电话，是最令人恼火的。

(四) 电话礼仪的艺术

1. 选择适当的通话时间

一般公务电话最好避开临近下班的时间，因为这时打电话，对方往往急于下班，很可能得不到满意的答复。公务电话应尽量打到对方单位，若确有必要往对方家里打时，应注意避开吃饭或睡觉时间。

2. 第一声很重要

当我们打电话给某单位，若一接通，就能听到对方亲切、优美的招呼声，心里一定会很愉快，使双方对话能顺利展开，对该单位有了较好的印象。在电话中只要稍加注意一下自己的行为就会给对方留下完全不同的印象。同样说：“你好，这里是 XX 公司”，声音清晰、悦耳、吐字清脆者就能给对方留下好的印象，对方对其所在单位也会有好印象。因此要记住，接电话时，应有“我代表单位形象”的意识。

3. 语调要热情

打电话时要保持良好的心情，这样即使对方看不见你，也会被你欢快的语调所感染，给对方留下极佳的印象。由于面部表情会影响声音的变化，所以在电话中，也要抱着“对方看着我”的心态去应对。

4. 声音要明朗清晰

打电话过程中绝对不能吸烟、喝茶、吃零食，即使是懒散的姿势对方也能够“听”得出来。如果你打电话的时候，弯着腰躲在椅子上，对方听你的声音就是懒散的，无精打采的。若坐姿端正，所发出的声音也会亲切悦耳，充满活力。因此打电话时，即使看不见对方，也要当做对方就在眼前，尽可能注意自己的姿势。

5. 迅速准确地接听

现代工作人员业务繁忙，桌上往往会有两三部电话，电话铃一响，应尽快去接，最好不要让铃声响第五遍。电话铃响一声大约 3 秒钟，若长时间无人接电话，或让对方久等是很不礼貌的，对方在等待时心里会十分急躁，你的单位会给他留下不好的印象。即使电话离自己很远，听到电话铃声后，附近没有其他人，也应该用最快的速度拿起听筒，这样的态度是每个人都应该拥有的，这样的习惯是每个办公室工作人员都应该养成的。如果电话铃响了五声才拿起话筒，应该先向对方道歉，若电话响了许久，接起电话只是“喂”了一声，对方会十分不满，会给对方留下恶劣的印象。

6. 认真清楚的记录

对对方的谈话可作必要的重复，重要的内容应简明扼要地记录下来，如时间、地点、联系事宜、需解决的问题等。在工作中，这些资料都是十分重要的。对打电话、接电话具有相同的重要性。电话记录既要简洁又要完备。

7. 了解来电的目的

上班时间打的电话几乎都与工作有关，公司的每个电话都十分重要，不可敷衍，即使对方要找的人不在，切忌只说“不在”就把电话挂了。接电话时也要尽可能问清事由，避免误事。我们首先应了解对方来电的目的，如自己无法处理，也应认真记录下来，委婉地探求解决方法。

8. 结束电话前的礼貌

要结束电话交谈时，一般应当由打电话一方提出，然后彼此客气地道别，说一声“再见”，再轻轻放下电话，不可只管自己讲完就挂断电话。

9. 使工作顺利的电话艺术

(1) 迟到、请假由自己打电话；

(2) 外出办事，随时与单位联系；

(3) 外出办事应告知去处及电话；

(4) 延误拜访时间应事先与对方联络；

(5) 用传真机传送文件后，以电话联络确定；

(6) 同事家中电话不要轻易告诉别人；

(7) 借用别家单位电话应注意：一般借用别家单位电话，不要超过十分钟。遇特殊情况，非得长时间接打电话时，应先征求对方的同意和谅解；

(8) 不要凭着记忆打电话打扰生人，要事先核实电话号码；

(9) 谈话时尽量言简意赅，不占用对方的大量时间；

(10) 给亲密的朋友打电话时，对方没有听出你的声音，不要玩"猜猜我是谁"的游戏；

(11) 为了不打扰别人的工作，设法计算一下每次打电话的时间；

(12) 就要下班时，特别是你知道你要找的人还是要赶乘汽车时，尽量避免打业务电话；

(13) 在办公室里，向想和你聊天的朋友解释你会在业余时间再给他们打电话；

(14) 把拨错号码的电话当作相互间的一种不便，以有礼貌的同情语气说："抱歉，号码错了"；

(15) 打自动电话时，等待拨号音响完；

(16) 当你拨的号码一时没有人接时，要等待足够长的时间让对方放下手中的事情去接电话；

(17) 使用合用线打许多个电话时，在每个电话之后留出间隔，以便使这条线上的其他人有机会使用电话。

三、手机的礼仪

目前，在各种现代化的通讯手段中，手机的使用越来越广泛，已经成了现代交际的重要工具。使用手机时的礼仪规范，也越来越受到人们的关注。

(一) 置放有位

按照礼仪要求，在较为正式的场合，尤其是在公务交往中，手机应置放在随身携带的包内或上衣口袋中，切勿将其别在腰带上，否则撩起衣服取用和观看的举止都是十分不雅和失礼的。当然，也不能执于手中，更不能有意识地将手机炫耀于人，不然只能说明自己缺乏修养而已。不论自己所使用的手机有多么先进、多么昂贵，它们毕竟仅仅是为人所用的通讯工具而已，而绝非可以抬升个人身价的"道具"或"饰物"。

(二)保持通畅

使用手机，是为了使自己与外界保持联络，如果联系中断，既不方便自己，也会对别人产生一定的影响，因此，应当注意以下几点：

(1) 要按时交纳手机费用。不要因为忘记交费而被停机，以致使他人与自己的联络中断。

(2) 更换了手机号码后，应尽早告知联系对象，以保证彼此联络的顺畅。

(3) 接到他人打在手机上的电话后，一般应及时与对方联络，通常情况下不要超过五分钟，打他人的手机无人接听后，一般应耐心等待对方 10 分钟左右再拨打。在此期间，不宜再同其他人联络，以防电话占线，对方拨打不进。万一因故暂时不方便使用手机，可在语音信箱上留言，说明具体原因，告知来电、来话者自己其他的联系方式。有时还可以采用呼叫转移的方式与外界保持联系。

（三）妥善使用

（1）要使手机充分地发挥其联络功能，就应妥善使用。

（2）在嘈杂的公共场合打手机，说话声不要太大，以免影响他人或泄露公务与机密，而应侧身通话，或找个僻静的场所交谈。

（3）在某些特定的公共场所，如剧场、音乐厅、阅览室、法庭、会议室、课堂等严肃、安静的场合应关闭手机、转换至静音或振动挡。

（4）驾驶车辆时，不宜使用手机通话；飞机上应关闭手机，以免干扰通信，影响飞行安全。同样，在医院、加油站等一些地方，也应关闭手机，以免酿成火灾或影响某些医疗仪器设备的正常使用。另外，在一切标有文字、图示禁用手机的地方，均须自觉遵守有关的规定。

除了遵守上述的礼仪规范要求外，还应该注意以下四点：

（1）如果知道对方身边可能有固定电话，最好是先打固定电话，没有人接的时候，再拨手机。

（2）长话短说，无话不说。即使是因公使用移动电话，话费可以报销，也不可随意滥用、私用或借予外人使用。为了防止这类假公济私的现象出现，许多国家家行政机关已对公务员因公使用的移动电话每月消费额有所限定，并且实行严格的定额包干。

（3）尽量不使用打搅别人或易引起误会的彩铃。

（4）注意短信礼仪。

① 短信署名。短信署名既是对对方的尊重，也是达到目的的必要手段。

② 短信祝福。每逢节日，发短信祝福，这也不失为联络感情的一种方法。短信祝福同样讲究“来而不往非礼也”，所以别人发来短信，自己就要回一个短信。但要注意，祝福短信“一来一往足矣，二来二往就多了，三来三往就成了繁文缛节”。

③ 短信提示。短信为人们提示某些事情提供了方便，如有时要给身份高或重要的人打电话，知道对方很忙，可以先发短信：“有事，现在是否方便给您打电话？”如果对方没回短信，一定不是很方便，就不要贸然地拨打电话了。又如，事先已经与对方约好某事，为了怕对方忘记，需要再提醒一下，打电话似乎有不信任对方之感，这时短信就可帮上忙了。

④ 短信时间。发短信要讲究时间，节日、生日等重要日子，发个短信，传达一声祝福，是对人的尊重。平时发个短信，送出一声问候，也是礼貌的体现。但要注意，在某些时候就不要乱发短信，如上班时间，晚上太晚的时候，这些时间发短信，既影响自己，也影响别人。

四、电子邮件礼仪

随着因特网和电子邮件在商务领域中的普及应用，电子邮件礼仪已经成为商务礼仪的一部分，并且对于客户关系的影响日益显著。如何写好一封商务电子邮件呢？以下建议可以给大家很好的帮助：

（一）要注意措辞

你也许认为自己的邮件浅显易懂，但是有时候却遭到误解。简单明了的邮件可以使你

节省打电话发传真澄清邮件意义的时间。

（二）不要"惹火"收件人

如果使用含有敌意的词句或者批评的语气（电邮礼仪中称为"火焰"），会"惹火"对方并且造成糟糕的局面。电子邮件不是"笔伐"的工具，如果你有问题，应与对方当面解决。

（三）提前通知收件人

尽量在发邮件以前得到对方的允许或者至少让他知道有邮件发来；确认你的邮件对他有价值。没有人会喜欢垃圾邮件。收件人对于满篇废话的不速之"件"的态度通常是作为垃圾邮件处理一删了之。

（四）最好不要发送私人或者机密邮件

即使你选择"永久删除"，许多软件和网络服务仍然可以访问硬盘上备份的信息。在你发送以前，应仔细考虑如果别人（比如老板）看到这封信会发生什么情况。你当然不想老板看到你的私人邮件或者冒着泄露客户机密的风险发送机密邮件。

（五）使用附件要小心

附件越大，下载时间就越长，占用收件人电脑空间就越大。有些附件可能毫无必要，也许收件人已经有了。应避免或尽可能少地发送那些冗长的附件。

（六）使用抄送功能要小心

你也许会把自己的邮件像备忘录一样抄送给其他同事或者客户。不要滥用抄送功能，否则收件人会以处理垃圾邮件的方式一删了之。

（七）避免使用字符图释

你也许是网络专家并且对于各种专业术语和字符图释了如指掌，可是不要假设收件人和你一样专业。

第四节　服饰礼仪

爱美之心，人皆有之。一个得体的服饰穿戴对于提升人的气质、增进人的仪表、完善人的形象起着重要作用。服饰礼仪就是要告诉我们，在什么样的具体情况下，应当怎样打扮，针对每一个人，什么样的打扮是美的。一个人的穿着打扮绝非自己的私事，与对他人尊重与否密切相关。人们在穿着打扮方面应当遵守一定的惯例与规范。

一、着装礼仪

（一）服饰——一个系列符号的集合

服饰，既是一种文化，更是一种文明。现代社会人们的服饰已远远超出了御寒、遮羞的功能，它传递着许许多多的信息，是一个人性别、年龄、职业、经济状况、社会背景、情感状态、审美水平的重要体现。从观赏者的角度可以说，服饰是一个系列符号的集合。

1. 服饰——历史的符号

每一时代的人，虽然在穿着打扮上有着许许多多具体的样式，但总也超出不了自己的时代。无论是从质地、色彩还是款式、造型，总会有其时代的基本特征。汉代人绝对没有穿超短裙，着迷彩服的风采；现代人如果不是演戏的话，穿长袍、着马褂则可能会被视为另类。

随着人类进步速度的加快，服饰作为历史符号的变化速度也在加快。年年都有新潮流，季季都有新款式。人们在着装上要与服饰发展的历史趋势相一致，过分的超前或滞后都不会被社会所认同。

2. 服饰——社会的符号

服饰文化学专家发现，女人穿裙子的长短同所在国家的经济状况密切相关。经济萧条时期，为了不让人觉得贫困，人多穿着长裙；经济高涨时期，为了灵活美观，大多选择短裙。

服饰应该代表和反映人们不同的社会角色、社会地位，符合社会公众的一般要求。如果一位男子的服饰打扮过于女性化，或者一位中年女性服饰打扮得过于童年化，都会使公众感觉不顺眼。任何一个国家元首出访的时候，总是衣冠整齐严谨，十分考究，因为国家元首的着装是一个国家良好精神风貌的重要体现。戈尔巴乔夫在前苏联即将解体、经济陷入严重困境时，为求得西方援助，出访欧洲时穿的西装不仅色彩暗淡而且皱皱巴巴，可谓用心良苦。

服饰已成为现代人满足自我审美需求，展现自我审美价值的最好手段。英国前首相撒切尔夫人曾经说过："衣着美丽整齐，使人看了有赏心悦目之感……，个人的服装常可以衬托出这个人的气质。"因此，无论是个人还是社会组织，都应充分重视服饰的这一审美属性。

3. 服饰——审美的符号

服饰是一种无声的语言，有人把它称作物体语言或人的语言，它传递着行为主体的情感信息。我们总能从一个人的穿着上大致判断出他的情感倾向。平时衣着随便，而突然一天，他(她)衣饰考究，精心打扮起来，那他(她)一定是有了什么重大的情感变化。

现代服饰具有越来越强烈的个性特点，特别是女性时装，日益个性化。因此，一个人所穿的服装往往能够传示出他(她)的性格、爱好和心理状态等多方面的信息。例如，选择比较明快的色彩、新颖的款式、大方的装点进行修饰的人，大多性格开朗、外向；而个性抑郁、内向者，则大多选择较暗淡的色彩、古朴的款式造型，一般不会选择有太多装饰点修饰的服装。

当然，服饰的几种符号意义并不是孤立的。在每一个具体的人身上，都是一个综合的统一整体，只不过可能其中的某种意义强烈一些，而其他的意义相对弱一些罢了。一个较好的服装穿着，应该是各种符号的有机结合，充分体现服饰文化真、善、美的统一，达到等人重已、符合礼仪规范之目的。

美国行为学专家迈克尔·阿盖尔曾经做过这样一个实验：他本人以不同的衣饰打扮出现在某城市的同一地点。当他西装革履、风度朗朗出现时，所有向他问路、问时间的人，大多是彬彬有礼绅士阶层的人；当他破衣烂衫、蓬头垢面出现时，接近他的多半是流浪汉、无业游人等。这个实验表明，不同的服饰的确能产生不同的礼仪效果。日本著名推销大王齐腾竹之助在他的自传体专著《高明的推销术》中这样讲到："服装虽然不

能造出完人，但是，初次见面给人印象的90%产生于服装。”

服饰的各种符号不是凝固不变的，千万不能简单地以衣帽取人。

4. 工作时穿的服装

(1)如果你是一个刚刚参加工作、进入社会的人，你必须花钱购买几件相称的衣服，这是值得而且必要的。购置前注意观察其他同事怎么穿。提出问题，写下笔记，观察要敏锐。

(2)要添购工作穿的衣服时，先问问自己几个问题。

① 这适合现在的工作穿吗？

② 能不受流行趋势影响而穿上好几个季节吗？

③ 预算够吗？

④ 合身吗？适合我的体形吗？

⑤ 穿起来舒服吗？

⑥ 这个季节的气候适合穿吗？

⑦ 这种布料的品质好吗？

5. 穿着要点

(1) 适合自己的，就是最好的。当季的流行趋势不一定适合个人的平时穿衣风格，不能盲目地追求潮流。

(2) 最好不穿紧身衣。这种衣服使体型瘦的人看起来更加瘦，使肥胖体型的人看起来比原先胖两倍。

(3) 夏天的时候，任何一个女性如果在公司露出涂了趾甲油的脚部，可能会被认为是一个对工作完全不在乎的人。

(4) 男性在休闲的时候，如果穿着休闲鞋，没有配上袜子，看起来会很不错，但是在公司里不适合这么穿着。

(5) 绝不要买仿冒品，也不要把自己打扮成仿冒品。如果你不是来自美国西部或西南部的大农场，最好不要戴牛仔帽、穿牛仔靴或者系着细领带。不然，别人一看你就像“缩水版”的西部牛仔。

(6) 如穿着有双排纽扣的西装外套，请把扣子扣住。如果西装外套是敞开的，看起来就会很笨拙，就像一扇需要关上的门。

(7) 如果你在一个保守的公司工作，在自己的办公室里没有穿着西装外套还无所谓，但是如果奉召进入高级主管的办公室，你一定要把西装外套穿起来。那是礼貌和尊重的象征，这样，要见你的人会很欣赏你。

(三)男士正式场合的穿着

男士在正式场合，也有着装上的要求。不同的场合，着装要求不尽相同。

1. 温文尔雅——男士礼服

礼服泛指适合于在严肃场合或举行庄重仪式时所穿的服装。男士礼服主要有以下几种：

(1) 早礼服

早礼服是日间常用的礼服。其上衣与膝齐长，胸前只有一粒扣。早礼服多为黑色，也有灰色。穿黑色上衣时内着西服背心多为灰色，上衣为灰色则配黑色背心，裤子多为深灰色带黑条纹。早礼服应佩戴黑白相间的斜纹领带(或灰领带)，穿白色软胸式或普通软领式衬衫，多配黑色皮鞋和黑色袜子。

(2) 小晚礼服

小晚礼服的领结为黑色。其上衣为西装，颜色通常为黑色，上衣两襟为黑色缎面，夏季则多采用白色上衣。小晚礼服无论是黑色上衣还是白色上衣，裤子都应是黑色，并且左右裤带各配一条黑色缎带，多和白色硬胸式或百叶式衬衫相配。

(3) 大晚礼服

大晚礼服也就是我们通常所称的燕尾服，使用白色领结，这种礼服前胸较短与腰部齐，上衣尾部剪成燕尾样子，双襟为黑色或蓝色缎制成，裤子均为黑色，左右两储有黑缎带。穿燕尾服应内着白色硬胸式或百叶式衬衫，硬领并折角，带皮革或棉质白色手套，打白色领结，着黑色丝袜和黑色皮鞋。在比较隆重的场合，如大型授奖晚会，我们常常可看到有不少男士穿大晚礼服出现。

(4) 中山装

中山装是中国男士的传统礼服，它起源于辛亥革命时期孙中山先生的着装，故俗称中山服。在我国的开国大典上，国家领导人全部着中山装参加这一举国盛典。中山装从此给世人留下深刻印象，成为我国代表性的民族服装。新中国成立以后，国家领导人在正式场合、出访等多以中山装为主。

中山装式样，为封闭领口，前门襟有 5 个纽扣，领口有风纪扣，上下左右各两个贴袋。中山装一度曾成为大众服装。近来随着服装式样的增多，穿中山装者相对减少。以中山装作礼服时，通常上下身同色，衣料多为深色毛料，配以黑色皮鞋。中山装结人以沉稳、大方、刚毅的感觉，能恰如其分地体现东方男子的特殊气质。

以上是几种传统的礼服。随着世界休闲风尚及人们返璞归真的要求，在各种社交场合，人们一般都穿西装。西装作礼服穿时，一般应是用深色毛料精制成，上下身同色或上下身及背心三件同色，打领带，配折花手帕，着黑色皮鞋。西装现今在男士的服装中占有重要地位，已成为很普遍的一种服装。

2. 风度翩翩——男士西装

西装传入我国时间不是很长，它最早出现于欧洲，清朝末年随着洋务运动的兴起传入我国。西装作为世界各国人民首选服装不是没有道理的。它在造型上线条活泼流畅，充分体现了穿着者的潇洒自然风度，能很好地体现穿者的健美体型。而且由于它注意了人体的结构造型，使人的颈、胸、腰等部位平展、舒坦，更有一种挺括美；再加上胸前的领带，色彩的变化更给人一种飘逸的美感。西装正统简练，同时又不失气派，所以才得以发展成为当今国际标准通用的礼服。我国一些重要人士出访时一般都穿西装。

在我国，西装成为广大男士的必备服装，在各种场合我们都能看到身着西装的男士。但在社交场合，西装作为礼服穿着时，它的穿着有着统一的模式和严格的要求。只有符合西装着装的模式和要求，才能在交际场合出入潇洒自然。

西装样式很多，但总体来说，可分为三种流派，即欧式、英式和美式。

欧式西装一般比较重视服装的优雅美观，有着很高的垫肩，胸部也较突出，多使用较厚的面料，如法兰绒等。欧式西装通常为全里衬。英式西装与欧式西装相似，但垫肩与胸部不如欧式西装突出，穿起来有一种绅士派头。难怪世人都将英国男士作为绅士的典范。美式西装的特点是比较重视舒适性和功能性，肩部和胸部不做太多修饰，形态自然。面料大多使用伸缩自如的针织或梭织面料。

（1）西装穿着的场合

西装的穿着应区分场合，只有根据场合来着装，男士的朗朗风度和阳刚之气才会得以体现。根据场合的不同.西装穿着主要分为以下三种：

一是正式场合工作用西装。如宴会、正式会议、婚丧活动及正式典礼和较重要的晚间社交活动等，都应穿素色两件套或三件套西装，颜色以深色、单色为佳。在严肃隆重场合一律着黑色西装，配黑鞋黑袜，而选择花格、五彩等活泼图案是不合适的。按照惯例，在正式外交场合应着黑色礼服，以示庄重。

二是非正式场合日常工作用西装。如一般性聚会、参观和办公室洽谈业务等，穿西装是基本的礼节要求，但并不严格要求成套穿着，可穿单件上装，配各种西裤；但在半正式场合，如一般性会见、访问、洽谈业务、较高级会议和日间举行的较为隆重的活动等，应该着套装。

日常工作用的西装多为深蓝色或灰色，有时也可视场合气氛及工作环境的变化选择鲜明色彩的服装。

三是休闲西装。休闲西装在造型结构上往往是中性的，男女均可穿用。宽松型，适用范围较大，这也是休闲西装能够迅速流行的一个重要原因。

休闲西装一般在质地上不大讲究，但追求款式的新颖、活泼洒脱，色调多样。这与款式固定、做工考究，给人以严肃、庄重感的传统西装不同。人们曾一度认为休闲西装是在休息、娱乐等环境中穿用的服装，但现在人们的观念有了很大变化，欧美许多国家现在已不再要求办公人员上班必须着西装，许多白领阶层上班开始换上了舒适的休闲装，放松身体和心情。

体闲西装目前已成为人们的最爱，在许多场合出尽了风头。

（2）七分在做，三分在穿

西装是一种国际性的服装，一套得体的西装，可以使穿者显得潇洒、精神、有风度。西装穿着有很多讲究，人们常说：“西装七分在做，三分在穿。”指的就是西装的穿着非常重要。

一是领子要“低”。即西装的领子应紧贴衬衫衣领并低于衬衫衣领约 1 厘米，四周荡开是犯忌的；

二是补贴口要“短”。即西装衣长应与手的虎门平，袖长和手腕平，衬衫袖口略长于西服袖口 1～2 厘米；

三是胸围要“紧”。即以穿一件羊毛衫松紧适中为宜，不宜过于肥大，以保持其特有的挺括感；

四是格调要一致。西装套装，上下装的长短、肥瘦都应格调一致。如果是三件套西装，脱上装时应连同马甲一起脱下，而不能单穿马甲，让别人看到马甲的背面。达一点恰恰是我们许多人所忽视的。

西装穿着时，衣袋的整理很重要。西装上衣两侧的衣袋只用作装饰，不宜装东西。西装左胸口袋是专放装饰用手帕的，名片夹、记事本、钢笔等物可放于上衣内侧口袋。西裤的左右插袋及后袋，也不宜放太多东西，以使臀围合适，裤型美观。而且，不要把两手插在衣袋和裤袋里，这有失风度。

西裤穿着时，裤扣应扣好，拉锁全部拉严，并且还要注意与上装的相协调。既不要看上去“头重脚轻”，也不要看上去上下颜色不般配。

（3）西装的选择

① 西装不需要准备太多，不过布料的品质都要上乘，而且穿起来要合身才好看。

② 切记,你的体型若改变,就必须把西装送去修改。

③ 跟随短暂的流行。看看你西装的翻领,如果宽领已流行了五年,而你一直穿着窄领的,请考虑买一件新的西装,或考虑定做一件宽领的西服。

④ 如果你不是身材瘦小的人,最好穿深色系西装,不要穿花样醒目和色彩鲜艳的服饰。而且,穿单排纽扣的西装会比穿双排纽扣的西装看起来清瘦许多。

⑤ 西装不穿时要用衣架挂起来,这样才不会变形,才能穿得持久,穿起来好看;西裤在每次洗好后,要把它烫平。

(4) 领带和衬衫的搭配

① 确定它们都没有斑点(注意看看是否有调味汁、汤渍和面食沾到的污点)。

② 如果你是一个高大的人,记得要买一根长一点的领带。

③ 买领带时,你切记要买能与心中想穿的西装和衬衫搭配的领带,西装、衬衫、领带三种服饰的式样、颜色和花样要协调。

④ 知道自己的气质。率性的人可以使用惹眼的领带,如果你不是这种人,就不要买太过抢眼的领带。小条纹花样的领带是最不会出错的搭配。如果你穿得是淡紫色的衬衫,配上一条晕紫色的丝质领带,再配搭上一套香草色的毛葛布的夏季西装,一定会是你的所有同事中最出色的一个。不过如果你配上的是一个蝴蝶型的领结,便会显得十分可笑。

⑤ 避免内衣外露。如果你想解开衣领的扣子,记得不要穿高领的内衣,否则它会外露。

⑥ 衣领和袖口磨破的衬衫应考虑丢掉。

⑦ 准备一件深蓝色、深褐色、深绿色或黑色的衬衫——特别是在没有领带时搭配。

⑧ 衬衫衣袖的长度通常要伸出外套衣袖约一英寸。

⑨ 选择衣领适合脖子的衬衫相当重要;衣领要适合,不要让自己有窒息感。

⑩ 不要穿短袖衬衫。很多人会认为此举衣冠不整。在夏天的时候,如果你脱下外套,可以把袖子卷起来。

(四)女士正式场合的穿着

作为女士,社交场合中服饰的重要性不亚于其本身的容貌。得体漂亮的装束不仅让人们感受到生活之美,还可以让人们领会到女士们对生活的认真及对他人的尊重。女士服装通常分为礼服与职业装、日常装等。

1. 雍容华贵——女士礼服

在西方的交际场合中,一般都要求女士穿礼服。但西方人与东方人在礼服的穿着上是不同的。

(1) 西式大礼服

西式大礼服也叫大晚礼服,它是一种最正式的礼服,主要适用于举行在晚间的最正式的各种活动,如官方举行的正式宴会、大型正式的交际舞会等。大礼服为单色,穿大礼服时必须戴上与其色彩相同的帽子或面纱,还要有一副薄纱或网眼的长手套相配。另外耳环、项链等饰品也是必不可少的。

(2) 西式小礼服

西式小礼服也叫小晚礼服或便服,它是一种质地高档、色彩单一的露背的连衣裙式服装。小晚礼服主要适合于参加晚上6点钟以后举行的宴会、音乐会或观看歌剧时穿着。着小礼服时,女士可不戴帽子或面纱。

（3）西式晨礼服

晨礼服有时也叫常礼服，主要是在白天穿，适用于参加在白天举行的庆典、茶会、游园会和婚礼等。

西方人在星期日去教堂做礼拜时，讲究穿晨礼服。晨礼服可以是质料、颜色相同的上衣和裙子的组合，也可以是单件连衣裙。与此搭配的是一顶合适的帽子，一副薄纱短手套，还可携带一只小巧的手包或挎包。

以上三种是西方女性的传统礼服。除此而外，有时西式套裙也可以作为礼服穿，如去参加在白天或晚上举行的一般性集会等。西式套裙作为礼服穿着，在质地、款式与配件方面，没有特别严格的规定。

（4）旗袍

旗袍是我国的传统女装，最适宜中国女性的身材，能表现她们美的内涵和气质，显得格外端庄典雅。在涉外活动中，女士穿旗袍会受到外宾由衷的赞美。

旗袍作为礼服穿着时，一般采用紧扣的高领、贴身、衣长过膝、两旁开叉、斜式开襟、袖口至手腕上方或肘关节上端或无袖的款式。面料可采用高级呢绒、绸缎等。用织锦缎、古香缎和金丝绒制成的旗袍，显得既典雅华丽又柔美挺括。颜色最好是单色，不宜刺绣或装饰过多的图案或饰物。

旗袍的长度最好是长至脚面，同时两旁开衩的长度也要适当，以膝盖以上、大腿中部以下为宜。可以无袖，也可袖长至手腕。穿无袖式旗袍，注意不要暴露内衣，而且也不适合戴长袖的网眼手套，冬天可配以披肩，但参加正式宴会，切忌加毛线衫。夏季可将真丝双绘或手编楼空的素色披肩披在身上。

旗袍的特点在于紧身合体，过紧的旗袍会给人以扭捏作态的感觉，过松则显得弱不禁风，身体的曲线美也无法体现。旗袍只有尺寸合适才能显示出高贵典雅的气质。因此，穿旗袍一定要注意合身。

另外，同质、同色的长衣和长裙，款式上协调统一的西式套裙也可以作为礼服穿着，但要注意质地精良，款式、色彩都不宜过于复杂。参加国内举行的一般性仪式时，女士可着套装（西式长袖上衣与西裤的组合），只要色深、质厚，并且上下同质同色就不算失礼。但还是以穿套裙为好。

连衣裙虽也可作为社交活动的礼服，但要注意一定选用单色、图案简洁、面料高档、厚实质地的，同时裙长一定要过膝。

2. 韵致典雅——职业女装

人们常说“穿衣戴帽，各有所好”，但作为职业女性，在选择服装时，尤其是工作场合的着装就不能完全随心所欲，因为她的形象和组织形象是紧密联系在一起的。因此职业女性在衣着打扮上既不能像时装模特那样新潮，但也不能穿得粗俗乏味。

职业女装一般以西装、套裙或略显男件化的穿戴为好。这样会使职业女性更显俏丽、洒脱、典雅。有经验的职业女性知道怎么打扮自己才能收到最好的效果，她们希望人们看到她与众不同，但同时又是合群的。职业女装从整体上讲没有复杂的层次，没有鲜艳的花卉图案，款式简洁大方、线条流畅柔和，质地轻柔飘逸，色彩纯净素雅。

在女士的衣着之中最能够展现女性魅力的服装莫过于裙子，一条恰到好处的裙子能够最充分地展现女性的美感。普通的长裙适用于一切场合，而比较正式的场合应当穿西装套裙。在社交场合中，女士穿着的裙子至少长应及膝，超短裙、无袖式或背带式连衣裙，仅适用于家居或度假，如果穿到社交场合，那是十分失礼的。

套裙以其严整的形式，多变却不杂乱的颜色，新颖却不怪异的款式，成为现代职业女性最规范的工作装。套裙有两件套和三件套之分。套裙的上装以西服式样居多，也有圆领、v领等式样。上衣的长度既可短至腰际，也可长至臀部以下，下装是长短不同的各式裙子。

在正式或半正式场合，为表明自己对工作的严谨和认真，套裙多整套穿着。在休闲场合，则较为随便，套裙可与其他服装搭配起来穿。

职业女性在选择套裙时，色彩上一般多选择较为淡雅柔和的粉红、米黄、草绿系列，忌讳刺目的大红、大绿等颜色，但在重大社交场合，藏蓝色套裙最为庄重得体，它不仅四季皆宜，而且对不同肤色的人都适用。当然要想使自己显得成熟稳重些，穿一身灰色长裙也不错。

套装与其他服装的搭配，可使自己的服装变得丰富一些，只要搭配得当，也能穿出不俗的效果，但在色彩的搭配上一定注意，过于复杂会影响服装造型的整体效果。

套裙的款式非常多，选择时，既要根据自己体型的特点来确定裙装的整体造型，也要注意局部造型的修饰作用，比如套装上衣的袋盖、衣领、袖口、衣襟、衣摆、下装的扑衩、收边等，这是突出自己个性特点的关键所在。细微之处见风格。

套裙在穿两件套时，应选配一件合适的衬衫。衬衫的面料、色彩、和款式都要精心挑选。因为在正式社交场合，女士套裙的质地都比较讲究，而如果衬衫的面料质地太差，服装整体的穿着效果就会大打折扣。

衬衫色彩的选用上，宜淡雅，尤其要注意与裙装和外套在色彩上和谐一致，以达到最佳的搭配效果。一般选择白色较多。当然，为使服装在整体上富于变化，也可以选择其他颜色。比如，肤色较白可以选择米黄色，米黄色衬衫与中灰色、浅咖啡色、藏青色套裙相配，能产生脱俗不凡的效果。

衬衫款式的选用上，应注意衣身的松紧、垫肩的大小、领口的高低及衣袖的长短等，使之与套装相符。比如，对领型的选择，不同的脸型与颈部长短的不同，选择的领型应是不同的。圆脸、且胸部丰满者，不适宜穿花边、或飘带的衬衫；而胸部平坦、颈部较长者如果用丝带在胸前作装饰，一定会显得丰满动人。长裤适合女士在几乎所有的场合中。

3. 晚装的建议

(1) 参加一个“既正式又非强迫的”晚会(如社交上的化装舞会，请查对一下邀请函)，应穿一件短的洋装或质料考究的晚礼服(丝质或锦缎)，或穿一件丝质洋装，外加一件质料考究的大衣。可以再加一对闪烁的耳环。

(2) 如果参加一个“晚餐舞会”，最好穿长的洋装去。

(3) 晚上的配件在正式场合里也非常重要。

(4) 一件长的丝绸披风。

(5) 一件丝质、绸缎或锦缎的外套。一双黑色锦缎的轻便鞋或凉鞋。

(6) 一个黑色锦缎制的时髦小包。

(7) 首饰：珍珠和耀眼的耳环，或者一串耀眼的项链和一对小耳环，或者一对耀眼的手镯(另一方面，首饰要有两种款式才够，不要戴手表赴宴)。

4. 女性主管的穿着

女性穿着男性化，并不能博得男性同事的注目和尊敬，反而会使人觉得很不舒服。20

世纪 80 年代后，浅色短衫、软肩西装、洋装和裙子在工作场所逐渐流行起来。

女性主管的服饰应该把握以下原则：

（1）重质而不重量，好布料很重要。

（2）配件也很重要，应具有整体的美感。

（3）在试穿衣服时，应该在落地镜前坐下，转转身子，这时候应该会看见裙子穿得如何。

（4）追随流行，但是不可盲目。

（5）女性在办公室等社交场合里一定要选择合适的服装。不论参加公司的舞会还是一项工业会议，穿着谨慎与其公文包里装的文件同等重要。如，穿着的黑色短礼服不可剪裁的太暴露，不然坐下来时会引人遐想。

（6）女性主管应该尽可能打扮得庄重，里外要一致：头发、化妆、首饰和礼服应该协调一致，让人感到优雅、完美。

5. 各种配件

（1）如果腿部不是很出色，不要穿着有花样或是颜色太亮的袜子来吸引别人注意。浅淡的风格最好。

（2）鞋子和手提包应该协调。经常旅行的女性知道只带着黑色配件同行，因为黑色最好搭配。

（3）首饰会让人质疑女性的专业特性，太大、太耀眼的首饰不适合佩戴。因为甩头发的时候，耳环可能会发出叮当声，这会完全转移其他洽谈的人的注意力。（还要明白一点，就是小金属圆片和假金刚钻只适合晚上佩戴，不适合在阳光下佩戴。）

（4）不应该同时佩戴太多的东西。在办公室里，只要带着手表、两个耳环和一只手镯或一个胸针、一条项链当装饰就够了。

（5）手提包非常重要。应该擦亮并保持干净，勿破旧不堪。不可以放在桌上（不管是会议室还是饭店的桌上都不可以）。应选择宽大的类型，这样才能达到它们的功能。

（6）不可以在办公室穿运动鞋。即使你是当地马拉松的候选人也不行。

二、仪容礼仪

化妆美容并非追求个人奢华，而是改善女性的健康状况与调节情绪的一种有效途径；它在社交场合还可以成为女性的外交“武器”。恰到好处的化妆可以增添女性的风采。化妆既然为社交服务，也就离不开化妆的主旨——礼貌；选用适合自身条件和外部环境的化妆风格，既能突出个性特点，又能与特定环境和谐一致，从而给人以美好的印象。

（一）化妆的适度

做任何事都要讲究适度，化妆也不例外。浓艳过度的化妆有损于皮肤健康，也有损于别人的观瞻。只有参加晚会、晚宴等，化妆才能奢华艳丽一些，平时化清爽的日常妆就可以了。

（二）化妆的礼貌

化妆须注意时间和地点，不可随时随地轻易拿出化妆品来涂抹。在公众场合化妆有失礼仪。切记不要当众梳头，偶尔涂点唇膏尚可。出席晚宴，餐后需补粉、涂口红的话，可到化妆室去。不要借用别人的化妆品，除非万不得已。

（三）化妆的风格

化妆的本意是根据自己的面部特征，通过化妆来衬托、突出面部最美的部分，掩饰缺陷和弥补不足。化妆要力求自然，表现青春的美。成功的化妆能扬长避短，形成独特的能力和风格。有三种化妆风格较为常见：

1. 现代型

一般使用粉红色系列化妆品或色彩鲜艳的化妆品，以显示女性的活力，突出灵活、爽快、矫健、轻敏的总体感觉。化妆后的皮肤白亮艳丽，可以显示女性的温柔、文雅。这一风格类型主要适用于青年人。

2. 聪慧型

一般使用柔和色彩的化妆品，给人以温柔、爽快、雅洁、充满智慧的感觉。具体使用时，选用明快的色彩作底色.用明快的蓝色作眼角，用轻柔、光润的粉红色衬托嘴唇，这样可显示出女性的天真、活泼、纯朴。这一风格类型主要适用于年轻人。

3. 知识型

化妆的特点是自然干净，表现干练、纯朴、文雅、聪慧的风格。底色一般选用与肤色近似的棕色系色彩，腮红、口红也用接近的颜色；讲究涂抹适度，不宜过浓。这一风格类型主要适用于年龄较长的女性。

面部化妆要考虑与发型、服饰的协调，以构成整洁、大方的总体形象。虽说人际交往中，不以外表取人，但一个人的外表既可给人以良好的第一印象，使交流顺利，也可能引起误解，使交流不畅。误解就像白布上染了一块墨渍，染上去容易，消除起来困难。因此我们要在平常就注意仪表，从而给人一个好的印象。

（四）化妆的注意事项

在目前的环境下，“较少就是较多”这句老话正好能适用在化妆上。如果你是一个职业女性，身边的人不知道你化了妆，那表示你的妆化得很不错。换句话说，化妆应该要注意调和，不可以太夸张，自然就是最好的境界。

1. 化妆适合的礼节

对一个女性而言，在同事面前化妆，不论是男同事还是女同事，这种行为都不是明智之举，而应该选择去女用化妆室或洗手间化妆才好。

2. 最令人讨厌的化妆

(1)过长的肤色指甲，或把每一个指甲都涂上不同的颜色。

(2)假眼睫毛。如果拍艺术照片或拍录像的时候戴，要注意粘粘牢，否则掉下来会引起不必要的尴尬。

(3)白天使用眼影。眼影应在晚上使用。

3. 职业妇女的化妆品

(1)润肤露；

(2)与皮肤色调相似的粉底；

(3)香粉；

(4)腮红；

(5)浅色的眼线膏；

(6)口红(勿用紫色或黑色的色调)。

(五) 香水的作用

香水的使用非常重要。由于个人的体味各不相同，即使是同一款香水，在不同的人身上也会产生不同的味道，因此每个人应挑选与自己的体味融合后最美妙的那款香水。选定后.就不必换来换去；经常使用同一种香水，可突出自己的个性。不要过多地喷洒香水，否则强烈的香气会刺激周围的人，使人感到头疼，特别是在出席活动女性较多的场合。香水的使用可为成功的化妆增添魅力，无论是男性还是女性，具有独特香味的人总能留给人深刻的印象。倘若香味能和自己的气质配合，更使化妆进入新的境界。香水类型的选用，一要注意时间场所；二要因年龄而异。白天，上班、郊游、访友等，宜用清香型的。晚上，参加宴会、舞会、聚会，可用浓香型的。未婚女性宜用清香，已婚或年龄较大的女性可用浓香。另外也要注意，香味与服装款式给人的印象不要相差太远。

香水的香味是经人体的温度加热后散发的。因此，香水应擦在动脉跳动的部位，如颈部两侧耳朵后面，两手腕内侧，手肘内侧，膝盖内侧，足踝及太阳穴、喉头等处。香水不能擦在头发上，以及腋下、鞋子等处，因为这些部位都是多汗的地方，若混合了其他异味，香水会很刺鼻；也不能洒在衣服上，因为香水会留下痕迹，无法褪去；也不要把香水洒在皮毛上，那样会影响其光泽。同样，香水洒在珍珠、金首饰上，也会使其光泽受到影响。香水容易挥发，一般只能维持三四个小时，如果你有一个较长时间的约会，那么想要留芳长久，可在要擦香水的部位上些凡士林，亦可用棉球醮上香水塞在胸前衣兜或内衣里。

你四周的人应该没有发觉你的香味的必要。著名的巴黎人士玛丽路易斯尼奎说："香味一定要淡淡的，四周的男人才会希望你靠近他们，其实他们也不知道为什么。"

(1)买好的香水和古龙香水。便宜的香水与便宜的香烟一样令人讨厌。

(2)勿在大众面前喷香水，就像不能在公众面前脱衣服一样。

(3)要谨慎使用香水，避免导致过敏性皮肤发病，避免损坏质料好的衣服。

总之，流行不会掏光我们的钱包，反而会提升我们的身份，也不会分散我们工作的真正目的：尽力做我们感觉快乐的事情，不仅仅是为公司和自己赚钱。

第五节　饮食礼仪

一、中餐礼仪

中国餐饮文化很丰富，中国人热情好客，很讲究餐饮礼仪。中餐宴会是指具有中国传统民族风格，遵守中国人的饮食习惯和礼仪规范的宴会。宴请活动就其目的和性质而言，大约分为三种：一种是礼仪性质的，如为迎接重要的来宾或政界要员的公务性来访、为庆祝重大的节日或举行一项重要的仪式等举行的宴会，都属于礼仪上的需要，这种宴会要有一定的礼宾规格和程序。另一种是交谊性的，主要是为了沟通感情、表示友好、发展友谊，如接风、送行、告别、聚会等。第三种是工作性质的，主人或参加宴会的人为做好某项工作而举行的宴请。这三种情况又常交相为用兼而有之。虽然宴会的目的、形式及性质不尽相同，但宾主所遵循的基本礼仪是一致的。

（一）怎样的“吃相”才算雅

一个知书达礼的人，要站有站相，坐有坐相，吃有吃相。在某种程度上，“吃相”更能反映出一个人的教养程度。

(1) 在入座之后，一面做好就餐的准备，一面可以和同席的人随意的进行交谈，以创造一个和谐融洽的用餐气氛，不要旁若无人，兀然独坐，也不要眼睛咕噜噜地盯着餐桌上的冷盘之类，显出一副迫不及待的样子，或者下意识的摆弄餐具。

(2) 主人举杯示意开始时，客人才能开始，不要抢在主人面前。

(3) 夹菜要文明，应等菜肴转到自己面前再动筷，不要抢在邻座前面，一次夹的菜也不宜过多。

(4) 要细嚼慢咽，这不仅有利于消化，也是餐桌上的礼仪要求。绝不能大块地往嘴里塞东西，狼吞虎咽，不然会给别人留下贪婪的印象。

(5) 不要挑食，不要只盯住自己喜欢的菜吃，或者急忙把喜欢的菜堆在自己的盘子里。

(6) 用餐的动作要文雅，夹菜时不要碰到邻座，不要把盘子里的菜拨到桌上，不要把汤泼翻。

(7) 不要发出不必要的声音，如喝汤时“咕噜咕噜”，吃菜时嘴里“叭叭”作响，这些都是粗鲁的表现。

(8) 用餐结束之后，可以用餐巾、餐巾纸或服务员送来的小毛巾擦擦嘴，但不宜擦头发或胸脯；餐后不要不加控制的打饱嗝或喘气；在主人还没有示意结束时，客人不能先离席。

（二）使用筷子有哪些忌讳

筷子在中国古代又称“荚”、“箸”等。在世界上各种餐具中，筷子可谓独具一格。据说，远古时代人们是用手抓食物，但在吃热的东西时因为烫手，便使用木棒辅助。久而久之，人们练出了用木棒夹食物的本领。中华民族的祖先便是在这一基础上发明了筷子。筷子虽然简单，但它却是巧妙地运用了杠杆原理，在使用时能牵动人的三十多个关节和几十块肌肉，不仅轻便灵活，而且能达到强身健体的效果。筷子用起来简单、方便，但也有很多规矩。比如，不能举着筷子和别人说话，说话时要把筷子放到筷架上，或将筷子并齐放在饭碗旁边。

在长期的生活实践中，人们对使用筷子也形成了一些礼仪上的忌讳：

不能用筷子去推饭碗、菜碟，不要用筷子去叉馒头或别的食品。其他用筷忌讳还有：忌舔筷，不要用舌头去舔筷子上的附着物；忌迷筷，举着筷子却不知道夹什么，在菜碟之间来回游移，或用筷子拨盘子里的菜；忌泪筷，夹菜时滴滴答答流着菜汁，应该拿着小碟，先把菜夹到小碟里再端过来；忌移筷，即刚夹了这盘里的菜，又去夹那盘里的菜，应该吃完之后再夹另一盘菜；忌敲筷，敲筷子是对主人的不尊重。另外，筷子通常应摆在碗的旁边，不能放在碗上。在用餐时如需临时离开，应把筷子轻轻放在桌子上碗的旁边，切不可插在饭碗里。现在很多宴席实行公筷公匙，不能用个人独用的筷子汤匙给别人舀汤。

二、西餐礼仪

(一)正确使用西餐餐具

中国人习惯使用的中餐餐具是筷子和汤匙,而西方人则习惯使用刀叉,而且相当讲究。不同的刀叉有不同用途,不能加以混淆。因此,吃西餐时,就应该了解和遵守一些基本的礼仪规范。

食物盘子应该放在餐桌的正前方。右侧放刀,左侧放叉,两者都按使用顺序由外侧往内侧摆。碰到吃全席大菜时,这些餐具就按照用开胃小菜、汤、海鲜、肉类、冷饮、烘烤食物、沙拉、餐后甜食的顺序依次摆放。通常刀叉都成双成对,唯独喝汤的汤匙是单独使用。正餐一般从喝汤开始,放在你面前最大的一把匙子便是汤匙,它放在你右侧的最外面。桌上的刀叉以三副为准,当上完三道菜之后便撤去,再随菜摆上新的刀叉。餐后的甜食另有叉子和汤匙。涂面包油用的奶油刀则放在左侧的面包碟子上。如果菜单中有鱼的话,它一般在用过汤以后送上。桌上有吃鱼专用的叉子,它放在肉叉的外侧,比肉叉略小些。

英国人和美国人使用刀、叉的习惯略有不同。在上主菜即肉时,虽然他们切分肉食都是右手持刀,左手持叉。但是,英国人用左手拿叉,叉头朝下,把肉扎起来送入口中;如果有烧烩的蔬菜,就用刀把菜挑到叉上再送入口。而美国人则在切分好肉以后,把刀放下,换用右手拿叉,叉尖朝上插入小块食物下面,铲起食物送入口中。用餐完毕,英国人将刀、叉放在食盘中央,绝不让刀叉的一端放在盘子上,而另一端搁在桌上。但美国人却把刀横放在盘子右下边边沿上,叉放在旁边,让叉尖朝上。

需要注意的是,西方吃色拉只准用叉子吃,以右手拿叉,叉尖朝上。通常,有一把吃色拉专用叉子。

另外,取面包则应该用手,而不用叉。面包放在旁边的小碟中或大盘子的边沿上。涂面包黄油时,你应从面包上掰下一块,用刀抹些黄油再吃,而不是把整块面包一下子都抹上黄油。否则,无论从哪里咬,面包上涂的黄油都会沾到你的脸上。

在席间谈话时,你可以不必将刀、叉放下。但如果你要做手势,就应该把刀叉放下,切不可拿着刀叉在空中比划。另外,也不能将刀叉竖起来拿。正确使用刀叉,不仅是礼仪上的需要,同时也是为了自己和他人的安全。否则,因为不懂使用西餐餐具的礼仪规范,而误伤自己或他人,就会贻笑大方。

2、西餐用酒知识

大多数宴会上,只用一种酒,至于一开始就用,还是上主菜时用,则根据主人的安排而定。然而,西餐的用酒比较麻烦,酒和菜要相配,考究的话,整个宴会要用几种酒。

洋酒按色泽分为:红酒、白酒、玫瑰色酒;按性质分为:低度酒、高度酒;按甜度分为:甜酒、中性酒、无甜味酒。一般酒性越小,所用的酒杯越大。如:香槟酒杯＞红葡萄酒杯＞白葡萄酒杯＞雪利酒杯＞波尔图酒杯＞烈性甜酒杯。

下面具体介绍一下洋酒和西式菜肴的搭配:

(1)吃羹汤时,用雪利酒。

(2)吃鱼、海鲜时,用无甜味白葡萄酒。

(3)吃肥腻、味浓的牛羊肉、野味时,用高度红葡萄酒,最常用的是勃艮第酒。

(4)吃味道清淡的牛羊肉时,用低度红葡萄酒,如波尔图酒。

(5)吃禽类肉食时,用低度红葡萄酒、中性无甜味白葡萄酒或玫瑰葡萄酒。

(6)吃奶酪时,用红葡萄酒、波尔图酒。

(7)甜味白葡萄酒或香槟酒可以和布丁一起上来。

三、餐桌上的礼仪

(一)饮茶礼仪

茶叶的原产地在中国。我国的茶叶产量,堪称世界之最。饮茶在我国,不仅是一种生活习惯,也是一种源远流长的文化传统。中国人习惯以茶待客,并形成了相应的饮茶礼仪。比如,请客人喝茶,要将茶杯放在托盘上端出,并用双手奉上。茶杯应放在客人右手的前方。在边谈边饮时,要及时给客人添水。客人则需“品”,小口啜饮,满口生香,而不是作牛饮。

1. 有客来访即待之以茶

为客人沏茶之前,首先要洗手,并洗净茶杯或茶碗。要特别注意不能用残破的茶杯或茶碗待客。要注意茶杯或茶碗里面有无茶垢,有的话,一定要清洗掉。茶具以陶瓷制品为佳。

2. 注意品种

不能用陈茶待客,必须沏新茶。至于客人喜欢绿茶、红茶.还是花茶,可以事先征求意见。就接待外宾而言,美国人爱喝袋泡茶,欧洲人爱喝红茶,日本人则爱喝乌龙茶。

3. 上茶

上茶时可由主人向客人献茶,或由招待员给客人上茶。主人给客人献茶时,应起立,并用双手把茶杯递给客人,然后说一声“请”。客人亦应起立,以双手接过茶杯,道以“谢谢”。不要坐着不动,任主人为自己张罗。添水时亦应如此。

招待员上茶时,要先给客人上茶,然后再给自己人上茶。若客人较多,应先给主宾上茶。上茶的具体步骤是:先把茶盘放在茶几上,从客人右侧递过茶杯,右手拿着茶托,左手附在茶托旁边。要是茶盘无处可放,应以左手拿着茶盘,用右手递茶。注意不要把手指搭在茶杯边上,也不要让茶杯撞在客人手上。若妨碍了客人的工作或交谈,要说一声“对不起”。客人应对招待员的服务表示感谢。若无专门的招待员,可由秘书临时充任。

如果用茶水和点心一同招待客人,应先上点心。点心应给每人上一小盘,或几个人上一大盘。点心盘应用右手从客人的右侧送上。待其用毕,即可从右侧撤下。

4. 饮茶

不论是主人还是客人,都不应大口吞咽茶水,或喝得咕噜咕噜直响。应当慢慢地一小口一小口地仔细品尝。遇到漂浮在水面上的茶叶,可用茶杯盖拂去,或轻轻吹开;切不可用手从杯里捞出来扔在地上,也不要吃茶叶。

5. 劝茶

在边谈边饮时,要及时给客人添水。

我国过去有以再三请茶作为提醒客人应当告辞的做法。因此在招待老年人或海外华人时要注意不要一而再、再而三地劝其饮茶。

6. 茶道

茶艺已经成为中国文化的一个组成部分。比如中国的“功夫茶”，便是茶道的一种，有严格的操作程序：

嗅茶。客人坐定以后，主人取出茶叶，主动介绍该品种的特点、风味，客人则依次传递嗅货。

温壶。光将开水冲入空壶，使壶体温热，然后将水倒人“茶船”——一种紫砂茶盘。

装茶。用茶匙向空壶中装入茶叶，通常装满大半壶。切忌用手。

润茶。用沸水冲入壶中，待壶满时，用竹筷刮去壶面茶沫；随即将茶水倾入“茶船”。

冲泡。至此，才可正式泡茶。要用开水，不宜用沸水。

浇壶。盖上壶盖之后，在壶身外浇开水，使壶内、壶外温度一致。

温杯。泡茶的间隙，在茶船中利用原来湿壶、润茶的水，浸洗一下小茶盅。

运壶。第一壶茶泡好后.提壶在茶船边沿巡行数周，以免壶底的水滴入茶盅串味。

倒茶。将小茶盅一字儿排开。提起茶壶来回冲注，俗称“巡河”。切忌一杯倒满后再倒第二杯，以免浓淡不均。

敬茶。双手捧上第一杯茶，敬奉在座的客人；如果客人不止一位时，第一杯茶应奉给德高望重的长者。

品茶。客人捏着小茶盅、观茶色、嗅茶味、闻茶香、然后腾挪于鼻唇之间，或嗅或呷，如醉如痴，物我两忘。

日本也有茶道，其实它起源于中国。日本人崇尚茶道，把它作为陶冶人的心灵的一种艺术，以茶道招待客人，重在渲染一种气氛。至于茶则每人小小的一碗，或全体参加者轮流饮用一碗，不能一碗接一碗地喝。

7. 茶会

西方常以茶会作为招待宾客的一种形式。茶会通常在下午 4 点左右开始，设在客厅之内。准备好座椅和茶几就行了，不必安排座次。茶会上除饮茶之外，还可以上一些点心或风味小吃。国内现在有时也以茶会招待外宾。

茶艺是我国民族文化的精华。随着文明程度的不断提高，相信茶艺也将得到振兴。

（三）饮酒礼仪

饮酒是各种宴会中不可缺少的一个重要“内容”，尽管人们饮用的酒的品种有所不同，但有关的礼节还是应该共同遵守的。

1. 拒绝

虽然自古就有“酒逢知己千杯少”和“一醉方休”的说法，但有的人确实不会喝酒。在宴会上不会喝酒或不打算喝酒的，可以有礼貌地阻止他人敬酒，但不要一概拒绝。至少要喝上一点汽水、果汁或其他饮料，使举座尽欢。拒绝他人敬酒通常有三种方法：第一种方法是主动要一些非酒类的饮料，并说明自己不饮酒的原因。第二种方法是让对方在自己面前的杯子里少许斟一点酒，然后轻轻以手推开酒瓶。按照礼节，杯子里的酒是可以不喝的。第三种方法是当敬酒者向自己的酒杯里斟酒时，用于轻轻敲击酒杯的边缘，这种做法的含义就是“我不喝酒，谢谢”。当主人或朋友们向自己热情地敬酒时，不要东躲西藏，更不要把酒杯翻过来放，或将他人所敬的酒悄悄倒在地上。

2. 斟酒

作为主人，要首先为客人斟酒。酒瓶要当场打开，酒杯大小要一致。如在座的有年长者，或有长辈、远道来的客人或职务较高的同志，要先给他们斟酒，如不是这种情况，可按顺时针方向，依次斟酒，酒要斟满，但不要溢出来。作为客人，当主人为自己斟酒时，要起身或俯身，以手扶杯或作欲扶状，以示恭敬。

在正式的宴会上，服务员打开酒瓶后，先要倒上一点递给主人品尝。主人应先饮一小口仔细品评，然后再尝一口，感到所上的酒完全合乎要求时，再向服务员示意：可以给客人们斟酒了。斟酒的顺序是：先主宾，随后才是其他客人。斟酒时，酒杯应放在餐桌上，酒瓶不要碰到杯子。

3. 饮酒

会喝酒的人饮酒前，应有礼貌地品一下酒。可以先欣赏一下酒的色彩，闻一闻酒香，轻喝一口，慢慢品味；不要为显示自己的海量，举起酒杯看也不看，便一饮而尽；也不要让酒倾着嘴角往下流；也不必矫揉造作地举杯时翘起小手指，以显示自己的优雅举止；不宜一边饮酒，一边吸烟。鉴于酒后容易失言和失礼，故在涉外活动中饮酒的酒量要控制在正常酒量的一半以下。有教养的饮酒者饮酒时是不会让他人听到自己的吞咽之声的。

4. 敬酒

正式宴会中主人皆有敬酒之举。会饮酒的人应当回敬一杯。敬酒时，上身挺直，以双手举起酒杯，待对方饮酒时，再跟着饮，敬酒的态度要热情而大方。在规模盛大的宴会上，主人将依次到各桌上敬酒，每一桌可派一位代表到主人的餐桌上去回敬一杯。

敬酒要适可而止，意思到了就行了，不要成心把别人灌醉，更不能偷偷地在他人的软饮料里倒上烈性酒。

需要同外宾干杯时，应按礼宾顺序由主人与主宾首先干杯。与人敬酒或干杯时，应起立举杯，并目视对方。在场的人较多时，可同时举杯示意，不必一一碰杯。在干杯时，可说一两句简短友好的祝酒词。干杯要避免与其他人交叉碰杯，此乃大忌。

在国外正式的宴会上，通常应由男主人首先举杯，并请客人们共同举杯。若是他要为在座的女士的健康干杯，就不应忘掉任何一位女士。客人、晚辈、女士一般不宜首先提出为主人、长辈、男士的健康而干杯。

女士接受他人祝酒时，不一定要举起自己的酒杯，以微笑表示感谢即可，自然是稍微最喝上一点更好。

当为尊贵人物的健康干杯时，酒杯中的酒最好一饮而尽。知道自己的酒量不行的话，事先应只斟少许酒。

5. 祝酒词

一般在饮第一杯酒以前，需要致祝酒词。祝酒词要紧紧围绕酒宴的中心话题。假如老友聚会，可以说："此时此刻，我心里感激诸位光临。我极为留恋过去的时光，因为它有着令我心醉的友情，但愿今后的岁月也一如既往。来吧！让我们举杯相碰，彼此赠送一个美好的祝愿。"祝酒词必须简短、凝练、内涵十富，还要带一点幽默的色彩。这样有利于彼此间的对话和交流。致祝酒词可以事先有所准备，但最主要的还是在于临场发挥。

6. 参加外方宴请，应事先了解对方饮酒习俗和祝酒的讲究。在宾主双方致词祝酒时，应停止饮酒和交谈。奏国歌时更不能饮酒。

如设家宴款待外宾，要注意酒具的清洁，不要使用破旧酒杯。西方人士一般饮用的是低度酒。他们往往对我国的烈性酒缺乏感性认识，因此要以适当方式提醒对方不要过量，不宜为其连连斟酒。饮不同的酒，要用不同的酒杯。

有些国家饮酒习俗与我国完全不同，接待外宾之前应有所了解。例如日本人讲究开怀畅饮，对于酒后不检点的言行是不以为然的。他们敬酒时才碰杯，而且是敬酒者跪在被敬酒者面前，手提酒瓶，不停地给对方斟酒。

有的国家讲究拿酒杯应以整个手掌握住，如是高脚杯，则应以手指捏住杯脚。喝啤酒不碰杯，但可互祝健康。

7. 礼仪常规

“水酒一杯叙衷情”，以酒作为联络感情、增进友谊的催化剂未尝不可。从酒对人健康的作用看，少饮有益，多饮有害。少饮可以畅通血脉，增进食欲，解除疲劳；多饮或暴饮则会造成对人体不同程度的危害。长期不节制的过量饮酒，会形成慢性酒精中毒，使神经中枢系统发生障碍，智力、记忆力、集中力减弱，还可能导致动脉硬化，引起心血管病和肾脏、肝脏、消化系统疾病。酒是一种既有利又有弊的东西.饮酒趋利的关键在于自己节制。据此，喝酒应遵循一般性的饮酒礼仪和规范。

(1) 碰到需要举杯的场合，切忌贪杯。头脑要清醒不要忘乎所以。贪杯好酒是失礼的。

(2) 工作前不得喝酒，以免与人谈话时酒气熏人。上班时带有倦容酒态，不仅违反工作纪律，也是不检点的。旅游接待人员若醉意犹存地去上班，会严重影响服务质量，

(3) 参加交际酒会不要竞相赌酒、抢酒。喝酒如拼命，劝酒如打架，就会把文明礼貌的交际变成粗俗无礼的行为。应该是有礼貌地劝酒，看到某人酒杯空了，可礼貌地询问：“请再喝一杯?”如果对方不想喝了，则不必强求。席间的干杯或共同敬酒一般一次为宜，不要重复敬酒。碰杯和喝多少亦应随意，那种以喝酒多少论诚意的做法是不通情理的。

(4) 忌猜拳行令、吵闹喧嚣和粗野放肆。公共场合不得划拳，家庭私人酒会一般也不宜划拳；如有特殊需要，应注意不要干扰邻居，不违主人意愿，聊以助兴即可。

(5) 忌酒后无德，言行失控。酒能麻醉人的神经，使其一部分神经亢奋，以致言语行为失控。如果借酒发疯，胡言乱语，说一些平时难以出口的话，做一些丑态百出的事，往往会使人追悔莫及。

(四) 喝咖啡礼仪

在我国，喜欢喝咖啡的人日渐增多。因此，了解一些喝咖啡的礼仪要求，是完全必要的。

1. 咖啡杯具用法

在餐后饮用的咖啡，一般都是用袖珍型的杯碟盛出。这种杯碟都是特制的。它们应当放在饮用者的正面或者右侧。杯耳应指向右方。这种小型杯的杯耳较小，手指无法穿过去。但即使是用较大的杯子，也无需用手指穿过杯耳再端住杯子。咖啡杯的正确拿法，应是用拇指和食指拈住杯把而将杯子端起。

端杯时，可以用右手拿着咖啡杯的杯耳，左手轻轻托着咖啡碟。有时可以做一些变通，可以左手将咖啡碟置于齐胸的位置。用右手端着咖啡杯饮用；饮毕，应立即将咖啡杯置于咖啡碟中，不要让二者分家。添加咖啡时，不要把咖啡杯从咖啡碟中拿起来。

2. 加糖

泡咖啡时可以加入牛奶和糖，称为牛奶咖啡。也可以不加牛奶和糖，称为清咖啡。有人还喜欢兑入啤酒后饮用。

给咖啡加糖时，如果是砂糖，可用汤匙舀取，直接加入杯内；如果是方糖，则应先用糖夹把方糖夹在咖啡碟的近身一侧。再用汤匙把方糖加在杯子里。如果用糖夹或手把方糖放入

杯内。有时可能会使咖啡溅出,从而弄脏衣服或台布。

3. 搅拌

如果咖啡太烫,可以用咖啡匙在咖啡杯中轻轻搅拌使之冷却,或者等待其自然冷却,然后再饮用;用嘴试图去把咖啡吹凉,是很不雅观的动作。把咖啡搅匀以后,应把匙放在碟子外边或左边,以不妨碍喝咖啡为原则。不能让匙留在杯子里就端起杯子来喝,这样不仅不雅观,而且很容易使咖啡杯泼翻。切不可使用匙来喝咖啡,因为匙是用来加糖和搅拌的。

4. 饮法

饮咖啡时应慢慢地将杯移向嘴边轻呷。不宜满把握杯、大口吞咽。喝咖啡时切记不要发出声响来。有时饮咖啡可以吃一些点心。不要一手端着咖啡杯,一手拿着点心,吃一口喝一口地交替进行。饮咖啡时应当放下点心,吃点心时则应放下咖啡杯。

5. 咖啡宴

在外交场合,常常为女宾举办咖啡宴,作为夫人们彼此结识的一种有效的非正式方式。若咖啡宴于上午11时举行,则客人们应于12时之后离开。

在咖啡屋里,举止要文明,不要盯视他人。交谈的声音越轻越好,千万不要不顾场合而高谈阔论不已。

在家中请人来喝咖啡,通常安排在下午4时以前,一般不用速溶咖啡。届时应准备一些点心。女主人负责给客人们倒咖啡,坐着倒就可以了。

(五)餐厅用餐的基本礼节

(1) 注意说话的音量。文雅的行为会让人愉悦,嘈杂的笑声会惹人烦恼,特别是女性尖锐的声音,在餐厅尤其要注意。

(2) 尽量避免换座位。服务生尤其讨厌客人换座位。

(3) 不在餐桌上打电话。

(4) 如果附近有一面镜子,记得不要对着镜子梳理头发、查看口红、拉直领带等。在餐厅里被人看见做这种私事,非常不礼貌。女性在商业餐会的餐桌上补妆,也绝对不礼貌。

(5) 女性不要将手提包放在餐厅的桌上。应放在腿上或椅子上。若防偷,可以放在椅背上。

(6) 别把纸张、档案和工具放在餐厅的桌上,它会破坏旁边用餐者的情绪,而且有碍服务生服务。

(7) 如果你正在减肥,或对某种食物敏感,或不能吃你面前的食物,这时什么也别说,再没有比节食更令人乏味的话题了。若你不吃供应给你的食物,应推荐给别人。若有人注意到你没吃,只要回答你不很饿就可以了。

第四章　社交礼仪

社交礼仪是人与人在社会交往中通过语言、仪表、仪容及举止等表现出来的行为规范。讲究社交礼仪有助于在社会中建立相互尊重、友好合作的新型关系，缓解和避免冲突等。讲究社交礼仪已成为人们社会生活中不可缺少的一项内容，也成为文明生活的一项重要标志。人们在社会交往中一定要遵从社交礼仪，掌握礼节和礼貌行为，为自己的个人形象和人际交往增光添彩。

改革开放把中国推到了世界的面前，市场经济的勃兴促使整个社会交往空前活跃。中华民族在过去的一百多年里，从来没有像现在这样扬眉吐气过；在世界民族之林里，从来没有如此巍然屹立过。八方来客，四面来风，带来了新技术、新思想，也带来了世界各国、各民族的礼仪风俗。世界在变小，交际的纽带在变长，礼仪的内容日益丰富起来。

社交礼仪之所以被提倡，之所以受到社会各界的普遍重视，主要是因为它具有多种功能和作用。社交礼仪可以使人们之间的感情得到沟通，成为人际关系和谐发展的调节器，还会对社会风尚产生良好广泛的影响，纠正人们不良的行为习惯。因此，它不仅有助于个人塑造良好的社交形象，而且有益于社会的文明建设。

每个人在进入就业市场之初，心中忐忑不安自是难免，就连已在商场中打滚了数十载的顶尖经理也不得不承认，当进入一个陌生的新领域、处于混沌不明的情况中，或者与素未谋面、略知一二的人打交道时，心里也仍不免会有些七上八下。

在工作环境中让周围的人觉得自己是个平易近人的人，与大家都能维持良好的社交关系，是每个上班族衷心所愿的事。没有一个人会愿意因为自己不成熟、无知的行为表现，而成为别人关注的焦点。

一个平易近人的人之所以能够在工作场合表现的随和大方，主要是源于他的“无私”，使他得以达到“忘我”的境界，形于之外的举止便不会显得局促不安。在日常的谈话中，只需将“请”、“谢谢”、“对不起”经常挂在嘴边就行了。不必开着进口的名牌跑车，也不必说的一口流利的外语，更无需在点菜时懂得如何选一瓶好酒，“请”、“谢谢”等礼貌用语足以使你给所有的人留下深刻的印象。

“对不起，今晚你必须留下加班，完成这些工作，那些材料我明天七点就要”这是一个拙劣的经理人的表达方式。一个顶尖的经理人会说：“珍，我实在不想叫你留下来加班完成这项任务，不过因为你是唯一能够胜任的人，所以请你务必得帮忙。但我保证，对于今晚所造成的不便，我日后一定会有所补偿。”

第一节　介绍的艺术

介绍，是指从沟通中，使双方建立关系的意思。介绍和被介绍是经常采用的表达方式。介绍最突出的作用，在于它能缩短人们之间的距离。两个不相识的人难免会有隔阂，但通过介绍相识之后，这种隔阂感就会被亲近感所逐步取代。

介绍的另一个作用，就是能帮助扩大社交圈子，加快彼此之间的了解，还可以及时消除不必要的误会。

介绍与被介绍是社交中首要的环节，了解介绍的礼仪就等于掌握了一把通往社交之门的钥匙。特别是那些害怕与陌生人接触、内向而害羞的年轻人，了解这些礼仪可以消除畏难心理，变得自然开朗。

一、正式介绍

正式介绍是在较为正规、郑重的场合进行的介绍。有三条重要原则：一是把年轻人介绍给年长者；二是把男士介绍给女士；三是把地位低者介绍给地位高者。在介绍时，先提某个人的名字是表示对此人的一种敬意。这是一条国际上通行的规则，介绍时应视具体情况加以灵活运用。比如给一位姓张的先生介绍给一位姓王的小姐，就可以做如下介绍："王小姐，请允许我将张光生介绍给你好吗？"然后给双方介绍："这位是王小姐，这位是张先生。"假若女方是你的妻子，则应先介绍对方，后介绍自己的妻子，这样才不会显得失礼。介绍的对象如果是一位年轻的女士与一位长者，则应先提长者，将晚辈介绍给长者。比如可以这样说："王教授，我很荣幸能介绍陈丽来见您。"

正式介绍时，还应注意以下几个问题：

（1）介绍时一般用"请允许我向你介绍……"

（2）当你介绍女士给男士认识时，应先征得女方的同意。可以这样说："我可以介绍王先生与你相识吗？"在得到女士的同意之后，则可以作介绍："张小姐，这位是王先生。这位是张小姐。"

（3）向众人介绍时，应有一个类似征求大家意见的表示，如"请允许我把王先生介绍给诸位"。

（4）当只有三个人的情况时，给双方介绍完毕后，介绍人不应马上离开，尤其当被介绍者是异性朋友时．更要避免双方因初次接触而感到尴尬。

（5）正式介绍时，还可以顺便说上双方的爱好、职务、职业等，给双方提供话题。如："张兵，这位是王丽，我们公司的业余歌手。""王丽，这位是张兵，吉他高手。"还可以找到两人的共同点，比如同乡、校友等，这样无疑会使双方交谈更加顺利，使介绍获得成功。

（6）正式介绍中的商业介绍与其他介绍有较大的不同。商业界中不分男女老幼，社会地位较低的人，总是被介绍给社会地位较高的人。如："王经理，请允许我向您介绍我的秘书魏芳小姐。"

二、非正式介绍

非正式介绍以礼貌、轻松、愉快、自然为宗旨。介绍人可以说"我来介绍一下"，然后作简

单的介绍，不必讲究顺序。

介绍时语言应简洁活泼。如：“李丽，你不是想认识张红吗？这位就是。”最简洁的莫过于直接报出被介绍双方的姓名“李丽——张红”。

非正式聚会中，你可以采用一种随机的方式为朋友作介绍：“李丽，你认识张红吗？”然后给李丽引见给张红。既然是好朋友，介绍时应自然但不要过于随便，“李丽，过来见见张红”，这种介绍让人听起来缺乏友善及礼貌。聚会中，友好、愉快的气氛比什么都重要，为了制造气氛，介绍时不妨稍加夸张：“李丽，这就是我常和你提起的游泳健将张红。”但不能太过分，否则让人觉得你言过其实。

介绍时，一般不只称其中一人为“我的朋友”，因为这样似乎暗示了另外一个人不是你朋友，显得厚此薄彼。

除非特殊情况，人们一般都不习惯于直接问对方：“你叫什么名字？”如果确实很想知道对方名字，可以先向旁人打听：“那个穿天蓝色西装的女孩是谁呀？”然后再与她见面，你便可以大大方方地称呼：“你好，李丽！”如果万不得已需要直接问对方姓名，也应问得婉转一些：“对不起，请问怎么称呼您？”此外，如果有必要，也可以先自我介绍。

三、自我介绍

自我介绍是指把自己介绍给对方，意在使对方能够了解自己。从交际心理看，人们都有一种了解对方，并渴望得到对方尊重的心理需要。这时，如果你能及时、简明地进行自我介绍，这不仅满足了对方的需求，而且对方也会以礼相待，向你作自我介绍。这样，双方以诚相见，就为进一步交往奠定了良好的基础。自我介绍时应注意以下几点：

（一）把握时机

自我介绍的时机有两种：一是主人介绍的话音刚落时，可以接过话头再补充几句。如果有人表现出想进一步了解你的意向时，你可以进一步详细地作自我介绍。

（二）及时简要

当你叩开别人家门，主人出来后看到你是从未见过面的陌生人时，他最强烈的心理就是：“这个人是谁呢？他来找我有什么事？”所以，见到主人，你必须及时、简要地做自我介绍。

如：“王教授，我是××厂的助理工程师王刚。很抱歉，来得太匆忙，事先没有和您取得联系。”这时主人自然会邀请你进屋详谈。

相反，主人出来凝视你半天，你仍沉默或前言不搭后语，主人心里会感到不愉快，甚至对你产生怀疑。

四、介绍的基本礼节

（一）多用顿词、谦词、尊称

比如说：“请允许我向您介绍……”朋友之间，可以用轻松、活泼的方式，比如说：“老李，这就是我常提到的我们单位的才子小张。这位是大名鼎鼎的老李。”

（二）介绍人的礼节

人人都有可能需要承担介绍他人的责任，当需要由你负责介绍陌生人相识时，你却置之不理，便是一种极不礼貌的行为。常常可以见到这样的尴尬场面：某先生与他的朋友甲同行于街上，偶遇他的另一好友乙，两人立即握手寒暄，亲热备至，却置甲于一边而不顾，使甲无所适从；某女士和其丈夫共进午餐，席间遇到自己的女友，两位女性立即亲热聊天，谈笑风生，让男士独坐一旁。这都是不礼貌的表现。在日常生活中不应忽视主动担当介绍人的责任。比如你是一次聚会的主人，你就应主动为客人们做相互间的介绍：当有人请你做介绍时，你应热情表示愿意承担此任。

具体介绍时，应有礼貌地平举右手示意，并且眼神要随手势指向被介绍的对象；不应用手指指划划，或眼手不协调，显得心不在焉。

作为聚会场合的介绍人，应熟悉并牢记介绍双方的姓名和单位。说错姓名、职务、单位是最大的失礼行为。万一突然遗忘，则可讲“王先生，请您认识一下这位先生。嗯……这位先生的尊姓大名是……”这时，被介绍者往往会主动报出自己的姓名。当然，这是迫不得已的方式。应该尽量避免。

（三）被介绍人的礼节

当两人被介绍人介绍相识后，被介绍的双方应趋前握手。握手应注意以下几点：

(1) 握手的顺序。一般来说，握手的基本顺序是：主人与客人之间，主人应先伸手；年长者与年轻者之间，年长者应先伸手；身份、地位不同等者之间，应由身份和地位高者先伸手；女士与男士之间，应由女士先伸手。

(2) 双目注视对方，微笑致意或问好。

(3) 握手时不要看着第三者，也不可显得漫不经心，给人缺乏诚意的感觉。

(4) 握手须用右手，要掌握好力度，不要抓住对方的手使劲摆动，或抓住对方的手半天不放。

(5) 对方如果伸出手来，千万不要拒绝。不管是谁，拒绝与人家握手是很不礼貌的。

(6) 当老人或者贵宾向你伸出手来时，最好能快步上前，用双手相握，并热情问候与致意。

(7) 男士握手前，应先脱下手套，摘下帽子；女士可以不脱手套。

(8) 人多时，握手次序一般应掌握三个原则：先女士后男士，先长辈后晚辈，先近处后远处。但在应用时，也要视具体情况灵活处理。

(9) 人多时，应避免手臂互相交叉。即不要从另外两人中间或从已经相握的两人的手的上方或下方来同他人握手。

(10)如果是在餐桌上互相认识，可以不站起来握手，欠身点头微笑或拱手示意致敬即可。

被人介绍过后，假如有名片的话，应迅速地拿出来递给对方；收取的一方，如果没有名片回送，可说明未带。但如果两个朋友在路上同行，碰上第三者，你的朋友只是有礼貌地简单介绍了双方，那么，你只需跟被介绍者点头微笑或握手便可，递名片是不合时宜的。

（四）充当介绍人或自我介绍应顺其自然

甲、乙双方初次见面，可由第三者介绍，也可以自我介绍，若为他人介绍，首先要察言观色，判断双方是否有结识意愿，不可贸然行事。无论自我介绍或为他人介绍，行为均要自然。例如，正在交谈的人当中有你熟悉的人，你便可趋前打招呼，这位熟人便可顺势将你介绍给其他客人。在这些场合，你也可主动自我介绍，可讲清姓名、身份、单位及职务，对方一般也会随之作自我介绍。

（五）介绍应实事求是

实事求是是人际交往的重要原则。介绍他人时要实事求是，不要过分夸大。夸大其词地吹捧他人，用抬高朋友才能、地位的方法来炫耀自己，是介绍的大忌。介绍他人时，是技术

员的不要说成是工程师，是副教授的不要说成是教授；只是泛泛之交的，不要说成是挚友、好友或“莫逆之交”。

自我介绍时要实事求是，诚实谦虚，决不能谎报自己的职务，吹嘘自己的才能，胡诌自己认识许多社会名流。自吹自擂的自我介绍犹如虚假广告，早晚会被人识破。

（六）介绍应清楚简洁

介绍他人时不能含糊其辞。介绍人的吐字发音应该清晰而准确，以免被介绍双方听错或记错姓名。如向人介绍胡先生与吴先生时，可以稍带说明：“胡，古月胡。吴，口天吴。”遇到生僻的字更应解释。如：“这位是查先生，与检查的查同字不同音。”

介绍他人姓名、单位及身份时，还应注意接受介绍的人能够理清的程度。比如跟文化界以外的人士介绍文化界的赵某时，应说“这位是赵先生，中国作家协会的”，而不要简称“这位是作协的赵先生”，以免接受介绍的人不明白。介绍某单位与公司时，如果不是非常著名、人人皆知的单位名称或公司名称，还应该加上适当的解释。可以说：“王先生，这位是我的朋友李刚先生，正达公司的总经理。正达公司是广州一家有影响的计算机公司。”这样可以加深印象，便于记忆。

介绍，一方面要做到清楚，另一方面还要简洁，使双方彼此认识就算达到目的，不要详细铺陈，更不要废话连篇。

在商场上与人会面时，如何表现的平易近人，懂得以吸引人、有效率的方式与人会面的艺术，是每个社会人士甚为有用的利器。与人见面时，应当态度积极，主动向前，并以动作及言语相互问候。一个经理往往在与人见面的刹那间，即可由被介绍、自我介绍或介绍人的动作中，观察出他随和、可靠、博学的特质。在被介绍的时候，注意你也应立即报上自己的姓名，以防对方一时忘记而出现尴尬。为他人介绍时，要礼貌地用手致意，伸出右手，手指并拢，转动肘关节，做介绍时，不能伸左手，更不能用一个手指指着别人介绍。为他人介绍时，最好先说一些：“请允许我来介绍一下……”，“让我来介绍一下……”之类的介绍词。

介绍自己有很重要的意义。自我介绍时不要打断别人的谈话，要等待适当的时机。如果一个以前曾打交道的人显示出并未记起你的姓名，就不要作出提醒式的询问，最好的办法是直截了当地再自我介绍一下。自我介绍时要分场合，如果是礼节性地认识一下，或人多的场合只需进行简单的自我介绍。

自我介绍有“三自”方针，即自识，也就是对自己要有正确的评价，做到真正认识自己；自谦，在态度上，表述过程中，不要太过分，不要自夸，对自己优点的表述最好用概括性的语言；自嘲也就是一种自信，用贬低自己抬高别人的语言来进行自我介绍，是一种较高层次的自我介绍，往往更能体现出一个人宽广的胸襟。

介绍时，需慢慢地将自己的姓名念出。这么做，可能会让人觉得你好像在夸大自己姓名的错觉，但它却是避免沟通不良的最佳方式。除此之外，我们亦应避免犯一般人不记他人名字的通病。当一个经理人能够很完整的叫出某人的姓名时，这个人的心里面会觉得很舒服，自我意识也会得到提升，而彼此之间的关系自然也会变得更为热络。

五、名片礼仪

在双方相识后，可互留名片。互递名片不仅是很好的自我介绍，而且与对方建立了联系，既方便，又体面。但不能滥用，要讲究一定的礼仪。否则，会给人留下草率、马虎的印象，忽视不得。

呈名片可在介绍前或交流结束、临别之际，可视具体情况而定。递接名片时最好用双手，除非是对有“左手忌”的国家（如印度、缅甸、泰国、马来西亚、阿拉伯各国及印尼的许多地区，他们的传统认为左手是肮脏的）。名片的正面应朝着对方，如是对外宾，外文一面朝上，字母正对客方。一般不要伸手向别人讨名片，必须讨名片时应以请求的口气，如“您方便的话，请给我一张名片，以便日后联系”。

在现代涉外活动中，以通信方式表示祝贺、感谢、介绍、辞行、慰问、吊唁时，可以在名片上写上简短的一句话；或送礼、献花时附上一张名片。国际涉外交往中这都是很常见的。

（一）名片的使用

名片通常是在这些情况下使用：一种是带有商业性质的横向联系和交际；一种是社交中的礼节性的拜访；另一种是在某些表达感情或者表示祝贺的场合。交流拜访用的名片，多数用于以下几种情况：

(1) 在赠送礼物时，将名片包在礼物里面或附在礼物外面（不过应注意，只有当礼物要别人代送时才需要附上名片）。

(2) 在赠送鲜花或花篮时，把名片附在花束上。

(3) 在非正式的邀请中，用名片代替请帖。如邀约很熟的朋友小聚，只要在名片上写几句话以及写明时间和地点。

(4) 当朋友送来礼品或书信时，将名片代作收条或谢帖。

(5) 新朋相识，在他人介绍或自我介绍后，若有名片，可立即取出送给对方。

(6) 如去会见某人，直接去找不太方便，可在介绍信中附上名片，这样即使他人无意会面，也不会尴尬。

(7) 若拜访好友或相识的人未见面，在深感遗憾之时，留下一张名片，上写“很遗憾未能一见”，“很遗憾来访未晤”等，也是友善的表示。

（二）使用名片的注意事项

(1) 应有分寸，不可滥发；

(2) 应亲笔写几句问候的话并签名。假如贺卡上只有几句冰冷冷的铅字，会让人觉得你敷衍了事；

(3) 接受名片要毕恭毕敬，使对方感到你对他的名片很感兴趣。接过名片后，一定要看一遍，绝不要一眼也没看就藏起来，有看不明白的地方可以请教，对方一定会高兴地告诉你；

(4) 把名片放在桌上时，不要在它上面压上别的东西，不然会被对方认为不恭敬。

第二节 握 手

一、握手的意义及传达的讯息

美国著名盲女作家海伦·凯勒曾以自己独特的感受描写与人握手的经验。她说：“我接触过的手，虽然无言，却极有表现性。我握住冰冷冷的手指，就像和凛冽的北风握手一样。而有些人的手却充满阳光，他们握住你的手，使你感到温暖。”

通过握手，我们可以了解对方的性格，情感状况，待人接物的基本态度等。握手应根据不同的场合，不同的对象自觉地应用各种具体的样式。

人们在日常的社会交往中，见面时首先都要相互致意，通常被称为招呼。不同的国家民族由于他们长期以来形成的习惯不同，其招呼的礼仪也是各不相同的，有点头、握手、拱手、拥抱或鞠躬等。但其中最为通行的是握手礼。

握手多用于见面致意和问候，也是对久别重逢或多日未见的友人相见或辞别时的礼节。据说，握手最早可追溯到“刀耕火种”的年代，当时人们手里经常拿着棍棒或石块等武器，准备去狩猎或打仗。当在路上碰到不属于自己部落的陌生人时，如果双方都无恶意，就要放下手中的东西，伸开手掌让对方抚摸掌心以表示亲近、问候之意。这样，以摸手掌表示友好的习惯便沿袭下来，久而久之，演变成今天的握手礼节。

握手也是和平的象征。又据说握手礼来源于中世纪。当时打仗人人都戴盔披甲，全身除两只眼睛外，其余部分都包裹在铁甲中，随时准备冲向敌人。人们如果表示友好，互相接近时就脱去右手的甲胄，伸出右手表示没有武器，并互相握一下，这样即为和平的象征。发展到后来，某交战双方的领导人如果有诚意坐到谈判桌上来，见面时握手就表示双方愿意和平共处。一旦签订停战协议，互换文本时，双方代表握手，就表示和好，并含有化干戈为玉帛的意思。

握手除了作为见面、告辞等礼节外，习惯上还是一种祝贺、感谢或相互鼓励的表示。

握手通常是你与他人的第一次身体接触，而握手这个动作给人什么样的感觉，跟握手礼仪有相当大的关系。

二、握手礼仪

（一）握手的主动权

异性之间，主动权在女方，但如果男士是长者或上级。男士可以先伸手。宾主之间，迎客时，主动权在主人一方，表示欢迎对方来访；送客时，主动权在客人一方，表示告辞。长幼之间，主动权在长者一方，长者如果不伸手，年幼者应先问候。上下级之间，主动权在上级。

在社会交际生活中，如果一个人需要同许多人握手，那么最有礼貌，符合礼节的顺序是：先长辈后晚辈，先女士后男士，先上级后下级，先老师后学生。在官员接待场合，握手应当是按照行政职务由高到低的排列顺序，依次握手。

1. 对等式握手

对等式握手又称作普通式握手。握手时两人伸出的手心向左，手掌直垂。这种握手方式多见于双方社会地位都不相上下时，是一种平等、友好、礼节式的握手方式。

2. 谦恭式招手

这种方式也称为顺从式握手。用掌心向上或左上的手势与对方握手。用这种方式握手的人往往处于被动、劣势地位，也可能这种人比较谦逊，对对方比较尊重、敬仰，甚至有几丝畏惧，往往用于后伸手的一方，比如年幼者、下级等。

3. 支配式握手

支配式又叫控制式。用掌心向下或向左下的姿势握住对方的手，这样的人想表达自己的优势、地位、资格、对对方的支配权等，一般说话干脆、办事果断、高度自信。在谈判的双方，处于优势的代表或者社会地位较高者往往采取这种方式。适用于先伸手的一方。

4. 双握式握手

美国人称之为政客式握手。具体方式为在用右手握对方右手的同时，再用左手握对方的手背、前臂、上臂或肩部。

使用这种握手方式的人表达的是一种热情真挚、诚实可靠的感情。显示自己对对方的信赖和肯定。从手背开始，加握对方的部位越高，其热情友好、信赖对方的程度也就越高。

5. 手指式握手

女性与男性握手时，为了表示自己的矜持与稳重，往往来用这种方式。具体方式为，伸出右手，只握住对方的几个手指或手指尖部，这种握手方式在同性之间不宜使用，那样显得比较冷淡和生疏。有一些显赫的人物及贵妇人，与人见面伸手时，往往只伸出两三个指头一提了之，以显示自己尊贵的地位。

6. 拉臂式握手

将对方的手拉到自己的身边相握，且往往相握时间较长，这常常是社会地位较低者，特别是自卑感极强的人在与社会地位较高者握手时采用的形式。这种人往往过于谦虚，在他人面前唯唯诺诺、轻视自我，缺乏主见与敢作敢为的精神，办事小心谨慎。

握手时眼睛应该注视着对方，面带微笑（丧礼除外），自然大方，腰板挺直，但遇到身份、地位较高者以及长辈，上身应略微前倾，头稍稍低一点。

握手时应站立，在谈判桌上可以坐着握手，在餐桌旁一般不握手。

（二）行握手礼的分寸

1. 何时需要握手

(1)当你遇见认识的人；

(2)当你与人道别；

(3)当某人到你的办公室，以及当他离开时；

(4)在商业或社交场合有人为你做介绍时，以及当你要离开他时；

(5)当你向某人道贺时(在演讲或颁奖之后)；

(6) 当你要安慰某人时，这种情况下，握手可能会持续几秒钟；

(7) 当对方的手有关节痛或受伤不便握手时，则改以握住他的前臂或上臂问候。

2. 什么情况下不宜握手

(1) 当对方双手满是东西；

(2) 当对方阶层比你高很多，而你又没什么话要对他说。这种情况下，如果刻意上前去与之握手并介绍自己，便显得别有用心了；

(3) 当对方一手正吃着开胃菜，而另一手正拿着饮料，这时最好以点头微笑示意为宜。

3. 握手时应注意的礼节

(1) 从握手中，往往可以窥测一个人的情绪和意向，还可以判断一个人的性格和感情。

(2) 当你加入一个聚会，应先与主人握手，再和他人握手，当你离开时也应与主人握手道别，但有时也需要变通。如主人正与别人谈话，如果硬要闯入道别反而显得粗俗无礼，最好先径自离去，稍晚再打电话或写张便条表达谢忱。

(3) 有的时候，对方可能没注意到你伸出去的手，这时只要微笑地收回你的手即可。如果对方不是有意不和你握手，则无需太在意，前几秒你也许会尴尬，但只要经常握手，谁都会碰到这种情况。

（4）与女士握手的讲究。如女方愿意，应由她先伸出手来，男子只要轻轻一握就可。女方仅以微微欠身或用点头、说客气话来代替握手也可。一个男子如果主动伸手去和女子握手，特别是初次见面的女子，是不太适宜的。握手之前，男子必须先脱下手套，而女子在握手时可以戴着手套。握手时，双方都应注视对方，不可漫不经心，或与第三者讲话。与女性握手，最应当掌握的是时间和力度。一般来说，握手不宜握得太紧，不能长时间握住对方的手使劲摇动，但如果用力过小，也往往会使人感到你是一个拘谨或者傲慢无礼的人。因此握手必须因时间、地点和对象而异。

（5）握手时应两手上下抖动，不能左右晃动。

（6）当自己的手脏、湿等情况时，应亮出手掌向对方示意、声明并致歉。

（7）在多人同时握手时，不应交叉握手。当自己伸手时，发现别人已伸手，应主动收回，并说“对不起”，等别人握完后再伸手相握。

（8）在与一个人握手时，应边握手边寒暄，不能与一个人握手的同时与另外一个人交谈。

（9）无故不与对方伸出的手握手是非常不礼貌的。

一个令人愉快的握手，感觉上是：坚定、有力，代表这个人能够做决定，承担风险，更重要的是能够负责任，以诚挚、热情的握手，来显示他多么高兴认识你；令人反感的握手，感觉是：犹豫、不爽快，好像在告诉别人我不是做决定的人，让人感觉你软弱、狡猾、没有生气，跟你握手好像手握一条死鱼。

至于用力要把对方的骨头捏碎似的，给人的感觉是一样的糟糕。正确的握手应该给人干爽，触感很舒服的感觉；而湿黏，冰冷的手，就好像你才长时间握着一杯冰水，会让对方留下不悦的印象。

第三节　公共场合的礼仪

在商场上相互问候时，微笑、握手以及点头示意是最常见的方式，但有些时候在两个亲密朋友之间，无论对方是同性还是异性，拥抱可能更能表达彼此的热诚。

亲密的拥抱是表达友谊、情感的一种方式，传达两个好朋友间同甘共苦，休戚与共的情谊。

一、拥抱礼

在西方，拥抱是与握手一样重要的见面礼仪。熟人之间、生人之间、男士之间、女士之间、异性之间，都可以热烈地拥抱。不过，世界上有些国家和地区的人，见面时不大喜欢拥抱，我们国家就是如此。但是，随着涉外交往的增加，我们要与外国朋友打交道，有时也会行拥抱礼。

在欧美各国、中东和南美洲，亲友、熟人见面或告别之时，常常使用拥抱礼，并常与亲吻并行。视场合和关系不同，拥抱分为热情拥抱和礼节性拥抱（或轻轻搂一搂）。拥抱不但是

人们日常交际的重要礼节，也是各国领导人在外交场合中的见面礼节。它和亲吻一样，也是通过身体某一部分的接触来表示尊重和亲热。拥抱可以理解为缩短了距离的握手，或者是胸部的“亲吻”。拥抱礼的标准方式：两人相距二十厘米相对而立，各自抬起右臂，将右手扶着对方的左后肩，左手扶着对方的右后腰，双方的头部及上身向左前方相互拥抱，礼节性的拥抱即到此结束。如果为了表达更为亲密的感情，与此同时亲面颊的方式是左一右二交替。作为公关礼仪的拥抱，双方身体不宜贴得太紧，拥抱时间也较短，更不能用嘴去亲对方面颊。西方人在商务往来中一般不使用拥抱礼。

在大部分拉美国家，拥抱同握手一样普遍。

见面时拥抱，分手时也拥抱。他们常常长时间地搂在一起，如胶似漆。当然，行拥抱礼要注意场合，如果你出席的是商务活动，就不要和对方拥抱。在我国，除了外事活动以外，在普通的社交场合中，一般情况下不拥抱。如果是涉外交往，我们更应注意所交往者的民族习惯，有的国家和地区的人，见面时不大喜欢拥抱，比如印度人，见面不拥抱，也不握手；日本、英国、东南亚等国也没有见面拥抱的习惯。

二、吻礼

吻礼是产生于西方社会交际场合的一种礼节，据说诞生于古罗马。那时古罗马帝国严禁妇女饮酒，男子打仗归来，常要先检查一下妻子是否饮了酒，便吻一吻她的嘴，这样相沿成习，后来逐渐扩展到社交场合。吻礼包括吻手礼和亲吻礼两种。随着对外交往的广泛开展，这种礼节也会在涉外交际活动中遇到，应该有所了解。

亲吻不同于接吻，它因行礼者相互关系的不同而亲吻时“接触”的具体部位也各不相同。长辈与晚辈亲吻时，长辈亲吻晚辈的额头；晚辈则亲吻长辈的下颌。平辈亲友、熟人之间只能相互轻吻一下或轻轻贴一下对方的脸颊。虽然亲吻礼在西方比较流行，但是即使是夫妻或情侣也不在大庭广众中亲吻，有些国家还明令禁止人们在街头接吻。有的国家亲吻礼仅限于同性之间使用。

（一）吻手礼

吻手礼是流行欧美上流社会异性之间的一种最高层次的见面礼。行吻手礼时，男士行至女士面前距离约 80 厘米，首先立正欠身致敬，女士先将右手轻轻向左前方抬起约 60 度时，男士以右手或双手轻轻抬起女士的右手，同时附身弯腰以自己微闭的嘴唇像征地接触一下女士的手背或手指，要稳重、自然、利索，不发出“吮”的声音，不留“痕迹”。行吻手礼仅限于室内，而且主要是男士向已婚女士表示的一种敬意。在法国、波兰和拉美的一些国家里，向已婚女士行吻手礼，是男士有教养的表现。在涉外场合，如果外方男士向中方女士行吻手礼时，应礼貌地予以接受。

吻手礼仅限于在室内进行，在街道、影剧院等公共场所，男士不能向女士行吻手礼。如果男士在室内社交场合，来到女士面前垂首致意时，女士若将手臂向上微微抬起，则是准许男士行吻手礼的表示。吻手礼限于男士对自己特别敬重和爱戴的已婚女士表示敬意。未婚女士不应享受这种礼遇，所以，如果你是一位女士，不要轻易抬起右手，这种男士向女士表示崇高敬意的礼节，一般适用于对祖母、母亲、有较高地位的夫人、上司夫人等。

吻手礼是在室内正式场合进行的。因而男士和女士都必须着礼服。需要注意的是，吻手礼所轻吻的部位应当是女士的手背或手指，不可以吻女士的手臂。行吻手礼时，如果呕呕作响或把唾液留在女士的手背上，是十分无礼的，应是双唇轻碰对方的手，不出声响。

（二）接吻礼

接吻礼，作为一种重要的社交礼节，是表示亲密、热情和友好的一种礼节。吻的部位不同，表示的含意也完全不同。一般而言：吻手表示敬意；吻颊表示欢喜；吻唇表示恋爱；吻额表示关爱；吻眼表示幻想；吻掌表示热情。

见面时如果想表示亲近，女子之间可以互相亲脸，男子之间抱肩拥抱，男女之间互贴脸颊，长辈可亲晚辈的额头。

以亲吻为礼节时，需要注意不要发出声响。以拥抱为礼节时，需要注意不要用力过猛而把对方弄疼。同时不论是亲吻还是拥抱都不可以勉强对方，而要注意场合。在阿拉伯世界，亲吻礼是不能用到异性之间的。西方在进行商务活动时，是不以亲吻或拥抱为礼的。

对美国人而言，在办公室亲吻往往代表两人之间的关系已突破一些人际关系的框框，除非他们是已婚的夫妇，但即便是如此，也最好在私底下亲吻。

至于两个人如果是脸颊对脸颊，口中啧啧做声的行"空气吻"，那实在是做作、虚伪不过了。有时因为他们"久别一周"的重逢，一边行空气吻，一边高声叫着，这样的举动既愚蠢又无聊。对一个到办公室来访的外人，如果也来这么一招，真是令人不敢恭维。

三、举手投足皆有礼

仪表举止是人的外在表现。虽然人人都懂得"不以衣貌取人"、"人不可貌相、海水不可斗量"的道理，但在具体交往过程中，外在表现确实影响着人的感觉、情绪、印象以至交往结果。为了给人以良好的第一印象，形成和谐的交往气氛，顺利地进行交往，以达到理想的交往效果，促进精神文明建设，我们必须重视自己的仪表举止。

达·芬奇曾经说过："从仪态知觉人的内心世界，把握人的本来面目，往往具有相当的准确性和可靠性。"可以说，用优美的体态表达礼仪，比用语言更让对方感到真实、美好和生动。

一个人行为态度的好坏，随时可在他的一举一动中显示出来，尤其是在走动时，因为目标显著，更容易成为别人关注的对象。无论是在起居室，还是在幽暗的戏院、教堂的通道，公司的礼堂或者是机场狭窄的走道上，你走路的方式泄露出相当多讯息。

有的人走起路来总是显得匆匆忙忙，莽莽撞撞，吵吵嚷嚷，一副唯恐天下人不知的模样，这是不礼貌的。正确的走路方式应该是安静而不费力，让旁人甚至察觉不到你在走动。

边走动边大声说笑，对周遭需要安静思考问题的人而言，实在是一大干扰。这么做的人，通常是比较缺乏自信的人，他们希望借此来吸引别人的注意。

在公共场合应该遵循以下原则：

（1）在公共场所走动时要张大眼睛，注意四周，小心不要撞到别人。

（2）进入别人的房间或者是友人到你的办公室时，永远将最好的座位留给客人。

（3）拿着皮箱、背包、公事包或雨伞，又要在人群中疾走时，千万注意不要碰到别人，同时别忘向四周的人轻声道歉。不小心碰到人时，应立即微笑道歉。在大多数情况下，你的歉意都能降低对方的不快。

四、开门、关门的礼节

男士与女士一起通过门关时，男士应先一步把门打开，让女士通过。或者站立在已敞开的门口，让女士先行通过。在遇到关着的、沉重的门时，更为实用、简单的方法还是男士先把门打开，并拉住门，等女士通过。

遇到转门时，如果门已在转动，那么女士应该先男士而入；如果门没有转动，又恰好有一个位置，那么男士应该推动门转起来。如果位置不合适，男士就应该先进去，使门慢慢地转起来，让女士进到后面的一个隔断。任何懂礼节的人——不管是男子还是女子——都应该拉住门等后面的人进来，除非后面的人离得较远。为后面通过门的人稳住门是基本的礼貌，后者在通过门厅时要向稳住门的人致谢。为赶搭电梯的扶住电梯门，也是同样的道理。试想当一个人跑得气喘吁吁，满脸通红，只为抢搭一班电梯，而你只要伸手按一下“开”键便能满足别人，这样的举手之劳，何乐不为？

第四节　应对失误

一、以幽默的态度面对自己的过失

一个人在犯了某些严重的错误后，如果不能够学会迅速抚平心理的创痛，这个错误所带来的伤害可能会持续一段很长的时间。一个刚出学校踏入社会的人，发现自己犯了相当严重的错误后，通常都会严重自责，他愈是自责，愈会使周围的人跟着他一起难过、不愉快。

其实，犯错之后，退一步想想，不要太钻牛角尖，坦然面对一切，你会从错误中找到自己。看看有没有其他人或你的公司，因为你的过失而受到伤害或名誉受损，如果有，尽快依受害的程度和种类，采取必要的补救措施，譬如道歉或做实质性的赔偿等。

二、严重的过失需尽速道歉

如果只是日常常见的小失误，不妨以自我嘲弄的方式来化解，因为旁人可能觉得你已经够倒霉的了，也许一开始就已经打算原谅你了。

你如果拿自己开玩笑，定可使在场的人心情为之一松，提振了大家的情绪。但小玩笑并不能用来取代应有的道歉，因此，它应该在道歉之后才说，而不是道歉前，时机的拿捏是很重要的，时机不对，不仅幽默未达效果，有时还可能造成反效果。而以自己为取笑对象，所发挥的效果比取笑别人来得大。

虽然“人非圣贤，孰能无过”，但也不能就此认为别人应该原谅你的过失。对于别人的宽恕，应视为天大的恩赐，而心存感激。

第五节　与他人相处之道

一、职场应注意的礼仪风范

有些人给人的初次印象曾是深刻的，被雇用时，满怀稳步晋升的希望，但最终却未能如愿。其原因何在？他们可能十分具备晋升资格，睿智和有创造力，但是由于对工作中的小节不注意，结果导致了失败。一位在商业上取得成功的雇员，会对以下方面予以注意：

1. 衣着

衣着必须整齐、清洁、高雅并与工作环境相称。

2. 口才

口才欠佳对于雇员在商业上取得成功有着阻碍作用。各公司不会将口才不好的人员安排在经常与外界接触的工作岗位上,这是事实。在公司工作的人,要努力提高自己的口才,必要时参加有关的培训课程。口才欠佳是商业经营中的一个障碍。

3. 态度

遇事采取积极的态度要比牢骚满腹和消极反抗更为有利。你可以对公司的服装规定或休假制度持不同意见,但倘若你拉拢其他同事支持你的看法,就很难有提升的机会。你必须作出抉择:是向公司挑战?还是争取事业上的成功?

4. 遵守时间

要按时上班,按时赴会。要按期递交工作报告,不要总是拖到规定期限时间还没完成。如果无法在规定时间内完成工作,在接受任务时要向上级声明,并要有充分理由。

5. 准确性

公司经理人员时常因为职员办事缺乏准确性而忧虑重重,如将词汇和标点符号写错、将姓名拼错、将地址写错、将语法弄错或者将句子和段落写得互不连贯等。如果自身知识面窄,文化功底欠佳,应通过参加职业培训或自学相关课程来弥补。如果上述的错误是由于粗心造成的,今后务必要引起重视,毕竟你的每个错误对今后的前途有一定的影响。

6. 充分利用时间

在工作中总会遇到一些打乱你工作计划的人。对于无意义的要求,可以有礼貌的拒绝。

如果有人在电话中和你喋喋不休地聊天,你可以在弄清他来电话的目的后与他话别,可以说:"我明白了,我会将正式表格寄给你。谢谢你来电话,但我现在必须挂了。"

如果你和某人的约会已经结束,而对方还没有要走的迹象,你应该站起来说:"非常抱歉,我有些工作必须做完不可。"

如果某人问你"能腾出一分钟时间吗?"而实际上你没有空闲的时间或知道他所谓的一分钟将会拖到一小时,你必须坚定地说:"现在我只能腾出一分钟,如果你需要更多时间的话,那么我们只好另找时间。"

7. 体谅别人

应该尽力关心周围的人。一个办公室像一个家庭一样,各种性格的人聚集在一起并且频繁接触。倘若你关心和你一起工作的人并且避免惹他们生气,那么你就能提高他们的工作干劲。在同事生日时送一束鲜花,主动帮助需要帮助的同事,别人集中精神工作时注意保持安静,所有这些都有助于创造一种令人愉快的气氛,并能使你获得善于与人共事的良好声誉。

体谅别人,可以避免一些尴尬事情的发生。例如,当你在别人办公室时,电话铃响了,你并不知道电话的内容是否涉及私事,你应站起身来轻声询问需要不需要你在外面等候;如果有人走进办公室找某人而某人又恰巧不在,你最好询问对方需不需要你的帮助。简言之,体谅别人就意味着自觉遵循一些没有明文规定的准则,在别人提出帮助请求之前就主动相助。

关于冒犯和主动之间的微妙界线:在办公室中,上司和同事对冒犯行为都很厌恶,而对主动帮忙则非常欢迎。两者差别在于,冒犯表现为把自己的意见强加给别人,妄自尊大,而主动是一种询问,是一种帮助,没有任何强加之意。

二、职场应避免的细节

正像为了在商业上有所成就，而不能忽视许多细节一样，如果对某些细节不设法避免，那么登上公司等级阶梯只能是一种幻想。

(1) 多嘴多舌：无论是在工作中还是在其他场合，都不要与同事谈论公司内的人员。话很容易会传到被议论的人的耳朵里。

(2) 缺勤：尽量不要缺勤。如果允许有三天事假或十天休假，不要因为这些假日已经给你，就一定要用掉它们。可以在确有需要时再享用这些假日。避免当一个疑病症患者，不要让头痛或伤风妨碍你的工作。缺勤记录是存入个人档案内的，这关系到个人声誉。

(3) 乱糟糟：应保持个人整洁，头发要梳齐，衬衣要掖在裤内，鞋要擦亮，衣服应烫平。办公桌和退还的公文纸张也应整洁，乱糟糟往往会给人以粗心大意的感觉。

(4) 讨论私事：个人问题应该留在家里处理。即使你的同事是朋友，也不要在办公室内讨论私事，有事可在外面谈，免得惊动全体职员。晋升主要靠的是能力，将私生活带到工作中不但不能为你的工作表现加分，相反地，还会让人怀疑你的职业精神和专业能力。

(5) 泄密：对于你接触到的机密资料应该保密。你可能会听到尚未宣布的计划，或经手打印一份尚未发表的报告，或负责将私人文件入档，但是不要泄露材料内容。如果你不清楚文件是否属于机密，你应该问清楚。请记住，你的工资和其他人的工资都属于机密，也应保密。

(6) 家庭成员到办公室：对于你的配偶和孩子来说，到你所在的办公室看看你的办公环境，在有计算机的办公桌前坐坐，用一下复印机，见见你的上司和同事，这一切都可能是激动人心的事。但是这对你事业上的前途是没有任何积极作用的。如果他们一定想看看你的办公室，你可以在周末没有其他人在场时带他们去。

(7) 私人电话交谈：倘若并非十分紧急，你应尽量避免在上班时打私人电话。经常在电话中谈一些琐事总会让别人听到，既干扰别人工作也容易给自己招来“不称职”的丑名。

(8) 浪费时间：上班时间不要电话聊天、闲逛、看杂志以及与同事聊天等。要坚守工作岗位，如果暂时手头没有工作，可以去帮助别人。设想一下，浪费那些实际上是属于公司的时间，会给你的上司造成什么印象呢？

(9) 借用：正像莎士比亚所言“既不作借者亦不为贷者。”同事向你借透明胶纸带或一张邮票时，你往往不好意思拒绝，但是你自己可以避免向别人借东西。经常向别人借东西会浪费别人的时间，并且消耗别人的存货。频繁地向别人借钱更是不可取的，这样做可能会破坏你与别人的良好工作关系。

(10)粗秽语言：在公共场合应避免讲一些粗秽的语言。不管办公室内其他人是否讲，你都不应该讲，讲多了没益处。

(11)嚼口香糖：口香糖应该留在家里嚼。在办公室嚼口香糖会使别人产生紧张的感觉，有时还产生噪音，使雇主产生厌恶感。很难想象，一个嚼口香糖的经理会步步高升，一位嚼口香糖的推销员会获得成功。

(12)服装：在商业圈打拼的女士尤其要注重着装得体。不能为了有“女人味”而穿大领口，短而紧的裙子，这样会引起他人对你职业能力的怀疑。为了增强职业能力的信任而特意穿剪裁过于朴素的细条纹西装也未必会成功。成功的关键在于恰如其分，也就是说，衣着固然要符合女人的身份，但是更要符合商业界女人的身份。商业界的女士可以穿加褶边的衬

衫和印花衣料的连衣裙,也可以穿便服并戴一条色彩鲜艳的围巾;可以佩戴一些小巧的珠宝,也可以喷洒少许淡雅的香水,做得恰到好处就行。

三、职场应注重团队合作

一个优秀的经理人行事有智慧,一个成功的经理人不会忽视工作团队的重要性,他应该:

(1) 绝对遵从“有功必赏”的原则,并且在众人面前表彰有功人员;

(2) 在提及他的部门时,永远用“我们”而非用“我”来代表;

(3) 绝不会轻率地侵犯其他经理的业务领域;

(4) 在接人待物上以身作则,成为下属的榜样;

(5) 当同事或朋友有难时,主动伸出援手;

(6) 在任何场所服装打扮都很恰当,不损公司形象;

(7) 熟谙并且谨遵礼仪规范,并懂得对上司表示适当的尊重;

(8) 懂得如何赞美别人与接受别人的赞美;

(9) 在社交活动中,深知“过犹不及”的道理,凡事决不强求;

(10) 知道部属的专长,并且各依所长分派适当的工作;

(11) 具有幽默感,这是仅次于仁慈的第二大资产。

能够给予办公室的每一个人相等的尊重和关怀的经理人,无论是部属与同仁,均乐意并且协助其成功,如此一来,将更具备成功的条件。这意味着:当你走进办公大楼,无论你当天心情如何,均应向每个迎面而来的人问候,道声早安。你当时可能肚子不舒服,或患有重感冒,或刚和你爱人大吵一架,心里正一肚子火,但这都不构成你摆出一张臭脸的理由,因为别人对你的烦恼一点没兴趣,他们可能自己也是一肚子不愉快,正需要别人给他加油打气。不要将自己的坏情绪传染给别人,而应该用一张开朗的脸带出大家的好心情。

微笑是会迅速扩散的。这话听起来好像是骗人的,但它是千真万确的。一个温和或热诚的微笑能够使得整个屋内的气氛为之一变。所以无论你在公司里的职位有多高,在每天工作的一开始,记得对每个人道声“HELLO”,并且带出办公室里的微笑。而这正是时下一些年轻经理人尚未能充分体会的。

四、职场发展友谊

办公室是发展良好友谊的所在地。一个好的经理应在工作中多交朋友。对许多人来说,办公室仅仅是他们工作的主要竞技场,他们往往无意于,或是缺乏时间,在这个圈子结交朋友。其实,我们每周的大部分时间都是与同事在一起,具备许多发展友谊的丰富条件(但如果你是单身,而将办公室视为结交男女朋友的最佳处所,这可就是相当不理智了)。在工作中维持最佳的人际关系,对一个寻求工作愉快、有效率的经理人而言,是非常重要的;对公司而言,整个工作场所员工之间人际和谐、士气提升,带来的无形效益更是难以估量。在培养友谊上,谨记以下几件事情:

(1) 放开胸襟,友善对待每一个人,而不是专挑那些已经颇受欢迎,或者在公司已相当知名的人交朋友。在寻求某人的友谊时,不巴结,不逢迎,比如邀请某人吃午餐是很好的,但一连五天邀请他就有些过分了,有拼命讨好对方之嫌。要让友谊慢慢,自然地发展。

(2) 在办公室寻找与你志同道合的伙伴,例如打网球、逛画廊、看电影、学习烹饪、上健身房、参加音乐会等。一个与你有相同嗜好的人,往往是可能成为好朋友的人。

(3) 不要随意打断别人的工作,不能因为你现在没事就到处走动,找人闲聊。

(4) 切勿奢求参与新朋友的社交生活，至少在刚开始的时候是如此。一般而言，友谊都是在办公室循序慢慢滋长的。

(5) 切勿对朋友办公室里的其他友情心生怨愤。嫉妒是良好人际关系最大的杀手。

(6) 做朋友永远的支持者。成功时，分享他的喜悦；失意时，安慰他，鼓励他，让他重燃起对未来的希望。

五、办公室里的相处之道

在工作中时常会遇到一些与同事相处的难题。与同事相处是一门难学的艺术，掌握好了这门艺术，开展工作就如履青云，非常顺心了；但如果没有掌握好，就如陷入泥淖，举步维艰。

1. 衣着整洁，形象端正

别人对你的第一印象往往是从衣着来判断的。整齐、干净、整洁的衣着会给人一种精干、自信的感觉，同时也能体现出你的气质性格和欣赏水平。过于邋遢的衣着，或者衣领上沾满头皮屑，都会令人反感，同事看了会很不舒服。

2. 充分尊重他人

和同事相处要不卑不亢，谦恭有礼。遇到同事应主动上前打招呼，常以微笑面对同事，去办公室先敲门问好。这样，同事也会真诚相待。有礼貌的人通常会给人留下好印象。

3. 说话掌握分寸

不要整天叽叽喳喳说个不停，描述事情要避免极尽夸张。交谈中一些“推心置腹”的诉苦也许能构筑出一种“保安般友谊”，但喋喋不休的抱怨会让你身边的人苦不堪言。不要以为直爽就是真诚的表现，不想口是心非，可以保持适当的沉默。

4. 难得糊涂

个别的人喜欢在工作中拉帮结派，你若不愿参与，喜欢做“自由人”，就尽可能假装糊涂，冷眼旁观，与其保持一定的距离。

5. 防人之心不可无

明枪易躲暗箭难防。利益关头时，再好的同事关系也会变得脆弱、不堪一击。所以在日常交往中不要随便暴露自己个性的弱点，也不要轻易显露个人的欲望和企图。

第六节　行政助理或执行秘书

一个能够灵活、周到地协调公司员工以及与外界关系的秘书或行政助理，将会大大提升公司的形象，亦可建立公司特有的风格。一个好秘书的灵活处事方式，能够做到即使拒绝了他人的要求，他人在离开时也不会心怀怨愤。

丽堤蒂雅·鲍德瑞奇的职业生涯的第一份工作就是秘书。在当时，学商的女性还很少读到研究生，她拥有双语能力、心理学硕士学位以及多年在欧洲生活的经验，由于她是女性，而未能成为外交人员，只得作为驻外单位的秘书。但是，她凭借着她所拥有的办公技能，得以与许多有权有势的“大人物”共处一室。正是这份秘书工作为她开启了通往外交、白宫权力的大门，她亦得以深刻地了解和见证美国在 20 世纪后 50 年的政治与历史发展。这是一

般人很少能够拥有的良机。

在所有工作里面，秘书工作大概是最不为一般人所感激和理解的。其实一个真正从事此行业工作很久的专业人员，凭他们在公司多年的经验，他们所掌握的公司情况，可能比他们的老板还要清楚详细。一些深受其惠的高级经理承认，自己之所以能够有优异的成就，完全要仰仗背后秘书人员大力的支持和协助。

随着社会的发展和技术的进步，现在的秘书已无须操作一些烦琐、例行的事务，他们得以从事更多样化的工作内容。一个有效率的行政秘书，应该被视为整个管理阶层的一环。随着秘书地位的提升，他们的头衔也应有所改变，他们的工资与福利也应相应调整。以下是现代秘书的一些称呼：执行助理；行政助理；特别助理；行政专员；私人助理；参谋助理；行政参谋助理；参谋专员。

第七节　办公桌上进餐的礼仪

如果你必须在自己的办公桌上进餐，应该注意不要把用过的杯子或盘子到处乱放，同时，一定要擦干净落在桌子上的面包屑或汤汁。应该吃一些食用方便的食物——三明治、酸乳酪、乳酪或水果，而不要吃带汁的色拉或软而粘的意大利式乳酪鸡肉。

看着某人吃东西并不是一种令人愉快的消遣，所以，如果你必须在自己的办公桌上进餐，应尽量等到周围的人都出去以后再进餐。你应极为注意自己的进餐风度，特别是在旁边有人的场合。在嘴里塞满食物的情况下不要去接电话。一旦进餐完毕，应尽快将那些可处理掉的饭盒、餐具扔掉，最好扔进办公室外面的隐蔽垃圾箱或密封垃圾箱，不要随手丢在你办公桌旁的废纸篓中。丢弃的残食不雅观，气味也不佳。

在办公室进餐，应注意以下几个原则：

（1）切忌随意将饮料罐放置在办公桌上，甚至一放就是好几个钟头。应该在用餐时把饮料喝完，并且立即丢弃；如果想待会儿再喝，应该把罐子放在不起眼的地方。

（2）在办公室尽量少吃洋芋片或爆米花之类的食物，由于吃起来会发出声响，吃的时候很可能会影响别人，而且这一类食物也很容易散落到各处。

（3）一些会散发强烈气味的食物，例如味道很重的熏牛肉，三明治夹腌黄瓜，自家带来的蒜味鸡，不知包了什么馅的塔可饼，或者掺有大量红洋葱片的色拉等，均可能使周围的人很不舒服。所以，最好不要在室内靠近同事的地方享用这类食物，如果你想吃，可将这些食物用容器装好，带到室外享用，或食用后喷洒空气芳香剂。

第八节　面试和跳槽

一、面试前的准备

接到面试通知后，你应该先做好以下四件事：

1. 迅速查找该企业的原始招聘广告

每个求职者都可能投寄出数十，乃至上百封求职信，所以在寄出求职信的同时，应该把每个企业的招聘广告剪辑记录下来，以便在收到企业面试通知时进行查阅，避免张冠李戴。查阅的同时要重温该企业背景情况，弄清楚当时应聘的是何种职位，该职位在招聘中的要求是什么等。如果你备有几种不同的求职信，应该了解你寄出的是哪一种求职信，最好再看一遍，做到心中有数。

2. 查找交通路线，以免面试迟到

接到面试通知后，应仔细阅读通知上标有的交通路线，搞清楚究竟在何处上下车、转换车。要留出充裕的时间去搭乘或转换车辆，包括一些意外情况都应该考虑在内。如果对交通不熟悉的话，最好把路线图带在身上，以便问询查找。

3. 整理文件包，带上必备用品

面试前，应把自己准备带去参加面试的文件包整理一番，带好文凭、身份证、报名照、其他证明文件（包括所有的复印件）等，以备考官索要检查。同时带上钢笔、一定数量的现金，以备不时之需。有晕车症的应带上药品。

4. 准备面试时的着装和个人修饰

参加面试，在衣着方面不要过于讲究或过分花哨华丽，但也要注意整洁大方，不可邋遢。男士衬衫要干净，皮鞋要擦亮；女士不能穿过分前卫新潮的服装。总之，着装要协调统一，同所申请的职位相符。头发要梳齐，男士要把胡须刮干净。女士感觉脸色不佳则可化淡妆，但不可修饰过分。另外，还应保证面试前充足的睡眠。

关于求职面谈，你可以通过写信或打电话获得一次进行求职面谈的机会。在前一种情况下，你在信中写明请求约见和得到具体时间和日期的答复。后一种情况是，你打电话给未来雇主的秘书，通过秘书定好面谈的日期和时间。你也可以采取将上述两种方法结合起来的方式，即写信告诉你未来的雇主，你将打电话给他（她）的秘书希望能具体安排一次面谈。

没有准备而前去进行面谈，可能会影响你获得工作的机会。首先，要设法了解你希望就职的那个公司的尽量多的情况：你可以找有信誉的咨询公司进行查询，或者设法从总经理办公室搞一份该公司的年度报告。从《财运》、《商业周刊》、《福布斯》等商业杂志中查找刊载过介绍该公司或其竞争对手的文章；到公共图书馆查阅《期刊文献读者指南》也可能找到有关文章。此外，该公司出版的贸易刊物上也许有你需要的材料，你可以试着给该公司的图书馆打电话。

其次，要尽可能全面地了解你自己。应认真考虑一下你究竟想在业务上干出什么业绩，以及该工作是否有助于实现你的目标，而不应仅仅想要找个工作。应自问，雇主会希望未来的雇员具备哪些条件，然后列出符合其中的要求。还应想一想通过何种途径可以证明你以前的经历能使你胜任未来的工作，有了上述准备，你就可以充满信心地前去同雇主面谈。

你一定要确切了解同你进行面谈的人的姓名，而且要保证不把其姓名念错。如果你对此没有把握，应提前同其秘书核对清楚。如果接见你的是位男士，你应称呼他“先生”；如果是位女士，你应该提前问问她的秘书，看她喜欢别人称她为“小姐”还是“夫人”，还是“女士”。

二、面试注意事项

记住以下建议：

(1) 准时赴约，永远不要让接见你的人等候。要知道，守时是职业道德的一个基本要求，如果你面试迟到，不管你有什么理由，也会被视为缺乏自我管理和约束能力，即缺乏职业能力，会给面试者留下非常不好的印象。这是一个对别人也是对自己尊重的问题。

(2) 进入面试单位，到了办公区，最好径直到面试部门，而不要四处观望，让人觉得你别有用心或图谋不轨，甚至被保安盯上。一进面试单位，若有前台，则开门见山说明来意，经指导到指定区域落座，若无前台，则找工作人员求助。这时要注意用语文明，开始的“你好”和被指导后的“谢谢”是必须的。不要向其索要材料或询问单位情况，不要驻足观看其他工作人员的工作，或在落座后对工作人员所讨论的事情或接听的电话发表意见或评论，以免给人肤浅嘴快的印象。

(3) 等待面试时应该自带一些报刊阅读，而不要来回走动显示浮躁不安，也不要与别的接受面试者聊天，因为这可能是你未来的同事甚至决定你能否称职的人，你的谈话对周围的影响是你难以把握的，这也许会导致你应聘失败。如果此时有该单位的介绍材料，应该仔细阅读以先期了解其情况。

(4) 进屋后，若发现招聘人员正在填写一个人的评估表，不要打扰，应表现出理解与合作。不要自作聪明，在招聘人员不知晓的情况下等在门外不进去，这是不对的。对招聘人员来说，什么时候填写评估表，写多长时间，都是他自己的工作安排；对你来说，如果面试的时间到了，你就应该按点敲门。不过如果招聘人员请你在门外等一下，那就另当别论，此时你就应按他的要求做。其实有的时候，招聘人员已填完了表格，并已开始看自己的文件了，这时，如果你仍自作主张地在外面等，就会落得“哑巴吃黄连，有苦说不出”的后果。有的人会让你进来在屋内等一下，你就按他的安排做，不要东张西望、动手动脚、闭目养神或中间插话。这段时间虽然会比较难熬，但忍一忍也就过去了。如果实在无所事事，边上又有可看的杂志，那么在经过允许之后，可以翻阅。

(5) 成功的面试有适当的时间限制，谈短了不行，长了更不行，时间长了只有对应试人不利。面试不是闲聊，不应无主题，无目标天马行空般的闲扯。面试也不是谈判，双方剑拔弩张的激烈辩论。从某种意义上讲，面试是陌生人之间的沟通。

谈话时间的长短要视面试内容而定，在没有具体时间限制的情况下，一般宜掌握在30～45分钟左右。

(6) 注意形体语言。

① 肢体语言。检点自己的一言一行，因为这些都可能引起别人的注意。而对方的一举一动，虽然无言，却也可能有意。要善于察言观色，比如，自己发表了很长时间的意见后就要注意面试者的表情，是否流露出不耐烦的表情，从而调整自己谈话内容的长短。

② 眼神的交流。你的目光要注视着对方。国外的礼仪书上往往精确到要看到对方鼻梁上某个位置或眼镜下多少毫米，但笼统地说看着对方的眼部就行了。要注意不要目光呆滞地死盯着别人看，这样会使人感到不舒服。如果不止一个面试考官在场，你说话的时候要适当用目光扫视一下其他人，以示尊重。

③ 做一个积极的聆听者。听对方说话时，要经常点头，表示自己听明白了，或正在注意听。要不时面带微笑，当然也不宜笑得太僵硬。总之，一切都要顺其自然。

④ 手势。手势不要太多。太多会过多分散别人的注意力。中国人的手势往往特别多，而且几乎都一个模子。尤其是在讲英文的时候，习惯两个手不停地上下晃，或者单手比划。这一点一定要注意。平时要留意外国人的手势，了解中外手势的不同。

另外还要注意以下事项：

(1) 在接待室中等候时，你可以阅读任何随手可得的刊物。但愿这家公司已为这次面试准备了一些可以让等候者打发时间的读物。

(2) 要以友善的态度对接待人员，她也许可以帮上大忙。

(3) 遇见第一次见面的面试官时，要先伸手与面试官握手，同时打声招呼(哪怕你知道这家公司的企业文化非常不正式)。

(4) 不要自己坐下，要等接见者请你就座时再入座。应该坐在接见者指定的椅子上，如果接见者未指明，你应该坐在他(她)的对面。坐时不要表现出懒散的样子。

(5) 倾听是第一任务。公司需要什么？公司为什么让你来面试？公司目前招聘的是职缺，还是只是为了储备未来的员工？弄清楚面试官所说的话，要比清楚地表达自己的意念来得重要。

(6) 千万别告诉你的面试官你不知道自己要做什么，而提议他来告诉你公司有哪些事可做；面试官没时间向你作公司简报，也不会劝服你来接受这份工作。

(7) 了解自己的实力与专长，并在适当的时机向公司展现。但自信与自夸存在于一线间，一旦跨越了那道界线，你很可能就丧失了赢得工作的机会。

(8) 收集情报。想办法获悉你面试的这份工作是否已经有候选人了，这对你竞争职位会有很大的帮助。

(9) 如果讨论的工作不是你所预期的工作，也别表现出失望的态度，对于之后的问答，仍要认真地应对。说不定这将是你一生中遇到的最有趣的工作。

(10) 如果你因负面因素而离开前一份工作，只需简单陈述事实即可，千万别企图获取面试官的同情，也别让自己成为抱怨的机器。

(11) 事实上，无论如何都不要批评前任公司，只能谈它的好处。绝对不要说“某公司管事的都是一群不知道自己在干什么的老怪物”。宁可说“某公司是该产业的技术领先者，我刚好有机会从那儿学习到很多东西”。

(12) 告诉与你面谈的人：① 对于前任公司你仍存有敬意，也很骄傲自己曾参与他们的工作。② 你是勤奋认真的人。你对公司的未来有高度的关心。③ 不要只顾着闲聊，要直接表明你要这份工作的意愿。

(13) 穿着打扮应稳重，穿正式的套装对男士和女士都较为适宜。女士不应穿极薄的透明的或紧绷在身上的衣服，因为是否具有魅力，并不是雇主对女求职者作出评价的依据。

(14) 衣着要整洁。一定要注意将衬衫的下摆塞进裤中，皮鞋要擦亮。不要穿袖口或裤脚折边已磨损或开线的衣服。头发应精心梳理，不能垂下来遮住你的脸。女士应避免佩戴过多的珠宝饰物和过分化妆打扮。

(15) 不要吸烟，除非桌上放有烟灰缸；即使有烟灰缸，最好也要等到接见者递给你香烟，或暗示你可以吸烟时再吸烟。

(16) 要只身前往，即使是在该公司有数名职位空缺的情况下，也不要结伴前往面谈。只身一人前去赴约，而不是作为一组人中的一个，更能突出自己。

(17) 带上必要的材料和证件。你要多带几份完整清洁的履历表及以前做过的成果的样本。见面时，一定要保证不用翻找就能迅速取出所需材料。

(18) 讲话时要充满自信。回答接见者提出的问题时要尽量详细，以便通过一些具体细节对个人简历中填写的事实进行补充说明。要按照接见者提出的话题进行交谈，不要浪费时间去谈一些未被问及的情况。可以询问有关未来工作的问题，但要记住，如问，“我在专业上有什么发展机会?”远比“我能得到多长时间的假期?”更能给接见者留下深刻的印象。

(19) 你应知道在什么时候告辞。有些接见者以起身来表示面谈的结束；另一些人则用“同你谈话我感到很愉快”或“感谢你前来面谈”这样的辞令来结束谈话。对此你应十分敏锐，及时地起身告辞。

(20) 要有礼貌。在面谈过程中应始终遵守公认的礼仪准则。告辞时应同接见者握手。要面带笑容地感谢接见者花时间同你面谈，感谢他(她)对你的关心。走出面谈室时还应向接见者的秘书道谢。

(21) 面试后写一封感谢信。一封写在质感好的信笺上的信函，描述自己在面试后的心情，会对求职有很大的帮助。

(22) 如果已被录取，你可以写一封真挚的长信，表达你的谢意，并可以在信中保证，将全力以赴，甚至超越公司对你的期望。

(23) 如果未获录取，那么便可以写一封表达遗憾的短信，信中仍要感谢面试人员给你面试的机会，或谢谢他们曾考虑过你。

注意你的举手投足：不要拿笔在手指间转，这在正式场合显得非常不严肃。不要用手乱摸头发、胡子、耳朵，这样显得夸张、不专心。不要用手捂嘴说话，这是一种紧张的表现。

三、面试后注意事项

面试结束并不意味着求职过程的结束，也不意味着求职者就可以袖手以待聘用通知的到来，应聘后的善后工作亦非常重要。

(一)感谢

为了加深招聘人员对你的印象，增加求职成功的可能性，面试后两天内，你最好给招聘人员打个电话或写封信表示谢意。感谢电话要简短，最好不要超过 5 分钟。

感谢信要简洁，最好不超过一页。感谢信的开头应提及你的姓名及简单情况，然后提及面试时间，并对招聘人员表示感谢。感谢信的中间部分要重申你对该公司、该职位的兴趣，增加些对求职成功有用的事实内容，尽量修正你可能留给招聘人员的不良印象。感谢信的结尾可以表示你对自己的素质能符合公司要求的信心，主动提供更多的材料，或表示能有机会为公司的发展壮大作出贡献。

面试后表示感谢是十分重要的，因为这不仅是礼貌之举，也会使主考官在做决定之时对你有印象。据调查，十个求职者往往有九个人不回感谢信，你如果没有忽略这个环节，则显得“鹤立鸡群”，格外突出，说不定会给对方一个好印象。

(二)不要过早打听面试结果

一般情况下，考官组每天面试结束后，都要进行讨论和投票，然后送人事部门汇总，最后确定录用人选，可能要 3～5 天。求职者在这段时间内一定要耐心等候消息，不要过早打听面试结果。

（三）总结经验，准备下一场面试

如果你向几家公司求职，则必须收拾心情，全身心投入下一家的面试，因为，未有聘书之前，仍未算成功，你不应该放弃其他机会。

（四）查询结果

一般来说，如果面试两周后或在主考官许诺的通知时间到了，还没有收到对方的答复，就应该写信或打电话给招聘单位或主考官，询问录用情况。

（五）做好再次冲刺的思想准备

应聘中不可能个个都是成功者，万一你在竞争中失败了，也不要气馁。这一次失败了，还有下一次，就业机会不止一个，关键是必须总结教训，找出失败的原因，并针对存在的不足进行改进。“吃一堑，长一智”，通过努力，一定会“东山再起”，取得成功。

四、跳槽的礼仪

（一）跳槽前的准备

当你主动决定另谋他职时，由于尚未辞职，老板仍然付你薪水，所以在找工作这段期间内，应该以最佳的方式来处理找新工作与现有工作的关系，尽量避免影响到你现在在公司的工作。有两个意见供参考：

（1）找新工作的面谈时间尽量安排在午餐，下班或者周末时进行。如果你必须返回办公室，而找新工作的面谈时间将超过你所预期的时间，这时你应坦白地跟对方说“真是抱歉必须结束面谈，因为我上班时间就要到了。但我希望你能再给我一个机会完成这次面谈。现在我必须尽速赶回办公室了。”你这种态度一定会令面试的人更加敬重你，而不是将你从求职者的名单中除名。如果他的反应不是如此，那你也不会希望在这家公司工作了。

（2）一切有关换工作的电话都选在休息时间、办公室以外的地点，并以自付话费的方式进行。不要让别人认为你正在利用公司的时间与金钱去找新工作。

如果你已经知道自己即将离开现在的公司，聪明的做法是，先不要让任何人知道这件事，并且利用下班时间，将记事本、一些私人的或重要的资料预先影印一份。这一切都要在告知你的老板你即将离开之前进行，因为他如果知道了，很可能就要求你立即走人，如此一来，你就没有时间整理一些私人档案了。所以最明智的做法是，事前就将一切准备妥当。不过假若那些资料对以后接手你工作的人来说很重要，而且还是公司的东西，你就不能据为己有，应当将这些文件留在公司，以协助接替你的人尽早进入状态。

辞职是一种艺术。当你决定辞职，不仅对你自己有影响，对同事对上司，甚至对部门都会有影响。最好的做法是直接跟主管提辞呈，诚实地说明辞职的原因。有些人可能会选择欺骗或逃避，这样短期或许可以避免尴尬，但万一很快“穿帮”，被原公司发现真相，难保你的未来信誉不受影响。

既然想除旧布新，就要调整好心态，一切向前看，这样，你才能在新的工作环境里有更好的发展。

（二）跳槽后的适应

对于刚跳槽的人来说，在新的工作单位，由于不知道“水”有多深，一般都表现得谨小慎微。由于不知道新老板及同事的心理，所以他们处事谨慎，畏手畏脚，面对一些“老板凳”的欺负也忍气吞声。那么，“老板凳”们都喜欢什么样的“新人”呢？

1. 能够带头创新

一般来讲，如果跳槽者真没有什么本事，新的用人单位是不会录用的。据了解，对于“新人”，用人单位一般都很期待他们能给公司带来活力。因为“新人”，特别是年轻人很少受传统思想的影响，容易提出和接受新的经营观念，很多传统的老观念都需要他们来更新。

2. 工作不忘学习

创新来源于新知，新知来源于不断的学习。随着社会节奏的加快，知识更新也越来越快。据调查，一般行业的知识更新时间大致为 5 年，IT 行业的知识更新仅为一到两年。一些职场专家介绍，很多老板很看重员工的学习能力和学习精神。因此，闲暇之余多学一些业务知识，或者学一些其他的知识诸如计算机、外语之类的知识，是十分有益的，也是十分必要的。

3. 有敏锐的观察力

在一个地方久了就可能看不出问题的所在，正所谓“当局者迷”。在一个企业当中，许多问题，老员工可能都看不到，而“新人”如果能发现存在的问题并提出解决办法，一来可以显示你敏锐的观察力，另外在解决问题时就不会出现这样或那样的顾虑。这就要求“新人”平时在业务上要多下苦功，了解行业的最新动态。

4. 强烈的责任心

员工有没有责任心是任何一个老板都非常看重的，因为他们的实践证明，选择某个职业，只有具备强烈的责任心你才能取得成功。一份工作刚做几天就觉得“没兴趣”或是嫌待遇不好，然后跳槽，这样的人是任何一个用人单位都会讨厌的。因此，跳槽过于频繁者是不受用人单位欢迎的。

（三）跳槽的礼仪

离职也要讲究礼仪，它是做人的一个重要方面，离职时要好聚好散。人生何处不相逢？职场很小，大家将来还是同行，还可能会有合作的机会，甚至可能重回原公司。所以跳槽时没有必要“背水一战”，应保持自己一贯的工作作风，善始善终，体面地离去。礼貌、体面的离职，会给人留下完美的深刻印象。

1. 争吵“拜拜”无异于给前程埋下“地雷”

离开原先的单位，原因会有很多，比如对上司看不惯、人际关系不如意、事业的前景不好或是对薪水不满意等，但不论出于什么原因，不管你感到多委屈，你也没必要为泄一时之愤，在走的时候与原先单位里的上司或是同事弄僵，这对你以后的工作有害而无益。

与原单位的争执就像是埋下了一颗“地雷”，在以后随时会炸响，让你防不胜防。人生之路还长，很难断定在以后的工作中不会与原单位及人员产生联系，一旦这颗“地雷”引爆就或多或少对你产生影响，甚至毁了你的前程。所以不管你出于何种原因跳槽，还是留有余地为好。对任何人都不要表示异议。

离职后，心中有点怨气或者牢骚是自然的。但从职业的角度出发，尽量不再提起过去，对日后与旧老板相处会大有益处。实际上，日后仔细思量，恐怕也不难发现自己的不足和问题。因此，离职后切忌抓住过去的恩恩怨怨不放，在现任老板或朋友那里到处散布。

2. 完美交接，滴水不漏

你必须给原公司足够的时间找人，如果可能的话，最好帮他们找人。千万不可在旦夕之间，说走就走。如果你不给公司喘息的时间，撂下一个烂摊子就走，则把坏的影响留给了自己，同行业的圈子不会太大，消息也很灵通，很快地，你的所作所为就可能会在业内传遍，你的新上司便会对你有所防范；最重要的是，没有平和心态将影响你今后的职业生涯。

你决定离职，不只是影响自己，还包括主管与同事，甚至也会对部门工作气氛有影响。当主管知道你的决定后，接下来便是和他讨论什么时候该让同事知道，以及交接的细节。

离职者与接替的人，在交接的期间都有工作要处理，常常造成交接不完整。有些人到了新公司，还要义务地协助处理旧公司的业务，形成很大的负担。最好的方式是，平日就做好业务工作的归类与管理。每项业务的程序与必要技能，都用文字记录下来，储存在档案或电脑里，这种做法不但有利于接替者，对你自己也有好处。任何业务或专案经验，若不用文字记录下来，就很难转化成知识。这种知识是可以重复使用与累积的，是在公司内持续升迁，或取得外界机会的必备基础。

如果你想把专属于自己的档案带走，提辞呈前就该准备好。离职前夕才开始做，难逃瓜田李下之嫌。另外，任何工作相关资料带走前，都要确认不能违反知识产权的规范。

3. 忘掉不快，与旧老板冰释前嫌

有一位朋友在工作多年、跳槽若干次后发自肺腑地说："其实现在回想起来，让我进步得最快的是一个对我最苛刻的老板。他让我承受了很多挑战和困难，也使我成长得最快，学到的东西最多。"仔细想来，确实不无道理。人各有优缺点，如果你用心去发现，每个人身上可以学习和借鉴的东西是很多的。

离职后如果与前任老板见面，尊重、热情是第一要件。不提往日旧事，表现自然、亲切，会拉近彼此的距离，增进感情，同时也表现出了自己的大度和职业风范。

不论是轻松愉快还是恩怨相加的离职，离开后维护旧东家形象的事情一定要做，特别是以下几点要多加注意：

永远不要在现任老板或新同事面前说前任老板的坏话。

公正客观地评价老东家，有利于树立你自己的职业形象，更重要的是，可以维护老东家的声誉。这样，无论日后你个人的发展如何，老东家都会记得你的良好职业素养，有利于你和他们再打交道时建立良好的关系。

4. 与原来单位的同事保持一定的联系

有些人跳槽后，与原单位道声"拜拜"，便一走了之，"挥挥手不带走一片云彩"，这样做起来看似洒脱，其实无意之中丢失了许多让自己今后受益的东西。在一个单位工作过一段时间，可能所得不多，但与不少的同事毕竟有种亲近感，甚至是好朋友，他们说不定在以后会对自己有所帮助，不妨把他们看作自己的人力资源库。所以在跳槽高就时，不妨珍惜这一机缘，不要丢弃这份宝贵的财富。

要认识到在现代竞争社会里，拥有丰富的人力资源有助于你的事业运转自如，所以每当跳槽时，要有保护自己人力资源的意识，从过去的工作里掏出属于你的"金子"来。这样，你过去的时光就没有白白浪费，即使是空着两手走出原单位的大门，你也无悔，因为你已经拥有了一份很有价值的财富。

留下你的联系方式和电话号码，与老板和同事吃上一顿轻松的晚餐，是不错的道别方式。记得离开后不时打个电话保持联系，关心公司和同事的发展，与老板聊聊行业的发展动态，会给你带来意外的收获。

第五章 风俗礼仪

17 世纪，我国杰出科学家宋应星在《野议 · 风俗议》中指出：“风俗，人心之所为之，人心一趋，可以造成风俗；然而风俗改变，亦可以移易人心。是人心风俗，交相环转者也。”可见，民族风俗在社会生活中起着不可忽视的作用。民族风俗可以助团聚、促和睦、利互助、增礼仪，增进人与人之间的交往。如中国传统中秋节，月圆之时万家团聚，促进了家庭的和睦相处；可以巩固和强化家庭、民族、国家的观念。如图腾崇拜，就曾是维系民族的纽带；“入境问俗，入国问禁”，在互相理解的基础上，民族风俗促进了不同文化体系、不同生活习惯的民族之间、国家之间的交往与合作。

在不同的文化体系背景下产生的民族风俗，存在着极其巨大的差异。我们习以为常的事，在有的民族则是禁忌的，而我们心目中的“陋习”在其他民族的人看来也许是天经地义的。因此，尊重各国各族人民的风俗习惯，实际上是尊重各族人民。

无论世界哪个国家或地区，哪个民族或种族，都有自己的哪怕是很简单的节日风俗。而且每个节日都有浪漫的传说，都有善良的愿望与美好的追求，都有独特的生活情趣。虽然很多民族之间的风俗有一定差别，但它都是该民族物质文化和精神文化的反映。

人类所走过的漫长的艰难旅程留下许多深深的足迹，经过无数风雨的洗礼，作为民俗文化结晶的节日，却几乎全部沿袭下来，并不断得到发展，被越来越多的人喜爱和关注。节日风俗之所以有如此旺盛的生命力和迷人的魅力，是因为它带给人类的是吉祥、乐观、自由、平等、真诚和希望。

风俗是时代的镜子、社会的窗口、民族的风貌，要了解一个国家、一个民族，借助于“镜子”或透过“窗口”即可略知一二。

当你与外国人打交道时，无论在他或你的国家，原则全部相同。既然如此，就不能不重视对于风俗的研究。我们不但要明确客随主便的规律，“入境问俗”、“入乡随俗”，以期获得人际交往的成功，少犯或不犯违俗失礼的错误；更重要的是，我们还肩负着破除陈规陋习，移风易俗的艰巨任务。由于篇幅的限制，下面我们只能对我国的传统风俗，我国少数民族的特有风俗和外国风俗有选择地进行介绍。大家可以举一反三，触类旁通。尽管涉及面不是很宽，但其中所蕴含的道理则是丰富的，可以从中悟出礼仪与风俗往往是相伴相生的，有的时候甚至达到了水乳交融的程度。从这个意义上说，了解风俗也就是学习礼仪。

第一节 风俗中的民族交流表现

从社会文化发展的特点来看，不同文化所追求的社会目标必然会影响风俗的发展方向。特定文化具有选择和同化能力，因而在社交礼仪中，我们应该了解不同的国家和民族在风俗上的相互融合。不同风俗的相互交融最明显地表现在民族的交流之中，它往往通过物质的和思想的途径来实现，从而在风俗上烙下交流的印记。

一、民族交流的物质烙印

（一）表现在生活方式之中

不同地区、不同季节生产的食品可以通过民族交流实现，通过交流互通有无，打破了自然环境的局限性，调整了人们的饮食习惯。例如，中国有茶无咖啡，古巴有咖啡无茶，英国二者皆无，但是通过民族交流，茶和咖啡都成了人们的习惯饮料。不同民族、不同国家的建筑风格、服饰特点通过交流相互欣赏、学习。例如，日本的古城京都、大阪，仿照了中国唐代长安的建筑风格；其新都东京，仿照了欧美的建筑风格。日本的传统服饰和服，以宽袖、开襟、束腰、宽带为流行式样，它是在中国隋唐时代服装的影响下演化而来的。现代，日本人普遍喜欢穿欧美式的西装。总之，民族交流常常会改变人们风俗中的生活习惯。

（二）表现在生产方式之中

西方的工业革命和科技革命，成为人类力图摆脱自然控制、改造自然和征服自然史上的一个重要里程碑。它极大地促进了生产力的发展，创造了历史上从未有过的物质生产奇迹。通过交往，原先处于自然经济阶段或者生产力水平较为低下的民族和国家，受到了巨大的震撼，从而自觉地学习和引进西方先进的科学技术，如机器设备、生产制度、管理经验。他们大力调整自身的生产方式和产业结构，从而增强了改造自然和征服自然的能力。例如，我国自19世纪60年代起，便开始学习和引进西方先进的科学技术和机器设备，试图走上工业化的道路；20世纪50年代，我国进入了建立独立工业体系的阶段；80年代以后，我国又进入了调整产业结构的阶段。在这一历史时期，我国的生产力在独立发展的同时，受到了西方科技文化的较大影响。生产方式的变革，产业结构的调整，实际上造成了人们生活方式的多样化，从而引起了社会风俗的变迁。

二、民族交流的思想烙印

不同民族和国家在一定生活方式和生产方式的基础上，经过长期的历史演进所形成的相对独立的思想文化体系，在相互交往之中开放和融合，形成了各种观念兼容并蓄的思想格局，甚至在此基础上创造出一种新型思想文化体系。例如，犹太民族祖先在早期的历史生活中，吸收了古埃及人、巴勒斯坦人、古巴比伦人的思想观念，结合自身的思想特点，创造了最早的宗教，即犹太教。而以后的基督教、伊斯兰教，是在不同程度上吸收了犹太教，结合自身的民族文化特点创造而成的。这些宗教思想观念，伴随着民族交往，传播广远，改变了不少民族和国家的信仰结构。除此之外，其他各种人文思想也莫不是如此。思想对于风俗的影响是相当大的。正如前面所述的那样，当自由、平等的思想观念普遍为人们所接受之后，世界各民族和国家的社会关系就面临着全面调整的新局面，而传统的风俗习惯也会发生相应的变化。

世界各民族和国家在长期的物质文明和精神文明的交往中，那些相互关系最为密切、往来最为频繁的民族和国家，往往在物质生活、思想文化、风俗习惯等方面，呈现出显著的趋同性。人们把这些具有趋同性的民族和国家，习惯性的联系在一起，称之为具有共同特点的“文化圈”。根据这个观点，纵观世界各民族和国家的风俗习惯，可以划分为三大“风俗习惯圈”，一是西方风俗习惯圈，范围包括欧洲、美洲、澳洲等民族、国家和地区；二是远东风俗习惯圈，包括中国、朝鲜半岛、日本和东南亚部分民族和国家；三是伊斯兰风俗习惯圈，包括西亚、北非、中亚和南亚、东南亚部分民族、国家和地区。在各个“风俗习惯圈”里的各个民族、国家和地区，风俗习惯呈现出较大的趋同性。这种划分，虽然不一定是科学的，但是对于从总体上把握世界风俗，进而进一步把握社交礼仪，还是具有一定的参考作用的。

三、礼俗文化的人情纽带

人情，即人之常情，它不仅仅局限于血缘和家族关系之间，还超越了血缘和家族关系，按照一定的法度，向其他社会关系不断延伸、拓展。人们日常生活中的各种活动，如迎来送往、请客馈赠，无不浸透着浓厚的人情。人情是社会群体关系中最感人的部分，是联结和巩固社会群体关系的纽带。世界各民族和国家在长期共同的历史生活中，形成了各具特色的人情表现形式，这些人情表现形式经过一定程度的积淀后，往往升华为民族性的礼仪，从而成为人情的象征。我们在社交礼仪活动中无疑地应该对于人情给予高度的重视，否则的话，我们的礼仪行为将是一种无生气的抽象行为。

第二节　地区礼仪总述

一、非洲国家

在辽阔的非洲大地上，民族众多，饮食习惯各异，每顿饭都离不开的主食也各有特色。

在西非，以“萨尼奥”为主食，这是一种近似中国高粱的耐旱作物。西非人将其米粒捣成粉末，倒入一个有许多细孔的葫芦瓢里，将瓢放在铁锅里，用水蒸气将粉蒸熟，用肉丸、菜汤拌着吃，十分鲜美。

东非和南非人爱吃烤玉米粒，也有吃用玉米糊加牛奶烙成的大饼。在尼罗河上游的乌干达人，爱吃“马托基”饭。“马托基”饭的做法是：将剥皮的香蕉包在“马托基”叶里煮熟，拌成香蕉泥，然后浇上汤汁，味道清香鲜嫩。“马托基”营养丰富，含多种维生素。

北非的阿尔及利亚人喜欢吃一种叫做“库斯库斯”的食物。其做法是：用木臼把高粱、谷子捣碎，捍成小球，加上些蔬菜、花生米、青豆等，煮成粥状，手抓而食。有的地方还用西红柿、西葫芦、茄子等蔬菜，加上些牛羊肉，煮成菜汤、俗称“菜汁”，浇在“库斯库斯”上。

中非人以木薯为主食，还有玉米、小米、芋头、芭蕉等。其中用木薯可做成很多形式的食物，如木薯团和木薯粽子。木薯团的做法是：将木薯粉慢慢撒入开水锅内，同时不断搅和，使之逐渐黏糊最后成面团状，取出后放入盆内即可食用。木薯粽子也是先把木薯去皮，略煮后捣成湿粉，用一种宽叶将湿粉裹成粽子样，煮熟后即可食。中非人吃饭时围成一圈，中间放一盆木薯团(有的部族更喜欢吃玉米团或小米团)和一盆菜，如木薯叶、炖肉块、鱼块或菜肉杂烩等。他们不用碗碟，主要用手抓饭，用右手拇指、食指和中指揪一小块木薯团，夹些菜，或蘸上汤送入嘴里。

非洲人的服饰有其独特的民族个性，它们以颜色艳丽、色彩对比强烈而著称。其服饰式样也是丰富多彩，既有长及脚踝的，也有短至大腿部的；既有可缠满全身的，又有只能遮盖私处的，其变化多端的服饰在世界服饰中独树一帜，点缀了居住在广袤土地上的非洲人。

地处撒哈拉沙漠的北非国家，如埃及、苏丹、摩洛哥等，由于受外界环境的影响，那儿的人们经常穿一种宽大的长袍来抵挡漫天飞舞的沙尘。这种长袍长及脚踝，有宽大的袖子，一般为白色或蓝色。当人们外出，碰到风沙来临时，常用长袍的宽袖子盖住头部，在沙漠中艰难行走。一旦夜幕降临，这种长袖还可成为露宿的夜行人的被子，发挥了一衣多用的功效。

在天气炎热的西非国家，人们的服饰相对而言比较简单。大多数男子穿的一袭传统的长袍，是一种无领无袖、裸露右肩右背的衣服。颜色丰富，可为白色、蓝色、黄色、红色，在袍面上还有变化多端的图案设计。这种西非长袍显然不同于北非的服饰。西非的妇女一般都着色泽艳丽的罩衫和传统长裙，头戴艳丽的包头，在裙上还印有风格迥异、色彩纷繁的动物或人头像，让人感到清新、别致和大方。

在中非，流行的长袍与北非、西非又有差异。它是一种用麻布、平纹布或绸料制成无领有袖的袍子，由于它的袖子可宽至两尺，布料的吸汗透风力强，以白色为主，所以在炎炎烈日下这种长袍既有招风纳凉之功，又能减少日晒，是一种很好的防暑服饰。

在东非的坦桑尼亚，当地妇女有其典型的装束。她们身穿“加乌尼”长裙，腰系“康加”，头戴纱巾。这种被命名为“加乌尼”的长裙其实是一种长长的无褶裙子，而“康加”则是一块印有椰树或田园风光的花布。

任何一位准备前往非洲国家的人，都应该很好地研究那个国家的历史、经济发展和风俗习惯。举例来说：

(1) 南非文化倾向英国和苏格兰。

(2) 北方国家使用阿拉伯语，信奉回教，禁酒。男子出差时随行的妻子不能一起参加酒宴。

(3) 法语系国家的礼节，如塞内加尔和象牙海岸，较非洲其他国家正式。他们的礼仪风俗是法国式的，以亲吻朋友的双颊表示祝福，他们衣服穿的比较多(包括正式场合时穿着黑色西装和晚礼服)，喜欢法国酒和法国料理。

(一) 商业习俗

非洲谈生意不喜欢单刀直入。他们喜欢先了解对方，信任对方后，才开始谈生意。

(二)社交礼俗

(1) 握手寒暄是重要的礼俗之一，握手时间比较长，但不会太用力，很轻柔，很客气，很友善。

(2) 他们不了解敬请赐教(PSVP)的真正含义。通常他们随口答应参加的会议和约会，往往会置之脑后。如果你邀请他们，最好多打几次电话确认。

（三）送礼

（1）非回教徒会高兴收到酒，要先确认对方喜欢的品牌。

（2）食物也不错，但要记住，巧克力会融化，密封包装的饼干非常受人喜欢。

（3）钱包、卡通装、运动表、玩具等。

二、阿拉伯国家

阿拉伯人具有古老传统的烹饪技术，融欧、亚、非等世界许多国家的烹饪技术于一炉，渐渐形成了风格独特的阿拉伯食品，人称"阿拉伯式"厨房。

阿拉伯人热情好客是久负盛名的，家有来客，总是要煮浓浓的、香香的咖啡招待，有时还在咖啡中加上芬芳的桂花、豆蔻或玫瑰水，使味道更甘美可口。

阿拉伯人的早餐十分讲究，色、味结合。早餐吃的干酪或酸乳酪要滴进金黄透绿的橄榄油，还要配上绿色和黑色的小橄榄作点缀。还有种不论贫富都喜欢食用的"国菜"叫"焖蚕豆"，就是将蚕豆、大蒜、洋葱拌好，添水后以文火煮熟，食用时加些柠檬汁、橄榄油等，吃起来十分可口。他们的中晚餐菜肴以蔬菜、水果为主。其中菜肴最大的特点是添加大量香料，如郁金粉、芫荽、生姜、丁香等。还经常配上时令水果：秋冬的苹果、柑橘，春天的杏、草莓、樱桃和夏天的西瓜，使菜肴鲜嫩爽口，催人食欲。

沙特阿拉伯是阿拉伯国家中具有代表性的国家。由于大多数人信奉伊斯兰教，他们的饮食只能是素食（包括米、面、蔬菜、水果、豆类等）。其烹调方法很有民族特色。面食是沙特人的主食之一，他们用面粉制成各种甜点和面包。最普及也最有名气的要数阿拉伯大饼了，其制作简单易行，就是把面粉调成面糊，摊在平底锅上，上下翻动一次即可。

沙特人以红茶或绿茶、咖啡为主要饮料，平时饮沙滤水、冰水，但含酒精的一切饮料均属禁品。沙特人和阿拉伯人吃饭习惯为席地而坐，用手抓饭吃。但近年来人们也开始用刀、叉、调羹和饭桌，尤其在招待外宾的正式场合。

在阿拉伯国家，信仰伊斯兰教的穆斯林，都必须按伊斯兰教法的规定，禁食许多食物。

沙特阿拉伯的妇女，必须时时刻刻戴着面纱，并且要从头到脚全部蒙盖上。黑纱的两眼部，仅仅剪出眼睛大小的小洞，以供观物，面纱对当地妇女而言，比空气和水还重要，如果妇女不戴面纱，那么必被世人责为"大逆不道"或"伤风败俗"。

阿拉伯国家因宗教习俗的不同，而呈多面化。阿拉伯人是易怒的，所以除非和你的阿拉伯客人很熟，否则不要随便跟他开玩笑。

（一）商业习俗

（1）不遵守时间。一位阿拉伯国家的大使告诉我们："自从英国有火车以来，英国人为了赶火车，老是注意火车站大钟的时间。但在我们这里，绝对看不到这样的情形。"因此，当你和别人约好某一特定时间时，最好要有心理准备，你可能要等对方一两个小时（而一个日本商人在自己的国家谈生意时，通常都要早到5分钟，所以当他到阿拉伯谈生意时，很难去适应他们不守时的习惯）。

（2）当你拜访阿拉伯人时，他们会请你喝一杯又浓又香的热咖啡。回教咖啡依甜度分为五个等级，土耳其人习惯招待最甜的那一种，所以当别人请你喝咖啡时，只要喝几小口就行了，因为一整天你都会喝到同样的咖啡。

（3）阿拉伯人不善于写信（他们善于面对面的言语沟通），但是他们喜欢收到非正式但温馨感人的信函，不论是有关生意、礼物或邀请的。

(4) 如果想让来访的阿拉伯客人非常高兴,那就带他去参加户外活动,如打猎或钓鱼。

(5) 绝对不要在回历的九月安排行程去阿拉伯国家(他们通常在公历三或四月,一整月从日出到日落,都禁食祈福)。

(6) 妇女在很多场合最好少开口。不仅在波斯湾附近的国家,如科威特和阿曼,甚至在沙特阿拉伯,妇女都不可以独自出门,而需要找个男同事同行,代她发言。

(二)社交礼仪

(1) 不要随便发誓或提到上帝。

(2) 坐下时,不可将鞋底朝着对方,那代表不敬。

(3) 用右手做所有的事情(拿东西,给东西或收东西,左手是用来拿卫生纸的),如果你是左撇子,记得向对方解释。

(4) 不可用手指向对方或做手势,因为这是阿拉伯人召唤狗的动作。

(5) 同性的好朋友彼此祝福时,互相吻对方的两颊。

(三)会谈

(1) 大部分的沙特人受过英式或美式的教育,所以英语说得非常好。

(2) 和对方谈论当地古老的历史背景或艺术和文化的贡献,你将是非常受欢迎的客人。

(3) 避免谈到以色列,同样地,在以色列别谈到阿拉伯。

(4) 阿拉伯人是超级足球迷,非常喜欢讨论足球。

(5) 别问有关对方妻子和孩子的事,特别在沙特阿拉伯,他们认为那是个人隐私。

(6) 不要谈论女权运动,也不要批评当地的妇女缺少自由。

(四)送礼

(1) 别太殷勤地赞美阿拉伯人的私人财物,他可能会马上强迫你接受(例如一块波斯地毯,那会令人很尴尬的)。

(2) 在阿拉伯国家交换礼物,应让对方先送礼。

(3) 阿拉伯人习惯送精美的礼物,所以最好回送等值的礼物给对方。

(4) 在任何回教国家,如沙特阿拉伯,不可以送酒。

(5) 不可送食物。对方会误为你觉得他的招待不周。

三、欧洲国家

(一) 保加利亚

保加利亚现有人口 896.7 万,其中保加利亚人占 88%;其他有土耳其人、吉普赛人等,官方语言为保加利亚语。保加利亚人酷爱玫瑰花,称它为花中之王,并奉为国花。他们认为,玫瑰花是同爱神维纳斯相生相伴的,故常用它象征和传达爱情。

1. 服饰礼仪

保加利亚人在穿戴上不十分讲究,他们的原则是简朴实惠。其经常穿着的服装是衬衫,短袖衫等,西服多在正规场合穿用。各地区的民族服装有一定差别。女子服饰有四种。保加利亚人在服饰上强调内外有别。在家主张随便一些,在外则要求庄重一些。在办公室或在街上行走时,一般要求穿外衣。

2. 仪态礼仪

保加利亚人很注意自身的修养。在公共场合和社交场合强调姿态端正和端庄,即便在家中,也不能太随便,尤其是有长辈和客人在场时更是如此。当然,年轻人有较大的自由灵活性，往往表现较随便，但随便之中并不失分寸。在保加利亚流行“OK”手势和“V”手势。前者是用大拇指和食指构成一个圆圈，再伸出其他三指，表示赞扬和允诺之意。

3. 相见礼仪

保加利亚人在正式社交场合与客人相见时，一般都施握手礼。亲朋好友相见，一般施拥抱礼和亲吻礼。保加利亚女子对特别尊敬的男子，一般施屈膝礼，并同时伸手给对方，以便对方施吻手礼。

4. 餐饮礼仪

保加利亚人用餐一般用活动的或一边固定在墙上的折叠桌。就餐座位有严格规定。靠火炉最里边的位置为上座，是家中长者之位。长者旁是其妻子座位，然后才是儿子，儿媳的座位。保加利亚人一般以午餐为主，早晚餐比较简单。主食是面包和烤饼，米饭为调剂品。

5. 喜丧礼仪

保加利亚人将结婚看做是人生的重大转折而予以高度重视，故其婚礼择定的吉日达五天之多，举办的仪式也名目繁多。从星期四到第二周的星期一，婚礼仪式一个接一个，极具风格。在农村，婚礼前一天，由一位腰扎三角巾的人到全村邀客，被邀者要对着酒壶吸一口酒。

6. 商务礼仪

保加利亚坐小车，一般都让客人坐到司机旁的位置上，以便让客人更清晰地欣赏一路上的风光。参观浏览时，要遵守公共秩序，不能乱丢烟头，不要对着军事设施，政府机构和黑海海岸拍照。

7. 旅游礼仪

保加利亚工商界人士在初次见面时，一般要互换名片，他们时间观念较强，约会准时，因此，与保加利亚人交往，要准时赴约。保加利亚工商界人士对外国商人友好热情。他们作出决策往往要经过长时间的思索，对此应有耐心。他们往往希望降低进口商品价格。

8. 主要禁忌

保加利亚信奉东正教的居民约占人口总数的26%，土耳其人大多数信奉伊斯兰教，少数人信仰天主教和新教。忌讳13和星期五，认为它们不吉利。

（二）波兰

波兰人在与别人交谈时，不喜欢为加重自己说话的语气而用手指指点点，更不愿意看到有人用手直指自己的面孔，在他们看来这些都是不尊重人的举止。如果对方作出伸懒腰，打哈欠等动作，在他们看来这是不耐烦的表示，他们就不再愿意和对方交谈下去。

1. 社交礼仪

在人际交往中，波兰人的举止优雅、语言文明、彬彬有礼，是有口皆碑的。同外人打交道时，波兰人对称呼极其重视。他们的习惯，是要尽可能地采用郑重其事的称呼。对于男士，波兰人言必称“潘”。对于妇女，他们则要称之为“帕那”或“帕妮”。在社交场合问候他人时，波兰人肯定会对对方以“您”相称。假如与对方以“你”相称，则多半意味着双方关系十分密切，彼此相交已非一日。按照波兰人的习惯，自己在交际场合被介绍给他人之后，必须要主动同对方握手为礼，同时还要报上自己的姓名，不然即为失礼。在波兰，最常用的见面礼节有握手礼和拥抱礼。在波兰民间，吻手礼则十分通行。一般而言，吻手礼的行礼对象应为已婚妇女，行礼的最佳地点应为室内。在行礼时，男士宜双手捧起女士的手在其指尖或手背上象征性轻吻一下，假如吻出声响或吻到手腕之上，都是不合规范的。

2. 相见礼仪

波兰人与客人相见时，通常的礼节是握手，亲友好友相见时，则常施拥抱礼。在一些高雅的社交活动场合，女子还常伸出一只手指下垂的手，让对方施吻手礼。施吻手礼时一般只是象征性地亲吻一下。

3. 商务礼仪

波兰人通常在每年的 6～8 月休假，因此到波兰从事商务洽谈应选在每年的 9 月至次年 5 月。外贸组织和机构，从星期一至星期五办公。波兰人喜欢以酒待客，即便是商务会谈，他们往往也会先敬你一杯酒。如果应邀到他们家中作客，可带上一束花送给女主人，注意他们不喜欢盆花。

4. 旅游礼仪

波兰属于由海洋气候向大陆性气候过渡的温带气候，除山区外，年平均温度在 6～8 度，这里夏无酷暑，冬无严寒，十分适合旅游观光。波兰的现代音乐作品达到了世界水平，当地的歌剧院很多。到这些地方观看演出是一种高雅的娱乐活动。

5. 服饰礼仪

波兰人的穿着打扮极有自己的特点。除正式场合要穿西服、套裙之外，波兰人日常着装的最大特点，是崇尚个性，讲究与众不同。

6. 餐饮礼仪

波兰人的饮食习惯与其他东欧国家大致相似。具体而言，波兰人平时以吃面食为主。他们爱吃烤、煮、烩的菜肴，口味较淡。在饮料方面，他们爱喝咖啡和红茶。在饮用红茶时，波兰人大都爱加入一片柠檬，并且不喜欢茶水过浓。在饮食禁忌方面，波兰人主要不吃酸黄瓜和清蒸的菜肴。波兰人在人际交往中非常喜欢请客吃饭。宴请客人时，波兰人有不少的讲究。

(1)忌讳就餐者是单数。他们认定此乃不吉之兆。

(2)在吃整只的鸡、鸭、鹅时，通常要由在座的最为年轻的女主人亲手操刀将其分割开来，然后逐一分到每位客人的食盘之中。

(3)不论饭菜是否合自己的口味，客人都要争取多吃一点，并要对主人的款待表示谢意。

(4) 口中含着食物讲话，在波兰人看来，是很粗鲁的。

7. 习俗禁忌

波兰人普遍爱花。在所有鲜花之中，他们最喜欢三色堇，并将其定为国花。给波兰人送花时，宜送由一种鲜花所组成的单束花，不宜送双束花。波兰人最喜欢的动物是白鹰，被定为国鸟。波兰的公共设施，还被标以与众不同的标志。比如男用卫生间的标志是倒三角形，女卫生间的标志则是一个圆圈。与波兰人进行交往应酬时，有三个问题一定要特别注意：

(1) 天主教在波兰的影响无处不在。

(2) 波兰人的民族自尊心极强，与其交谈时，提及波兰的伟人以及对世界文明的贡献，最令波兰人开怀。

(3) 波兰人很介意待人的礼数。

(三) 法国

中国人说“吃在广州”，而西方人则称“吃在巴黎”。可见，法国不但历史悠久，而且还有

誉满全球的美酒佳肴。著名的阿巴贡有这样一句名言：人活着不是为了吃饭。但法国人认为吃不好就不是生活，所以他们非常讲究吃，就餐是他们的一大快事。

法国素有“奶酪之国”之称。奶酪在法国是极其普通的食品，在蜚声世界的法国众多食品中，它是法国人最爱吃的食品，在食品消费总量中所占比例最高。在法国，其大菜闻名世界，花样繁多，但主食却较单一，主要是面包。当然面包的种类很多，有价廉物美的棍形面包、巧克力夹心面包、鸡蛋牛油面包等。

都说英国人是饮酒好手，但在有“饮酒冠军”之美称的法国人面前就相对逊色了。在法国有一种蔚然成风的饮酒习惯，他们把酒作为饮料，就像英国人喝茶一样普遍，其喜爱喝酒的程度可以从谚语“酒一取出就得喝”中明显看出。但在什么条件下喝，餐前还是餐后，都有严格的讲究。比如波尔多红葡萄酒，饮用前必须先滤去沉淀，还要使酒瓶开着，使酒尽可能地与空气接触，直到与室温相同才饮用。

巴黎服装业由来已久，是欧洲服装业的时髦之都。它以精湛的设计艺术，高超的创作工艺和女模特的浪漫表演闻名于世。

法国人天生有一种罗曼蒂克精神，衣着对于法国人来说绝不是一件遮体布料。法国女装自一代名师保尔·布瓦列特提出“把妇女从紧身胸衣这个暴衣中解放出来”以后，强调的是一种体现人体自然姿态，实用性、个性化和艺术性相结合的服饰。其服饰的样式日新月异，超短裙、嬉皮士服、皮夹克、圆领衫、牛仔服、羽绒滑雪服、太空服、宇宙服相继出现并流行于法国街头。这种纷繁的样式充分体现了法国人自由浪漫的艺术气质。但它的自由浪漫不同于美国人实用性的目的，它是建立在传统艺术的基础上的。

1. 社交礼仪

与英国人和德国人相比，法国人在待人接物上表现大不相同。主要有以下特点：

(1)爱好社交，善于交际。对于法国人来说社交是人生的重要内容，没有社交活动的生活是难以想象的。

(2)诙谐幽默天性浪漫。他们在人际交往中大都爽朗热情。善于雄辩高谈阔论，好开玩笑，讨厌不爱讲话的人，对愁眉苦脸者难以接受。受传统文化的影响，法国人不仅爱冒险，而且喜欢浪漫的经历。

(3)渴求自由，纪律较差。在世界上法国人是最著名的“自由主义者”。“自由、平等、博爱”不仅被法国宪法定为本国的国家箴言，而且在国徽上明文写出。他们虽然讲究法制，但是一般纪律较差，不大喜欢集体行动。与法国人打交道，约会必须事先约定，并且准时赴约，但是也要对他们可能的姗姗来迟事先有所准备。

(4)自尊心强，偏爱“国货”。法国的时装、美食和艺术是世人有口皆碑的，在此影响之下，法国人拥有极强的民族自尊心和民族自豪感，在他们看来，世间的一切都是法国最棒。与法国人交谈时，如能讲几句法语，一定会使对方热情有加。

(5)骑士风度，尊重妇女。在人际交往中法国人所采取的礼节主要有握手礼、拥抱礼和吻面礼。

2. 服饰礼仪

法国人对于衣饰的讲究，在世界上是最为有名的。所谓“巴黎式样”，在世人心中即等同于时尚、流行。在正式场合：法国人通常要穿西装、套裙或连衣裙，颜色多为蓝色、灰色或黑色，质地则多为纯毛。出席庆典仪式时：一般要穿礼服。男士所穿的多为配蝴蝶结的燕尾服，或是黑色西装套装；女士所穿的则多为连衣裙式的单色大礼服或小礼服。对于穿着打扮，法国人认为重在搭配是否得法。在选择发型、手袋、帽子、鞋子、手表、眼镜时，都十分强调要使之与自己着装相协调，相一致。

3. 餐饮礼仪

作为举世皆知的世界三大烹饪王国之一，法国人十分讲究饮食。在西餐之中，法国菜可以说是最讲究的。法国人爱吃面食，面包的种类很多；他们大都爱吃奶酪；在肉食方面，他们爱吃牛肉、猪肉、鸡肉、鱼子酱、鹅肝，不吃肥肉、宠物、肝脏之外的动物内脏、无鳞鱼和带刺骨的鱼。法国人特别善饮，他们几乎餐餐必喝，而且讲究在餐桌上要以不同品种的酒水搭配不同的菜肴；除酒水之外，法国人平时还爱喝矿泉水和咖啡。法国人用餐时，两手允许放在餐桌上，但却不许将两肘支在桌子上，在放下刀叉时，他们习惯于将其一半放在碟子上，一半放在餐桌上。

4. 习俗禁忌

法国的国花是鸢尾花。对于菊花、牡丹、玫瑰、杜鹃、水仙、金盏花和纸花，一般不宜随意送给法国人。法国的国鸟是公鸡，他们认为它是勇敢、顽强的化身。法国的国石是珍珠。法国人大多喜爱蓝色、白色与红色，他们所忌讳的色彩主要是黄色与墨绿色。法国人所忌讳的数字是“13”与“星期五”。在人际交往之中，法国人对礼物十分看重，特别讲究。宜选具有艺术品味和纪念意义的物品，不宜以刀、剑、剪、餐具或是带有明显的广告标志的物品。男士向一般关系的女士赠送香水，是不合适的。在接受礼品时若不当着送礼者的面打开其包装，则是一种无礼的表现。

（四）瑞典

1. 服饰礼仪

瑞典的传统民族服装是，男子上身穿短上衣和背心，下身穿紧身裤子。少女一般不戴帽子，已婚的妇女则戴式样不一的包头帽。在正式礼仪场合，男子一般是西装革履，加上一件长外套；女子一般是西服上衣配短裙，或穿低胸露肩的长裙。

2. 仪态礼仪

瑞典人在与客人交谈时，一般保持 1～2 米左右的距离，他们不习惯靠得太近。他们喜欢在交谈时直视对方，认为这是尊重对方的表示。

3. 相见礼仪

在瑞典，熟人见面时都会主动打招呼，并互相问候。与外国客人相见时，通常以握手为礼，有时也行接吻礼，在一般情况下，互不相识的人初次交往时要作介绍。其介绍的原则是把男子介绍给女子，把年幼者介绍给年长者。

4. 餐饮礼仪

瑞典人习惯于欧式西餐，以面食为主，爱吃烧卖、面包，对香肠、牛肉等也很喜爱。参加瑞典人主办的宴请活动时，要按主人排定的座次入席，同时要注意帮助座位旁的女伴入座。用餐时不要发出响声。一定要等到主人、年长者或比你级别高的人向你敬酒后，你才能向他们敬酒。

5. 喜丧礼仪

瑞典人婚礼有宗教婚礼和非宗教婚礼两种形式。宗教婚礼一般按福音路德教的礼仪进行，非宗教婚礼则由法官或其他有权主持婚礼的人主持，同时要有两位证婚人。瑞典的节庆活动很多，主要有圣诞节、元旦、仲夏节等。

6. 商务礼仪

瑞典人办事沉着冷静，计划性强，与外国人交往时很重礼仪。进行商务活动的最佳时间是 2～5 月，9～11 月，由于当地冬季漫长，大家格外珍惜夏季，7、8 月往往休假，所以在此期间不宜找他们洽谈生意。

7. 旅游礼仪

瑞典人喜爱安静幽雅的环境。他们养成了自觉遵守交通规则的习惯，即便马路上没有来往的车辆，但只要亮着红灯，也决不会横穿马路。在瑞典坐出租车、电车时，如携带了行李，需另缴行李费，行李费根据行李大小而有区别，车子小费是 10%～15%。

8. 主要禁忌

瑞典人忌讳陌生人询问他们的政治倾向和年龄，忌讳黄色蓝色。瑞典对酒后开车罚款很重。

（五）乌克兰

1. 仪态礼仪

乌克兰人性格坚强而又温和，严肃而又不失开朗，尤其是知识层次较高的人士，颇有儒雅风度。即便经常在一起的人，见面时都要点头致意或用手势打招呼；上下车和上下飞机时，男子要让女士先行，丈夫挽着妻子，恋人之间喜欢手拉手；有的地方，小孩见到长辈时还要躬身问安，平时成人则习惯蹲下来同小孩谈话，大人之间不和时，则竭力避免在孩子面前争吵或失态。

2. 相见礼仪

在乌克兰，陌生人相见时，一般称呼“女士/先生”，若是熟人见面，可只称其本名和小名，这样显得关系亲密；若是兄弟姐妹之间相称，一般喜欢用昵称。握手和拥抱是当地居民相见时最普遍的见面礼。他们不怠慢任何客人，非常乐意广交朋友。在社交场合，客人可作自我介绍，如果对方未做自我介绍，不必直接询问，可待会儿向第三者打听。

3. 商务礼仪

与乌克兰人进行商业会晤时最好事先进行安排，包括时间、地点、与会人员、主谈人员等，并尽量做到准时赴约。他们办事果断，雷厉风行，不喜欢过多闲聊，最反感开长会，议而不决。在第一次去某人家赴宴或第一次进行非公务性访问时，可送花或带些小礼物，比如巧克力等。

4. 旅游礼仪

乌克兰多属温带大陆性气候，夏季温和。交通发达，与前苏联各加盟共和国以及欧洲各国都有方便的陆路交通。在当地坐飞机坐车都可以通过旅行社或直接提前订票。对服务人员可付小费，若被拒收，也不要勉强。如果有事询问或请教当地人，他们会热情帮忙，客人应致谢，但不必付给酬金。

（六）英国

嗜茶是英国人饮食习惯中独具一格的方面。对于多数人来说，喝茶不过是一种生活需要，但英国人却认为，喝茶是一种必不可少的享受。每到上午 11 时、下午 4 时便是他们固定不变的“上午茶”和“下午茶”时间。只要这个约定俗成的时刻一到，无论是高官显贵，还是平民百姓，都会放下工作，然后手捧清茶一杯，慢慢地体味其中的乐趣。英国人不仅在约定的时间里享受喝茶的乐趣，在其他的休息时间也是争分夺秒地喝茶，有人称“英国人是懂得享受人生的人”。

英国人的传统食品是布丁、鱼和馅饼。其中布丁是他们最喜爱的食物。在通常的宴席上，当布丁上桌时，人们都是立即动手吃掉，因为布丁趁热吃味道最佳。布丁的制作方法是将面粉、牛奶、鸡蛋、水果混在一起煮熟。鱼也是他们食谱中的常菜。在英国人的餐桌上，主料是鱼的菜肴可以说品种繁多，层出不穷，其中炸鱼加土豆片便是最著名的一种。另外，英国人还喜欢吃馅饼，有一种在康瓦尔制作的馅饼因其工艺绝佳，被人们以郡名来命名。

英国人还有一个传统爱好——饮酒。啤酒是英国人喝得最多的酒，而素有“液体金子”美称的威士忌更是令英国人畅怀痛饮。英国人对酒的偏爱，促进了酒店业的发展。为给饮酒爱好者提供方便，难以计数的酒吧、酒馆林立在街道两旁。独具匠心的各酒店招牌是英国大街的一大特色风景。

男子穿裤、女子着裙是许多国家的通常习惯，而苏格兰男子却爱穿一种用花格子布制成的短裙。这是一种有着历史意义的古老传统服装。这种从腰部到膝盖的短裙，布面被设计成连续而完整的方格，像我国妇女夏天穿的“百褶短裙”，只不过它在前面还带有一块椭圆形的垂巾和很宽的腰带。除了这种传统的短裙外，英国人一般穿做工精细的西服及适用于不同场合的礼服。英国人在服饰上比较正统，所以在着装上缺少时尚的变化。但在量体裁衣上却堪称世界之最，其服装的做工之精，可以与法国服装相媲美。

与世界各国变化多端、色彩缤纷的女子服装相比，英国妇女的服装要略逊一筹，实用美观而又经济实惠是她们着装的出发点。英国前首相撒切尔夫人熨裙子的习惯就很好地说明这一点。虽然身为首相，但是着装既美观又简朴。她每次熨套裙时，从不把褶熨死，以便下次变换式样时跟上流行节拍，从而节省新做一套的花费。

1. 仪态礼仪

在英国，人们在演说或别的场合伸出右手的食指和中指，手心向外，构成V形手势，表示胜利；在英国，如有人打喷嚏，旁人就会说上帝保佑你，以示吉祥。

2. 相见礼仪

在英国，当婴儿出生时，父母亲朋一般依婴儿的特征，父亲的职业为婴儿取名，有的母亲家庭显赫，就用娘家的姓作为婴儿的第二个名字。英国老人讲究独立，不喜欢别人称自己老，走路时不必搀扶他们。

3. 商务礼仪

到英国从事商务活动要避开7、8月，这段时间工商界人士多休假，另外在圣诞节、复活节也不宜开展商务活动。在英国，送礼不得送重礼，以避贿赂之嫌。在商务会晤时，按事先约好的时间光临，不得早到或迟到。英国工商界人士办事认真，不轻易动感情和表态，他们视夸夸其谈、自吹自擂为缺乏教养的表现。

4. 旅游礼仪

到英国旅行，需注意当地的所有车辆均沿马路的左侧行驶。英国人遵守纪律，即便是几个人上车，他们也会自觉地排队上车。在英国坐出租车，一般按10%左右付小费。将小费列入服务费账单的饭店不必另付小费。在主人家中作客数日，需视情况付给提供服务的佣人一些小费。

（七）俄罗斯

俄罗斯是个多民族的大国，不同地区的不同民族，其饮食习惯存在差异。最具特色的是以下几个民族：

被人称为“吃土豆的人”的白俄罗斯人几乎每日三餐都离不开土豆。他们称土豆为“第二面包”。

生性豪迈、热情好客的亚美尼亚人，用制作讲究的烤羊肉来宴客。宴会上，宾主围着火堆，吃着味美肉嫩的羊肉，边喝边跳，以羊角装酒，相敬而饮，直至深夜而散。

布里亚特人的饮食习惯很奇特，他们用木碗盛饭菜，用手抓饭，而且木碗用完后，用舌头舔干净，以备下次盛用。

以牧羊为主的土库曼人，生活的许多方面都离不开羊。不管是做饭还是做菜都离不开羊肉及其制品。他们尤其珍视羊头、羊脚和脑髓，所以常以羊头、羊脚来招待尊贵的来宾和长者。

俄罗斯主要是俄罗斯人，东正教是其主要宗教。

俄罗斯人性格开朗、豪放，集体观念强。他们和人见面，大都行握手礼，拥抱礼也为他们常施的一种礼节。他们还有施吻礼的习惯，但对不同人员，在不同场合，所施的吻礼也有一定的区别。一般朋友之间，或长辈对晚辈，以吻面颊者为多，长辈对晚辈以吻额为更亲切和慈爱；男子对特别尊敬的已婚女子，一般多行吻手礼，以示谦恭和崇敬；吻唇礼一般只是在夫妇或情侣间流行。

俄罗斯人一般口头称姓，或只称名。为表示客气和尊敬时称名字与父名。在待客中，常以“您”字表示尊敬和客气，而对亲友往往则用“你”字相称，认为这样显得亲切。

应邀去俄罗斯人家里做客时可带上鲜花和烈性酒，送艺术品或图书作为礼品是受欢迎的。女主人对来访客人带给她的单数鲜花是很欢迎的；男主人则喜欢高茎、艳丽的大花。对俄罗斯人说话，要坦诚相见，不能在背后议论其他人，更不能说他们小气；对妇女要十分尊重，忌讳问年龄和服饰价格等。他们重视文化教育，喜欢艺术品和艺术欣赏。所以和他们谈论艺术是个很受欢迎的话题。

外出时，俄罗斯人十分注重仪容仪表，衣扣扣得完整，总是衣冠楚楚。男子外出活动时，一定要把胡子刮净。

主人给客人吃面包和盐，是最殷勤的表示。一般对晚餐要求较简单，对早、午餐较重视。用餐时间都得很长。乐于品尝不同风味的菜肴，菜肴喜欢熟透和酥烂。非常喜欢中餐。不吃海参、海蜇、墨鱼、木耳。

俄罗斯人偏爱“7”，认为“7”预兆办事成功，“7”还可以给人带来美满和幸福。他们普遍对红色偏爱。人们都把红色视为美丽和吉祥的象征。认为兔子是一种怯弱的动物，如果兔子从自己眼前跑过，那便是一种不祥的兆头。忌讳黑色，认为黑色是丧葬的代表色，厌恶黑猫，并视黑猫从自己面前跑走是不幸的象征。

1. 仪态礼仪

良好的文化素质使俄罗斯人非常重视人的仪表，举止。在社交生活中，俄罗斯人总是站有站相，坐有坐姿。站立时保持身体正直。等候人不论时间长短，都不蹲在地上，也不席地而坐。在社交场合忌讳剔牙等不良动作。

2. 相见礼仪

俄罗斯人的姓名，通常由本名，父名，姓氏三节构成。在社交场合，一般以握手礼最为普遍。握手时应脱掉手套，站直或上体微微前倾，保持一步左右距离。若是许多人同时互相握手，切忌形成十字交叉形。亲吻也是俄罗斯人常用的重要礼节。在比较隆重的场合，男人要弯腰亲吻女子的右手背。

3. 商务礼仪

每年4～6月是俄罗斯人的度假季节，不宜进行商务活动。商务活动应尽量避开节假日。会见客户时要清楚地介绍自己，并把同伴介绍给对方。但要注意，俄罗斯商人一般在初次见面时不轻易交换名片。进入客户会客室后，要等对方招呼才能入座。吸烟应看当时的环境并征得主人同意才行，若是主人主动敬烟则另当别论。

4. 旅游礼仪

在俄罗斯旅游，交通十分方便，公共场所大多有出租车待客，只要是空车，招手即来。住旅馆时要先行登记并交验护照。打电话也很方便，公共场所一般都有自动电话。俄罗斯政府不赞成收小费，但在现实中，不论住宿，坐出租车，一般结付账时都要加10%～15%的小费。

（八）德国

德国是个保守、严肃、正派的国家。在德国，人们要比在其他西欧国家更加有礼貌。

德国原属法兰克王国，公元919年创立德意志国家，建立王权。德国位于欧洲中部，面积35.6545万平方公里，人口7950万，其中德意志人占95%左右，另有少量丹麦人、索布族人和400多万外国移民。德语为国语。白鹳早已成了德国人心目中的国鸟。

德国人对吃不太讲究。他们的早餐、午餐都比较简单，晚餐较丰盛。时逢节日或亲友来访，他们一般都要办宴席。宴席的饭菜非常丰富，一般包括主菜前的开胃小吃和甜烈酒，餐中有一道汤，鱼和葡萄酒，肉菜、白葡萄酒、红葡萄酒和葡萄汽酒，餐后甜点心，奶酪和水果，浓圆咖啡和甜烧酒。主菜前的小菜有一条规则，即汤前上凉盘，汤后上热菜。在餐桌上放置着的水果，一般是不能用手直接去拿，而应用叉子叉起来吃。

有趣的是德国人的国菜既非山珍海味，也不是精心烹制的菜肴，而是一锅杂烩。“杂烩”，就是将肉块、土豆、蔬菜甚至面包片在一只锅里烹煮。若加上一条大香肠，那就更是锦上添花。有的美食家认为，过夜的杂烩加热后再吃，味道将更加鲜美。

德国人喝啤酒是世界上有名的。啤酒在他们看来是一种解渴饮料。他们对葡萄酒也很感兴趣，而且非常讲究吃的规则。吃饭时，先喝啤酒，再喝葡萄酒，要是顺序反过来，就认为有损于健康。

德国人的服饰，其民族特色并不显著。少数几个地区在服装方面有些独特的风格。比如巴伐利亚州的民间服饰，头戴小红帽、帽上插一枝羽毛，是巴伐利亚州男子服饰的特征；妇女多着敞领上衣和以红、绿、白为主的彩色裙子。而北方的汉堡人，以戴一种小便帽为标志。联邦德国总理施密特常常戴着汉堡小便帽。

德国人非常讲究整洁。人们工作时穿工作服，下班后非得穿戴整齐后才上街。如果出去做客，那么对服装就更讲究了。去看戏剧，参加上层社会或社交界的正式宴会，女的要穿长裙，男的要穿礼服，如果不穿正式礼服，那么至少要穿深色服装。穿西装一定要系领带。

在东部地区，已婚者都带上金质戒指。

德国人对工作一丝不苟，在社交场合也举止庄重，讲究风度。德国妇女的特点是简朴，体现在穿着打扮上，也体现在言谈举止上。与德国人相处时，几乎见不到他们皱眉头等漫不经心的动作，他们把这些动作视为对客人的不尊重，是缺乏友情和教养的表现。

德国人比较注重礼节形式。在社交场合与客人见面时，一般行握手礼。

在德国，忌讳“13”。要是13日碰巧又是个星期五，人们会特别小心谨慎。此外，德国人祝贺生日的习惯与中国人不太相同。在中国，友人生日临近，你方便时，送他生日礼物并祝他生日快乐，他一定会为你的关心及热情而感激不尽。但如果这事发生在德国，则只能收到适得其反的效果，因为按德国的习俗，生日不得提前祝贺。

在原联邦德国，年龄、职业、婚姻状况、宗教信仰、政治面目甚至个人收入，除关系极亲密的人以外，别人是绝不能提出这类问题的，尤其对女性，更得十分注意。在德国，相识或共事多年而不知对方底细是司空见惯的事。另外，别人买到一样东西，即使喜欢，也不要问价格。遇到别人生病，除伤风感冒或外伤等常见的病外，不要问及病因及病情，否则会招来好窥视别人秘密之嫌。访友时，切不可搞“突然袭击式”的登门拜访，要事先约定。在他人的办公室或家中，非经邀请或同意，不要自行参观，更不要随意翻动桌上的书籍或室内的物品。

1. 商业习俗

(1) 尊重对方的职称。除非对方先称呼你的名字，否则不要先直呼对方。应该用称呼对方的职务来代替姓名。如某某建筑师等。

(2) 不要拨电话到对方家里谈公事，更不可以在晚上休息时间进行。

(3) 了解对方公司和工厂的所在地，研究当地的历史和艺术文化背景，表示你关心这笔生意。例如在汉诺威，可以指出当地是以纯正的德国口音而著名等。

2. 社交礼仪

(1) 接电话时，简单说出自己的姓氏。

(2) 守时。

(3) 商业伙伴间握手寒暄，朋友之间不必如此，和对方握手时，另一只手不能放在口袋中。

(4) 男士走在女士的左侧。

(5) 不要谈论使人想起二次大战的政治话题。

(6) 不要用轻蔑的口气说俚语。当你对司机、警察或任何人不满，而且大骂对方笨蛋、笨猩猩或更难听的话时，对方会找人翻译，然后你就得付一大笔罚金。

(7) 聊天的时候，谈论德国人引以为傲的话题，比如音乐、教堂、酒、工程技术，特别是和技术相关的问题。

3. 用餐习俗

主人先喝一口自己的酒，然后举杯祝客人身体健康：ZumWoh！或更正式的：Prost！

4. 送礼

(1) 受邀到德国人家里做客，送花是一种礼貌(不可以送红玫瑰，在德国，红玫瑰只送给情人)，将花送给主人前，先拆开包装。

(2) 和足球相关的礼物极其受到欢迎，因为足球是项国际运动。

(3) 送精致的书桌上的摆饰品，不要刻上公司的名称。

四、亚洲国家

(一)印度

印度共和国(The Republic of India)，位于南亚次大陆的南部，面积297,47万平方公里，人口8.211亿，是个多民族国家。印地语为国语，英语为官方语言和商业用语。首都新德里

(New Delhi)。83%的居民信奉印度教，其次为伊斯兰教、基督教、锡克教。印度各地大小寺庙和殿塔比比皆是，每天香客络绎不绝。进入寺庙大殿都要脱鞋，但允许穿袜子。有时能够在大殿旁租用套鞋，穿上即可入殿。进入锡克庙时，头上必须罩一块洁净的布，如手绢等。在印度，月亮是一切美好事物的象征。

印度人相见应递英文名片，英语是印度的商业语言。主客见面时，都要双手合十在胸前致意。口中念着："纳玛斯堆"(梵文："向您点头"，表示问好或祝福)。晚辈在行礼的时候弯腰摸长者的脚，表示对长辈的尊敬。男子不能和妇女握手。许多家庭妇女忌讳见陌生男子，不轻易和外人接触。如果邀请男士参加社交活动，应请他们偕夫人同来。一般关系的男女不能单独谈话。

印度人是用摇头表示赞同，用点头表示不同意。人们用手抓耳朵时表示自责，召唤某人的动作是将手掌向下摆手指，但不能只用一个指头，指人时也要用整个手掌，不能用一两个手指头。

到印度庙或家庭做客，进门必须脱鞋。迎接贵宾时，主人常献上花环，套在客人的颈上。花环的大小和长度视客人的身份而定。献给贵宾的花环既粗又长，超过膝盖；给一般客人的花环仅到胸前。妻子送丈夫出远门，最高礼节是摸脚跟和吻脚。到印度家庭做客时，可以带水果和糖果作为礼物，或给主人的孩子们送点礼品。

印度人习惯用右手拿食物、礼品和敬茶，不用左手，也不用双手。就餐的时候，印度教徒最忌讳在同一个容器里取用食物。不吃别人接触过的食物，别人清洗过的茶杯，也要自己再洗涤一遍后才使用。喜欢分餐进食，注重菜品的酥烂，口味一般不喜太咸，偏爱辣味。主食以米饭为主，对面食中的饼类也感兴趣。不吃菇类、笋类、木耳。印度人最不喜欢吃大荤，信奉印度教和锡克教的人，忌讳吃猪肉、牛肉。吃素食的人较多，等级越高，吃荤越少。喜欢中国的粤菜、苏菜。他们一般不喝酒，因为喝酒是违反宗教习惯的。但有喝茶的习惯，方式是"舔饮"，也就是把奶茶盛在盘子中，用舌头舔着喝。

印度人忌讳白色，习惯用百合花作悼念品。他们忌讳弯月图案，视1、3、7为不吉祥数字，和印度人交谈，要回避有关宗教矛盾、和巴基斯坦的关系、工资以及两性关系的话题。印度奉牛为神圣，忌讳吃牛肉，忌讳用牛皮制品。崇拜蛇，视杀蛇为触犯神灵。忌讳用澡盆给孩子洗澡，认为是"死水"，是不人道的。

虔诚的印度教徒有早睡早起的习惯。每天清晨冲凉后做祷告，然后开始工作。教徒们常在河水(特别是"圣河"恒河)中沐浴。他们相信，入河沐浴，可以洗刷过错。

牛被印度教教徒视为"圣兽"，印度教徒认为，牛既是繁殖后代的象征，又是人类维持生存的基本保证。就是在科学技术十分发达的今天，印度人对牛仍然是敬之如神。印度教不准吃牛肉，印度虽有养牛业，但只能提供牛奶、黄油及牛粪作燃料，喝牛奶是允许的。

正统的锡克教徒不剪发，头上缠着头巾。他们不吸烟，也不吃牛肉。正统的穆斯林妇女一般不见男客。邀请印度人参加社交活动时，也应邀请他们的妻子。

如果进行某种商业谈判，他们会自自然然地说："你们的资本比我们的多，所以，这一笔费用该由你们支付"。外国商人和印度人谈生意的时候，就常常因遇到这种场面而闹得啼笑皆非，钱较多的人，或是较受欢迎的人应该付钱——他们认为这是"顺理成章"的事。

印度是一个讲礼节的民族，又是一个东西方文化共存的国度。有的印度人碰到外国人时，能用标准的英语问候"你好"。有的则用传统的佛教手势——双手合十。印度教徒见面

和告别多施双手合十礼，并互相问好祝安。行礼时要弯腰触摸长者的脚。印度人在双手合十时，总是把双手举到脸部前才算合十。这种招呼，显得比握手高尚、文雅，令人有一种“仙风道骨”之感。切莫在双手合十时点头（外国人在印度常有这种动作，容易引起当地人的嗤笑），不然就破坏了亲切和气的气氛，显得有点不伦不类。

印度是个迷人的国家，印度人多为印度教徒、佛教徒、回教徒和锡客教徒。天气炎热是当地的大问题。每年5月到8月，有难以忍受的高温和季风，此时尽量不要出差到印度。

1. 商业习俗

(1) 印度语是国家语言，但是英语四处通用。

(2) 对印度女士表示绅士风度，如帮她拿外套，或在她进入屋内时起身致意等。

2. 社交礼仪

(1) 传统的社交祝福，称为“合十礼”，就是合上双掌呈祈福的姿势，摆在胸前，微微低头。

(2) 印度人现在也握手寒暄。有些妇女不习惯和男士握手，若对方没有握手的意思，那就行合十礼。

3. 穿着

(1) 因为气候炎热，印度男士常穿着轻装，不系领带。

(2) 额头有一颗红点的妇女，表示已婚。

(3) 在社交场合，妇女多穿着艳丽透明的萨丽服(Sari)。在旅行或工作时，她们比较喜欢穿正式而保暖的衣服。

4. 会谈

(1) 讨论当地的历史和艺术，会让对方很高兴。

(2) 印度人以自己国内美丽的皇宫和花园自豪（如阿克拉、泰姬陵遗迹等地方），如果你不想去参观会令他们失望。

(3) 不要提及教派冲突的话题，这种话题会令人伤感或令人情绪激动。

(4) 携带家人的照片可以引起话题。因为印度人非常重视家庭。

5. 用餐礼仪

(1)若对方是回教徒，他的妻子通常不会出席。

(2)若肠胃较敏感，小心印度的辛辣食物。酸奶酪和米饭是每餐必备之物，只喝瓶装水（也可以用来刷牙）。

(3)回教不吃猪肉，印度教不吃牛肉。

6. 送礼

(1) 不能送牛皮制品给印度教徒，在印度，牛是神圣的动物。

(2) 不可送猪皮的制品给回教徒，那是对他们的不敬。

(3) 印度教徒喜欢苏格兰制品，特别是大英帝国时期留下的东西。

(4) 受邀到别人家中用餐时，在附近买束花送女主人。

(5) 送礼物给孩子，因为孩子是每个家庭的中心。

(6) 化妆品和香水适合送给女客户或客人妻子。这些东西在印度都比较昂贵（深色眼影、亮色口红适合印度妇女）。

（二）日本

日本的饮食习惯在保持传统的基础上发生了巨大的变化。经历了近半个世纪的发展变化，日本的饮食由战前较单一的米食演变成了现代欧化式的米食和面食并重的形式。

日本的菜肴既使人大饱口福，又能让人大饱眼福，因为日本人希望他们的菜肴不仅要好吃，而且要更好看。为了达到外形美，他们很注重菜的摆放和餐具的使用，特别在餐具上下了很大的工夫，他们把餐具做成多种形状，有树叶形、鱼形和方形等。在宴席上，将色香味俱全的菜肴放入这些极富艺术魅力的餐具中，更能达到锦上添花的效果。如采用“穷极心智”来形容日本人对菜肴的追求，实在不过分。难怪有人说：“日本人的菜是用眼睛吃的。”

日本是个四面环海的岛国。蕴藏丰富的大海为这个国家提供了取之不竭的海鲜。对于鱼类，日本人是“情有独钟”，这个“彻底的食鱼民族”在鱼的吃法上更是自有一套，有生吃、熟吃和干吃。颇具特色的名菜“沙西米”，就是由高级生鱼片加工而成的。

享有“母亲手艺”之称的酱汤是家庭中不可缺少的菜谱之一。它是以酱为主，与蔬菜、豆腐、香菇和海味一起煮制而成。在日本，有句俗语叫“傻瓜才喝三杯酱”，意思是说酱汤好喝却不可多喝，但奇怪的是许多日本人都心甘情地做傻瓜。由此可见酱汤的美味对日本人诱惑力匪浅。

茶道是日本传统的生活文化艺术，而且具有浓厚的民族特色。人们用“和、敬、清、寂”四个字来概括它的精神，对四个字可以解释为：“酷爱和平，清心宁静。”一盏清茶，其中竟寓含着如此深奥的思想，不禁令人惊叹！茶道能陶冶性情，在日本很受人们的崇尚，普及于千家万户。

日本对举行茶道有成套的习俗。首先，茶室的环境要幽雅和肃静。讲究的家庭在自家花园里建三间精致小屋，两两相连，其中一间就作为茶室之用。其次，茶室内的布置也要典雅别致，除放置风炉、茶具、炭和水缸之外，一般可以装饰一些书画、插花等艺术品，使人在饮茶的同时，也欣赏到了古色古香的艺术。客人在进茶室之前，要脱鞋躬身入内。在饮茶之前要吃精致的茶前点心。主人泡好精致绿茶后，应先敬首席，再敬其余客人。客人接茶时应举茶碗齐于额头，然后再饮，并在饮时要发出啧啧声，以示对茶的赞赏。

日本人的饮食习惯中有许多的禁忌，招待客人用膳时，给客人盛饭不能过满，也不可只盛一勺；不能将筷子插在盛满饭的碗上；给客人盛饭，不能将整锅米饭一下子就分成一碗碗的份饭；吃饭时不能只吃一碗，因为他们认为只吃一碗是象征着无缘；吃饭时不能敲碗，他们认为敲碗要招来饿鬼；不能在糕上撒盐，也不能把糕点扯着吃；不能只吃一半饭或汤就剩下不吃了；不能往红豆饭上浇酱汤吃；供过神灵的食物禁止给女孩吃，据说这是怕给女孩的姻缘带来不吉祥；就餐时不能与离得较远的人大声讲话，不能含着食物讲话。有的习俗在其他国家看来是失礼的行为，但是在日本却是一种应有的礼仪，比如吃饭或喝汤发出响声，在他们看来是表示对饭菜或汤的赞赏。

日本人的传统服装是和服，日语中称“着物”。宽袖、开襟、束腰、宽带是一般的流行式样。这种式样是与日本的环境有关的，由于日本地处岛国，气候潮湿，因此，衣服必须做得宽大才能使人舒适。

由于西服和时髦服装大量充斥日本市场，穿和服的日趋减少，但它并没有完全被人们所遗弃，在传统节日或举行婚丧仪式时往往有人穿和服。特别是妇女，她们比男人更喜欢和服。日本人在不同场合要穿不同式样的和服。在结婚典礼上，新娘穿的礼服，以白丝为主，十分讲究。已婚或中年妇女穿的叫“留袖”，黑边儿，底摆带花，有的还绣着家徽，既素雅又华丽。妇女外出时穿的和服，从肩到前身都带有美丽的花纹。年满 20 周岁的姑娘在成人节穿的和服叫“振袖”，中老年男子穿的带有家徽的和服叫“纹付”。

1. 商业习俗

(1) 日本非常多礼，而且决不会得罪人。他们不会正面直接拒绝别人，因为他们只想取悦对方。开会时答应的事，可能会事后后悔，但也可能事前拒绝的事，一年以后再跟你联络并希望马上有生意来往。

(2) 在办公室谈生意或开重要会议时，一定要为对方准备一位翻译员，否则日本人对你的办事能力会感到质疑。

2. 社交礼俗

(1) 在这多礼的国家，嘈杂和刺耳的言行会令人反感、引人侧目。

(2) 可以和日本人握手寒暄，不要拥抱或亲吻对方，日本人不习惯在公共场合处碰对方。

(3) 点头微笑向对方致敬，会令对方高兴。

(4) 站立鞠躬表示非常尊敬对方，弯身 30 度，双手下垂，手掌朝下放在大腿两侧或膝前，立正后抬头。

(5) 日本人身为外国客户，会希望你能带领他们到大厅或进入车间、电梯、车库等地。

3. 到私人家里拜访

(1) 拜访日本人家里或参观庙宇，都要脱鞋。当场不一定备有拖鞋，所以得注意自己的袜子。脱鞋的目的，除了保持环境干净外，也希望不要弄坏榻榻米。如果鞋脱在屋内，将鞋头朝向门外放整齐。离开时，要将拖鞋的头朝向屋内整齐排列。

(2) 如果可以的话，跪坐在地板上，不行的话，可脚成斜角坐在地板上。

(3) 通常以茶点招待，不要待太长的时间，约一个小时或一个半小时，主人会劝你待久一会儿，那只是表示礼貌。

(4) 若家中有年长的亲友，离开时记得向对方道别。

4. 服装

(1)不穿全白的洋装或套装，那代表丧事。

(2)不穿艳丽、亮色的衣服。

(3)男士可穿着深色西服，领带颜色和样式可以活泼些，但也不可以太花哨。

(4)女士不宜穿着太短的裙子、太暴露的洋装(日本人觉得商人的妻子可以穿的性感些，但是有工作要务的女性就不适合了)。

5. 送礼习俗

日本人送礼时，往往送对受礼人毫无用途的物品，于是受礼人可以转送给别人，那个人可以再转送下去。日本人喜欢名牌货，但对装饰着狐狸和獾的图案的东西则甚为反感。到日本人家里做客，携带的菊花只能有十五片花瓣，只有皇室帽徽上才有十六瓣的菊花。日本在世界上是最重送礼的国家，礼品要注意包装，用宣纸做包装纸表明你有高尚的审美观，那些容易引起话题的礼品常受人欣赏。送礼时不要给别人造成措手不及，不要让对方因为没有现成的礼物回赠而感到窘迫，送礼时应尽量显得自然、诚恳。

日本人认为送礼是向对方表示心意的物质体现，礼不在厚，送的得当便会给对方留下深刻印象。在日本送礼应注意以下三点：

(1) 礼品应有包装。例如乌龙茶风靡日本，男女老少均爱饮用，在中国国内选购时一定要选有塑料薄膜包装的，若在名店购买，请售货员用印有名店的纸包一包，则这盒茶叶将会身价倍增。

(2) 若送字画，要选画面小的，因为日本的住房空间不大，无处可挂中国式的大挂轴，一般2尺长、1尺宽为宜。字画不一定要裱好，因为日本的装裱技术比我们的好些，不少爱画的日本人即使买了中国裱好的字画回国后也要重新裱过。

(3) 礼品不在贵重，而在于有中国民族色彩。切忌送尚未为一般日本人了解的中国特产。

6.用餐礼仪

(1) 在街上边走边吃不礼貌。

(2) 日本人宴客多在高级餐厅。

(3) 为表示对客人尊敬，让客人坐里面，主人坐对面。

(4) 饭和汤会用三至五个大盘子盛上。

(5) 如果是主人，先为年长者服务，然后服务其他人，最后服务自己。

(6) 用餐时，饭菜和汤相互取用，泡菜最后才吃。

(7) 因为味道太重，会无法分辨其他食物的美味。

(8) 不需添饭时，要吃光碗内的米饭；若还要添，留几粒饭粒在碗底。

(9) 用餐前，双手拍两下说："开饭"。

日本人早餐喝粥，午晚餐吃小碟菜，有餐前俱饮茶的习惯。主食大米，使用筷子横拿，以漆具为主，活动范围较小。口味鲜稍带甜，喜欢清淡的海鲜、河鲜。日本人不习惯吃内脏、羊肉。他们传统的红豆饭，要在上面撒芝麻。

小菜秩序：

凉盘凉碗——海产品或酸甜口味；

生鱼片(鲜鱼或贝壳，芥末)；

烤鱼(咸)炸大虾；

煮蔬菜或海产类；

米饭拌咸菜或酱汤；

水果。

特色是：菜追求形色俱全，以外形美引起人的食欲，保持原料鲜美，生食较多，餐具造型奇特，讲究漆具，讲究清淡，忌动物油。

日本"有食必有饮"，清酒，是繁荣之水。白酒称为"烧灼"，兑水喝。

7.日本"盐文化"

酒杯角上放些盐，添了盐之后再喝酒，盐是特殊的味精，"圣洁之物"。例如，运动员相扑比赛前，先抓把盐放在场地中，表示比赛场地干净，没有邪气。在办完丧事回家时，在院中散盐以"净家"。炒热的芝麻和盐搅在一起，撒在米饭上。洗蔬菜时加些盐"引虫出动"。盐象征着有缘分，商店开张时，在门口放一盆盐堆成山尖状，表示与顾客有缘。

(三)韩国

韩国是单一的民族——朝鲜族，佛教徒占全国人口的1/3。韩国人讲究礼貌，待客热情。见面时，一般用咖啡、不含酒精的饮料或大麦茶招待客人，有时候还加上适量的糖和淡奶。这些茶点客人必须接受。

韩国人初次见面时，经常交换名片。韩国很多人养成了通报姓氏的习惯，并和“先生”等敬称连用。韩国一半以上居民姓金、李、朴。

在建立密切的工作关系之前，举止合乎礼仪是至关重要的。韩国人洽谈业务，往往在旅馆的咖啡室或附近类似的地方举行。大多数办公室都有一套会客用的舒适的家具，韩国人注重服饰，男子穿西服、系领带。如果被邀请去韩国人家里做客，按习惯要带一束鲜花或一份小礼物，并双手奉上。不要当着赠送者的面把礼物打开。进到室内，要把鞋子脱掉留在门口。

韩国的农历节日和我国差不多，也有春节、清明节、端午节、中秋节。

韩国人以米饭为主食，早餐也习惯吃米饭，不吃粥。还喜欢吃辣椒、泡菜，吃烧烤的时候要加辣椒、胡椒、大蒜等辛辣的调味品。汤是每餐必不可少的，有时候汤里放猪肉、牛肉、狗肉、鸡肉烧煮，有时候也简单地倒些酱油、加点豆芽。韩国人对边吃饭边谈话非常反感。

韩国人不轻易流露自己的感情，公共场所不大声说笑。特别是女性在笑的时候还用手帕捂着嘴，防止出声失礼。在韩国，妇女十分尊重男子，双方见面的时候，女性总是先向男性行鞠躬礼、致意问候。男女同座的时候，往往也是男性在上座，女性在下座。

这个古老的国家，是由单一民族单一语言组合而成的 。和朝鲜之间有纠纷。韩国已经成为世界上重要的工业王国。

韩国素有礼仪之邦的美称，他们注重礼节，讲究尊卑，在社会上和家庭中，无不对长辈表示尊重，不敢稍有怠慢。在人际交往上注重礼节，讲究谦让，这一点，与受我国儒家思想的影响不无关系。韩国人把儒家思想作为一种宗教来信奉。韩国人对自己国家悠久的文化、现代社会成就都有一种自豪感，有时甚至表现出一种自傲。

韩国人重视对交易对象的印象。能否给对方留下一个好印象，直接关系到交易的成败。如遵守他们的生活方式、注重仪表和礼节等都很重要。

韩国人具有鲜明的民族文化特征，自尊心很强。韩国语言中有丰富的汉语词汇，却与中文没有语言学上的关系，它是多音节、无声调的。如果在韩国散发介绍材料，建议有韩文内容。许多高层管理者不能流畅地阅读中文，如果出口商在这方面下些工夫，韩国人就会认为出口商重视韩国市场。

在韩国经商，人际关系很重要，最好由第三者把你介绍给客户或同事。这是韩国商界正式的介绍方式，它可以帮助扩展商界社交网。在韩国要经商成功靠的是关系。人际关系十分主要，最好能了解公司内部最新的人员构成和人事变动。会见客人时要了解他们在公司中的职位以及他们告诉你的有关自己的情况。通常，在与韩国进口商做生意时，个人历史情况起很重要的作用。若被问及个人生活情况（如婚姻状况、年龄、家庭背景和收入等），要有思想准备，因为韩国人不把这些问题当隐私，对了解别人的背景常常很有兴趣。

名片具有同等重要性，但千万不要把带有日文译文的名片递给韩国人，韩国人视其为严重侮辱。收到对方名片后，要端详片刻，不要在上面涂改，写字或撕纸。

首次会见，韩国商人习惯握手，也会轻微鞠躬。韩人姓名通常是三个字，姓在前，名在后。可称其姓，如 Pack Nam－sun 应称 Pack 先生。千万不要直呼其名，尤其不能当着其他客商的面叫其名字。第一次会见非常重要，韩国商人很看重初次见面时的印象，所以要记着穿正式套装。

与韩国人进行公务礼仪需要耐心，他们谈判时很投入，谈判过程冗长。无论你的产品质量多好，若想达成交易却不那么容易。即使你感觉一桩买卖十拿九稳可以做成，也不要在谈判中过于催促，鲁莽的直率会引起不快，最好耐心等待，有什么问题，可在晚些时候提及。通常，首次会晤不要直接谈生意。按习惯，首次见面的目的是互相认识，建立信任感而不是确定交易。

尽管会面是在友好的气氛中进行，也要保持正式。韩国生活各层次的人，尊重和面子十分重要，在会谈中保持一定距离以示尊重，对方也会以认真态度待你。

书面和约在韩国人之间较少使用，因此有必要在最早的讨论时把你要说明的意图讲清楚。韩国人对与外国公司签书面合同有思想准备，但这种合约总是更具有私人意义，而不是法律意义。如果两公司之间交往中断，合约的价值连书写合约的纸都不如。要事先把你对买卖的一揽子建议送至对方，开始谈判时适当报高价，经过漫长、谨慎的考虑，韩方通常会接受中间价。

与韩国人谈判早做准备大有益处。最好能根据对方谈判人员的情况，然后派出与之同等级别的代表，如有可能，派出人员的年龄也尽量相似。级别和资历很受重视，双方人员在职务资历上不相称令人尴尬。

做出最终决定并不只依靠高层人士。外商普通易犯的错误是认为会晤了公司总裁并得到他的认可，后面的事情会一帆风顺。事实是，真正管理公司业务的中低层职员对客户越级办事非常反感，这种反感在今后会变成阻力。

最后一点需指出，一旦完成与对方的谈判，仍有许多官方手续要办。通常韩国公司会指定一名非常有经验的职员处理代理商和政府部门的手续问题。如果你的公司需直接与政府官员打交道，建议派一个级别较高、年龄较大的人去，韩国官员对级别特别重视。

赠送礼品在韩国商人交往中占有重要地位，送礼品、收礼品都有讲究。对别人的关心帮助不能以钱作为礼品回报，这样做可能冒犯对方。但在婚礼、60 岁、70 岁、80 岁和 88 岁生日时客人可以以钱作礼，用简朴的白色信封装上 3 万至 5 万韩元(25～40 美圆)。要注意钱的数目不能以 4 为单位，礼品也不能 4 样一组，因为在韩国文化传统中，4 与“死”有关联。

送礼时，最适合的包装纸颜色是红色，蓝色代表幸运。如果给政府工作人员送礼，切记不要选择价值 100 美圆以上的礼品。根据政府工作的道德法，收受礼品必须向上级报告，礼品过于贵重可能给人带来不便。礼品或促销材料避免包装成三角形形状，三角形带有不好的含义。

如果客户邀你去他家吃饭，别忘了带上水果、鲜花之类的小礼品，去之前要打个电话。这种场合最好别讨论生意上的事，除非主人先开口。

韩国商界人士出席各种会议常常迟到，却希望外商准时。会议一般安排在上午 10～11 点，下午 2～3 点。韩国人喜欢单独会面，如果是集体会面，我方高级成员应先进去，然后按级别跟进。韩方人员可能已按级别高低列队等候。

会面开始时，他们习惯稍稍鞠躬表示问候。会议结束时，鞠躬时间较长意味着会谈成功。工作结束后，可能会被邀请去饭店或酒吧喝几杯。与在中国一样，在吃饭时大量饮酒，大声唱歌，在尽情喧闹中度过夜晚。要努力融入这种氛围，因为韩国人判断人品不单看工作，也要看在社交活动中的表现。

韩国商界很看重诚实和信任。与韩国人做进口业务，最重要的是建立自信，并与对方建立信任关系。

1. 社交礼俗

(1) 饮食没有禁忌，韩国有 1/3 的人是佛教徒，1/3 是基督教徒，另外 1/3 是无信仰者。

(2) 韩国人烟瘾很大。

2. 用餐礼俗

(1) 一般是客人先开始。若不了解用餐顺序，先喝汤就对了。

(2) 再度拜访韩国时，主人会很高兴听到你想再尝尝韩国菜，如 Tuk-kuk，是一道很有名的汤(由蛋花、牛肉、洋葱、干海藻做成的)。

(3) 晚餐时，面前会放一碗饭和汤，其他的菜放在桌上，想吃什么就吃拿什么，一口一口地拿，不要拿了一堆菜堆在饭上(这很不礼貌)。

第三节　饮食民俗

一、西方饮食习俗

用菜方式：点菜、定菜。

(1) 开胃品：煮菜、汤类、沙拉、点心、饮料、各式三明治。

(2) 定食

①今日特餐(today special)

一菜一汤、沙拉面包、饮料。

②全餐(full)A 餐

开胃品、汤类、冷盘、主菜(两道)、沙拉、面包、点心、饮料。

③普通餐(ordinary)B 餐

汤、冷盘、主菜一道、面包、点心、饮料。

(一)美国

牛肉、鸡、蛋类、蔬菜、水果。

早餐丰富：果汁、吐司、蛋类、肉类、饮料。

午餐简单：三明治、牛奶、咖啡、罐头食品。

晚餐较丰富：以肉类、鸡为主，不爱吃鱼(因为鱼带骨头)。

(二) 英国

英国人比较喜欢吃野味、浓汤、火腿。

他们一日三餐都有水果，中晚餐喜喝烈性酒。

晚餐内有咖啡及烤面包。

传统西餐主菜前有一道鱼，后是果汁加冰

(三)鸡尾酒会(鸡尾自助餐)

1. 自助宴有三大优点

第一，接待的人数能大大超过餐厅里的餐桌所能容纳的人数。应该适当控制人数，以便使每个来宾都有地方站足，房间里也应留有足够的回旋余地，使客人取完食物回客厅时可畅行无阻。

第二，没有服务员的帮助也可顺利进行。自助是名副其实的“自己动手”，没有帮手的女主人也可以和客人们在一起度过几乎整个晚上的时间。

第三，具有人人都欢迎的不拘礼节的气氛。宴会前可以随便坐在任何地方，然后步入餐厅自己取菜和饮料，再回到老地方或找新地方坐下，这种做法别有情趣，使自助宴会颇受欢迎。此外，客人也可以自由选择自己的谈话对象，而这在按席次入座的宴会上却是不可能的。

鸡尾酒会是招待一群人最容易且最不花大钱的方法。注意区别，鸡尾酒自助餐有很多食物，稍后没有晚餐计划，而其中鸡尾酒招待会是三者中最正式的形式，通常在夜晚举行，供应香槟。

2.鸡尾酒会的基本设备

(1) 吧台覆盖上桌布(尽量用长的桌布，短的桌布看起来像断了一半的窗帘)；

(2) 每张桌子有简单的盆花，会用水果、青菜和乳酪做出其他装饰；

(3) 正确的酒杯(别用塑料杯，除非不得不用，例如在花园、海边或船上举行)；

(4) 如果原有的座位不够客人坐，要在四周放上些小桌子(通常要铺桌布)和小椅子，让客人坐下来交谈或休息；

(5) 衣帽架；

(6) 雨伞架(若在室外举行下雨时)；

(7) 大小托盘，用来传递饮料和开胃食品；

(8) 适合的鸡尾酒餐巾。在家宴中最好使用布的餐巾，否则到专卖店购买漂亮的纸巾，若你的酒会有个特殊的主题或贵宾，可以在餐巾纸上印一些特别的文字或图样；

(9) 彩色的牙签，开胃食品会用到他们，可以增加食欲。

3.酒吧中最基础的饮品

(1) 苏打水；

(2) 软性饮料；

(3) 苏格兰威士忌或波本；

(4) 伏特加或琴酒；

(5) 白酒；

(6) 啤酒或生啤酒；

4. 没有酒精饮料的吧台供应的东西

(1) 几种软性饮料(有些是减肥饮料)；

(2) 几种品牌的苏打水和矿泉水，配上水果切片供客人选用；

(3) 几种果汁，用吸引人的玻璃杯盛装，并加碎冰，上面还放水果(草莓、葡萄、南瓜片、樱桃。水梨切片等)；

(4) 苏打水、冰冻饮料，加香草的牛奶，新鲜水果混合果汁等。

5. 酒杯

（1）别使用精致的高脚杯，它们很容易破裂，而且酒很容易溅出来。

（2）室内别用塑料杯，它们显得粗俗，破坏宴会形象。

（3）通常你的宴会有两种酒杯就足以应付：

直杯（装软性饮料、苏打水、综合饮料等；

旧式酒杯（装任何“加冰块”的烈酒或任何饭前酒）。

6. 鸡尾酒会食物

现代人吃得少，以往鸡尾酒会饭前供应的第一项就是各种热食的拼盘，现在已用“耐嚼的食品”如坚果、酪心面条酥等代替。

酒会热食必须多且吸引人。因为

（1）你的客人在这个时候已经肚子饿了。

（2）吸引人的鸡尾酒食品赏心悦目，大大增加了**欢乐的**气氛。

（3）站着喝酒并不是客人想要的，况且聊天需要食物当润滑剂。

7. 鸡尾酒菜单

每张桌子上都有坚果之类的食品。

健康食品：生菜（或稍微烫过的）加美味但胆固醇低的蘸料。

（1）三种熟食：烤荸荠用培根包卷（牙签穿好）；烤肉卷（牙签穿好）；烤旗鱼肉蘸柠檬汁。

（2）三种较冷食物：菊莴笋（上面蘸羊乳酪）；西瓜切块用火腿包裹，牙签穿好；小片的培根、莴笋和番茄三明治，放在奶油蛋卷上。

（3）一大盆各种不同的饼干。

（4）烤羊肉片，加上无花果，杏仁和羊乳酪果酱。

（5）冻虾，通常搭配柠檬汁和香草。

（6）面条用香草和橄榄油调味，以温热或室温的温度供应。

（7）大盘的绿色综合沙拉。

（8）热的小牛肉跟饭一起蒸。

（9）综合水果和巧克力当甜点。

季节适当时，鸡尾酒会的食物包括：

（1）鲜蚝和蚌；

（2）新鲜的俄罗斯鱼子酱；

（3）烤鸡肉片，不同的面包切片和不同的面包涂料；

（4）新鲜的龙虾；

（5）进口的烟熏鲑鱼；

（6）蟹脚；

（7）进口的鹅肝酱；

（8）自助餐招待晚宴的菜单（这项聚会可能在公司赞助的画展、音乐会或电影放映后进行）。

鸡尾酒会可以做得精致，也可以简单，邀请方式较简单（电话联系等都可以），邀请嘉宾可以保持弹性，接待比较轻松自主，常与舞会联系在一起，人力财力比较节省，因此这种形式用得比较多。

二、中国地方菜

中国地方菜有南北菜系，苏菜（苏州、扬州、杭州），粤菜（广州、潮州、汕头），川菜（重庆、成都、巴蜀），齐鲁菜（济南、临淄、曲阜）等。

特点：历史悠久，腹地深广，基调相同（新鲜浓香）各有特色

（1）苏帮菜：味兼南北，河鲜较多，点心小吃精美。

（2）粤帮菜：用料广，选料严，口味偏清、鲜、爽、滑，配菜丰富，粥品点心多。

（3）川菜：重油重味，用料普遍味美，重小吃。

（4）鲁菜：来自宫廷菜，讲究用料，高热量高蛋白东西较多，以汤调味。

（5）江南饮食文化有江浙沪三大块

江：以南京、扬州、苏州为主。

沪：上海（汇集中外）。

浙：杭州、宁波、绍兴为主。

① 南京菜：选料严格，加工精细，花式菜非常精巧，以鱼虾鸡为主。南京板鸭，清末成为贡品，盐水鸭皮色白，皮肥肉酥。民间茶叶蛋比较有名，干丝类，菜面混吃，莲心羹，鸭油烧饼，素包。

② 扬州菜：又称淮阳菜，刀工精细，主料突出。三套鸭：家鸭套野鸭套鸽子，再填鲜贝类、笋片，清蒸。清蒸蟹粉狮子头（传统名菜）加菜心。芙蓉海底松：海蜇头或汤，灌鸡汤，鹌鹑蛋，绿色食品，可加鹌鹑入汤，称为“飞燕入海”。清蒸鲥鱼，鳞可吃。春卷、三丁包、五丁包，千层油糕。五丁：鸡丁，笋丁，肉丁，虾丁，菜丁（香菇丁）。

③ 苏州：造型美观，色彩和谐，鲜美可口，鲑鱼，苏州酱鸭、焖鱼翅。

春：笋腌鲜。

夏：清蒸鲥鱼，响油缠丝、荷叶粉蒸肉。

秋：白汤鲫鱼、走油鱼。

冬：酱油肉、糟青鱼。

④ 太湖船菜，以鱼虾蟹类，甲鱼类、银鱼、河鲜为主，鸡鸭鹅配以香菇，笋、木耳，富有季节特色。

春：甲鱼、银鱼炒蛋。

夏：酒醉呛虾、糖醋鲑鱼。

秋：白鲫鱼、鳝鱼、蟹粉。

冬：香酥肥鸭、鸡汁蘑菇、炒鱼片。

⑤ 杭州“天下酒宴之盛，未有如杭城也”，特点是清鲜爽脆。

龙井虾仁（血牙红＋翠绿）西湖醋鱼（楼外楼）；叫化童鸡（天香楼）；东坡肉；范菜。

⑥ 宁波以海鲜为主料，配以咸菜、苔菜，鲜嫩软滋，点心丰富 ：清蒸河鳗、冰糖甲鱼、苔菜拖黄鱼、咸菜黄鱼羹、鱼干烤肉。

⑦ 绍兴（农家菜）：醉虾、醉蟹，糟类多，糟鸡、糟肉、糟鸭，梅干菜烤肉，乳腐带有泥土气息。

⑧ 江南家常饭：葱爆鲫鱼、蛋烧肉、咸菜芙蓉汤、五香鸡翅、发菜、八宝饭。

第四节　节庆礼仪

世界上所有的国家和民族，都有着许多相同的或不同的节日。无论什么节日，都是一定文化传统的产物和体现，都具有这样或那样的礼仪色彩。了解这些节日的文化背景，明确其礼仪要求，不但可以让我们更多更好地享受到节日的温暖，而且更重要的是，每一次过节，都是一次社会交际的演练，因此过好每个节日，都是一次社会生活底蕴的领悟，都可以让我们采撷到社会交际的丰硕果实。

节俗与节庆的礼仪活动，是我国历史文化的组成部分。在古代，“礼”是一门专门的学问。它不仅包括具体的礼节仪式，还包括一系列的制度、规定以及贯穿其中的思想观念。

礼，在漫长的岁月中，在不同的历史时代中，经过沿袭相传，有的被淘汰，有的进一步发展。不少传统的礼俗节庆，就是其中被保留下来的部分。加上现代国家政治生活中所规定的节庆活动，组成我国生动的多姿多彩的节俗节庆活动。

我国汉族地区民间现在例行的节俗和节庆日按时间顺序排列有以下 13 个：元旦、春节、元宵节、花朝节、清明节、劳动节、端午节、夏至节、中元节、中秋节、国庆节、重阳节、冬至节。

(1)以 24 个节气为内容所进行的节庆活动如：清明节、夏至节、冬至节等。

(2)古代对日月星辰、风伯雨师、山林川泽，四方百物的祀典中保留下来的节庆。如：花朝节、重阳节等。

(3)对民族英雄、烈士先贤、已故亲友表示纪念的节日如：清明节、端午节、中元节等。

(4)现代国家政治生活中法定的纪念、节庆如：元旦、劳动节和国庆节。

一、我国传统的节庆日

元宵节，农历正月十五日是元宵节，也称为上元节。我国从唐代起，每逢元宵节必张灯，故又称灯节。按民间习俗，正月十三日灯节活动便已开始，俗称“头灯”，到十五日元宵节当天晚上，更要在自己家门口张灯。南方要吃米粉搓的小圆子，俗称“糖圆”，北方则吃有馅的元宵(也即汤团)以取“团圆”之兆，这天居民于晚饭后常合家外出逛灯市，十六日称为“残灯”，一般灯节到此为止。但江浙有些地方要到十八日。下灯之后，家家都吃面条，俗称“上灯汤团下灯面。”

花朝节，民间俗称“百花生日”，俗传为阴历二月十二日。但有的地方定为二月二日，也有的地方定为二月十五日。当日，民俗用红纸或红布做成三角小旗，插在花盆中；或用小红纸包裹花梗，以表示为花祝寿，现在许多地方都在这一天举行大型花会或花市，展览销售各种花木盆景，热闹非凡。

夏至节，亦称夏节，是夏季暑热的开始。按照我国民间习俗，当天北方地区吃面，江南地区则要吃馄饨；另外无论男女老幼都要称一下体重。据说这样可以大人消灾，小孩可以防疰夏(一种季节性疾病)。

中元节，是农历七月十五，俗称鬼节。民间这一天要在家搞纪念列祖列宗的仪式，在先人像前供列蔬菜果品，焚一炷清香，以表示祭祀和追念。

冬至节，亦称冬节。在冬至前夕，按照民间习俗要吃饺子。从当日起，即开始入“九”。

中医认为，入九之后是进补身体的大好时机，所以凡是家中或挚友中有老人的，常在冬至之前赠与补品。

二、中国重要的节庆日

（一）春节

春节俗称“新年”。汉族传统节日。是时人们披红戴绿、敲锣打鼓、燃放鞭炮以示庆祝。后相沿成俗，形成节日。相传在尧舜时已有此俗，但历代岁首时间不尽相同。辛亥革命后，采用阳历纪年，阳历元月一日为岁首，将农历正月初一改称春节。民间过年有守岁、吃年饭、拜年、送对子、贴年画、放鞭炮、走亲戚、耍社火等习俗。除夕之夜，家中张灯结彩，鞭炮齐鸣，彻夜不息。宋王安石《元旦》诗：“爆竹声中一岁除，春风送暖人屠苏。千门万户曈曈日，总把新桃换旧符。”年初一，各地还有许多特有的饮食习俗。在北方，山东地区吃素馅饺子，泰安一带吃黄面窝窝；河南省沘源县家家早上吃饺子煮面条，当地名曰“金丝穿元宝”；豫西一带吃饺子煮粉皮，名曰：“粉皮水饺”。在南方，苏州地区在沏茶时，要放两枚橄榄，叫“橄榄茶”；无锡一带各家早上吃炸元宵；湖南长沙早上吃辣味鱼肉；浙江宁波早上喝豆粥，福建漳州早上喜吃生蒜、香肠和皮蛋；广东海丰一带吃素食；潮州一带吃持有的“腐圆”，即用大米粉和萝卜末加盐用花生油炸成；贵州赤水家家吃糯米粑粑。春节也是一部分少数民族的民间节日，他们各以特有的方式，按照自己的习俗，举行各种各样的庆祝活动。

春节，是我国民间传统中最隆重，最盛大的一个节日。旧俗是从农历 12 月 23 日“送灶”开始。据说，灶神要在这一天上填去朝见玉皇大帝，报告所在人家这一年中的行为情况。因此，家家都要在这一天举行“辞灶”仪式，然后是过年，或称“谢年”。现在城镇中的居民一般不再进行这类仪式，仅保留在春节前几天做团子、年糕和各色甩子、水饺的习俗。

春节庆祝活动的准备工作，自节前“掸尘”开始，即家家购办年货，户户洗、刷、蒸、煮、除尘和贴春联，人人洗澡理发，准备春节穿着。到了除夕日（也称大年夜）是准备工作的顶峰，除夕日，入夜先在祖先遗像前设香案醴油，果品鸡黍，以示缅怀纪念。随后全家团聚吃一餐丰盛的年夜饭（北方地区通常是在子夜吃饺子）。这顿饭吃得欢欢乐乐，并共饮“守岁”酒。晚上，家家电灯通明，没有电灯的地方也都是点燃大红烛，把家里处处照得亮堂堂。

饭后，大人们便给孩子们分发“压岁钱”，小孩先睡，大人继续，贴“福”“喜”这类吉利的字在门上，或农具上，灶上，在客堂、卧室张贴些有吉庆意义的新年画。子夜零时一响，家家户户鞭炮齐鸣，此谓“子夜竹”。表示“爆竹一声除旧岁，桃符万户迎新春”。除夕庆祝至此告一段落。

年初一早上，一般由家中男主人先起床，在开门前燃放“开门爆竹”，一般是放三个大“双响”。新年的第一顿，必是女主人隔夜准备好的，南方是每人一碗“红枣汤”，另吃年糕或团子，北方则是吃饺子。这天，无论男女老少都要穿新衣服，大人见面第一句话“恭贺新年”，小孩也要说“新年好”等吉利话，且从初一到初五不能哭闹。

年初一上午，一般不走亲访友，走亲访友一般在年初一下午开始，年初二则一般向岳父母拜年，向娘舅拜年。

春节期间，有一些地方至今还有“社火”活动。即举行舞龙、舞狮、耍十八般武艺、踩高跷

等充满民族特色的游艺活动，为节日增添了更多的欢乐气氛。

（二）清明节

清明节是汉族传统节日。时在阳历4月5日前后。《月令七十二侯集解》："物至此时，皆以洁齐而清明矣"，故名。是日有扫墓、踏青之俗。凡坟茔皆于此日拜扫，剪除荆草，供上祭品，焚化纸线，都城人出郊踏青，四野如市，往往就芳树之下，或园囿之间，罗列杯盘，互相劝酬，抵暮而归。秦以前已有祭墓事，唐时始盛行。唐杜牧《清明》诗："清明时节雨纷纷，路上行人欲断魂；借问酒家何处有，牧童遥指杏花村。"此外，节日活动还有赠画卵、斗鸡、荡秋千、蹋蹴、作假花、放风筝、拔河等。此节流行于白、苗、蒙古、纳西等少数民族。

每年农历春分以后半个月，公历通常在4月5日或6日，是一年一度的清明节，这原本是人们游春踏青的日子。由于旧时在清明节前三日为晋文公哀念介子推而定的"寒食节"，这一天里要禁食冷食，以示对死者的纪念。日久天长，寒食节的原意已被湮没，还渐与清明节融为一体，故悼念先人也成为清明节的一项重要节俗。

根据习俗，清明节人们要举行扫墓活动。在我国民间，在这一天还有放风筝的习俗。这天早餐，民间多吃青菜汁拌和糯米粉做成的"青团"，还习惯买九枝杨柳枝插在门上，也有做成杨柳球，据说年轻女子戴了杨柳球，可以红颜不老。

我国的有些农村，同时还有在清明节这天淘井的风俗，这是隐喻井水清明之意。

（三）端午节

农历五月初五是端午节，亦称端阳节，重午节。端午节的节俗礼仪，是围绕"除鬼驱邪"和纪念我国历史上伟大的诗人屈原展开的。端午节又称"端阳节"、"端午节"、"重午节"、"女儿节"、"天中节"、"地腊"等。汉族传统节日约始于春秋战国之际。端午节的始源，说法大致有三种：一说源于纪念屈原；一说是龙的节日；一说有文字可考的端午始源于夏至。诸说法中，民间流传最广、最有影响的是第一种。端午节有吃粽子、躲午、赛龙舟、戴艾葛、带香包、驱五毒、饮雄黄酒、挂长命缕、挂老虎素等习俗。据《康熙大兴县志》载，是日少女须佩灵符，簪榴花，已嫁之女亦各归宁，故又称"女儿节"。各地饮食习惯亦合不同。江西萍乡人吃包子和蒸蒜，山东泰安一带吃薄饼卷鸡蛋，河南汲县一带吃粽子和油果。抗日战争时，曾被定为"诗人节"。今白、苗、哈尼、纳西、瑶、蒙古、布依等少数民族，也流行此节。

端午的节俗活动从节前就已开始。亲朋好友由在节前送礼的风俗，一般以粽子、鸡蛋、猪肉、面条等相赠。如果是女婿，特别是新女婿，向岳父母孝敬的礼节就要更丰富一些。

端午这天，旧俗从清晨起，家家户户都要在大门口挂起菖蒲，艾蓬和大蒜头。有人不仅挂在家门口甚至挂在卧室门口。其用意是菖蒲犀利，形如宝剑；艾蓬多节，如钢鞭高悬；而大蒜头则象征一柄银锤。悬挂这些东西可以"除鬼驱邪"。有的人家这一天还张挂钟馗像，直接表明"打鬼"的愿望。

过去，端午节的中午都要吃较为丰盛的午餐。而黄鱼和雄黄酒是必不可少的。因为这时正值黄鱼汛期，人们都爱在这个节日尝新，雄黄酒除了喝以外，还用来在小孩的额头上写个"王"字，并撒向墙壁四周，以祛毒驱虫。

纪念屈原，是端午节传统节俗的第一项重要内容。据说，当年屈原是在这一天自投汨罗江的，屈原的姐姐曾经包了粽子投入江中，一是为了水祭屈原，二是为了让鱼鳖饱食，以免伤害屈原的遗体。从此每个端午，即屈原的祭日，当地人民要包了粽子投在水中纪念屈原。久而久之，粽子便成了人们在端午节的节日食品。

划龙舟是端午的一项盛大活动。据说也是为了纪念屈原，是为了抛掷粽子而制作的运输工具，但经过历代相传，它已成为一项具有民族特色的体育运动了。

(四)中秋节

农历八月十五日是中秋节，亦称秋节。中秋节又称“仲秋节”、“团圆节”。汉族传统节日。时在农历八月十五日。农历八月十五恰值三秋之半，故名“中秋”。两汉时已具雏形，至唐代，已出现登台观月、泛舟赏月、饮酒对月等活动，至北宋有祭月、拜月、赏月、吃月饼之俗。时夜市骈阗，通宵不散，闾里儿童，通宵嬉戏。今与元宵节、端午节并称三大传统佳节。各地节日有许多特殊的饮食习惯，江西婺源地区必食塘色；江苏南京一带食烤鸭和盐水鸭；云南昆明每户必做“合家大月饼”，然后一人一块食之；山东泰安一带吃小包子；江苏武进早上吃糖芋头。中秋节在傣、苗、白、哈尼、纳西、蒙古、瑶、布依等少数民族中也甚流行。

中秋节时，因正值桂花开放，清香四溢，加上十五日月亮正圆，秋高气爽，分外明丽，因此“花好月圆”是中秋节的一大特色，旧时人们都爱于此时折桂于瓶中，放置在卧室中，馥郁的香味令人心旷神怡。中秋这一天，家家户户都尽可能合家团圆，以度良宵。

中秋节的节庆活动，也从早晨就已开始。民间习俗早餐要吃糖芋艿、糖藕片、桂花糖制的栗米粉糕，有些地方还要加上吃自制的芝麻饼。

白天，人们要采购供晚间赏月时吃的月饼和各种新鲜果品，如藕、菱、柿以及西瓜等。

入夜赏月，是中秋活动的高潮，民间有些地方，这天晚上妇女要盛装结伴而游，直至鸡鸣方还，叫做“走月亮”。《红楼梦》里的贾母就有率众人赏月至四更的描写。

中秋节，旧时一般又是正式确定婚姻关系的“女婿”向岳家表示尊敬和孝意的日子。拜见岳父母时，象征性的送一些月饼、美酒和滋补品也是必要的。一些农村地区，这一天要送两只长藕，其节数相应、相等，以取“对偶或双”之意。赠人其他礼品，也要取双数而忌单数。

(五)重阳节

农历九月初九是重阳节，又称重九节。古人把九列为阳数，两个九重叠，更视为吉利佳日。

在这一天，过去民间家家要吃糯米和粉蒸制的重阳糕，上面撒有黑芝麻，红绿丝和青豆等，色香味俱全。有的地方还在糕上插上小纸旗取“糕”与“高”的谐音，用吃糕来象征登高。

重阳节时，正逢菊花开放。因此古人又总把重阳赏菊作为节庆的一项重要内容。

重阳节时，稻熟蟹肥。有条件的人家还在这天持蟹赏菊，更增情趣。

重阳节最重要的活动是登高。古人于高处设宴，饮菊花酒，谓之“菊酒延年”，一些客居异乡的人，这天总要面朝故乡的方向，登高望远，以寄托对故乡、亲人的思念。

重阳这一天，过去民间还有采集一种叫茱萸的药用植物的习俗，此花香味浓烈，民间传说佩戴此物可以“驱邪避恶”。

随着我国人口平均寿命的增长，老年人迅速增多，北京、上海等地区已将重阳这天定为“老人节”，在这一天开展敬老活动，发动全社会为老人创造一个良好的社会环境和生活环境。

三、海外风情——有趣的新年习俗

日本

当除夕钟声敲响108下，日本人便吃起早已准备好的面条。人们相信，谁吃的面条长，谁将在新的一年里交好运。第二天需参拜神灵。

新加坡

新年光临之际，新加坡各家各户都要围坐一团，争相品尝年糕。新加坡人认为“年糕”与“年高”相通，意为“年年高升”的祈祷祝福，谁不愿意多吃呢？

菲律宾

每当新年到来之际，每家都忙着做鸡饭。菲律宾人喜欢吃鸡，有“无鸡不成宴”之说。有趣的是能吃上鸡头者为有福之人。吃雄鸡头者为“独占鳌头，报晓人家”，吃上母鸡头者，则意味着“多子多鸡（机会）”。

西班牙

“新年到，吃葡萄，12 粒，刚刚好”，年岁钟声响起后，吃 12 粒葡萄象征月月顺利。

意大利

在新年那天，人人都要吃蜂蜜汤团。相传，古罗马人就有以蜂蜜汤团招待贵宾的习惯。蜂蜜汤团取意“生活既富有，有圆满，还甜蜜”。此外还要把旧的碎的东西扔出门外。

巴西

巴西山林中生长着一种十分稀有的“金桦果”，国人认为它是幸福吉祥的象征。当除夕钟声敲响时，成千上万的人高举火把，哼着小曲，涌向附近的山林，大家争先恐后的寻找“金桦果”。巴西狂欢节，2 月中下旬，至少 3 天跳桑巴舞。

希腊

过新年时，希腊全家人围坐桌旁，争吃一个新烤出来的大面包。这个面包里藏着一个硬币，谁吃到它，谁就会生活富有，新年吉祥。

爱尔兰

爱尔兰人的新年食物相当丰富，食物内藏有一些小东西。如蛋糕中有一枚戒指，象征着要喜结良缘；若是颗纽扣，则代表“学位到手”；若是枚顶针，预示着要当老姑娘；若为一小块布，则将来年贫困。

阿根廷　成群结队洗新年澡。

英国　注重第一个进门的人。

法国　比赛谁爬得高，爬得最高得男子是新年英雄。

加拿大　筑雪墙以避邪气。

美国　大扫除。

泰国　4 月 1 日，供佛诵经，七八天方满。

非洲　新年跳舞。

第五节　婚庆礼仪*

常言道，“男大当婚，女大当嫁”。千百年来，婚姻一直被人们看作人生中的一件大事。一旦男婚女嫁就标志着一对男女新的生活的开始。无论是达官贵人，还是庶民百姓，都对嫁

---

* 本节内容部分摘录于网上，作者不详。

娶礼仪十分重视，即使是在移风易俗，喜事新办的今天，嫁娶礼仪依然备受尊崇。所以了解和掌握嫁娶礼仪无疑会大大增加你的社交优势。

一、婚庆的程序和注意事项

结婚是人生大事，是全家的大喜事，礼节是否周全、适当，在一定程度上决定着婚宴以至整个婚礼是否能够顺利、圆满地完成，决定着客人对新郎、新娘的印象。一家人为一对新人婚礼往往会准备半年以上，特别是新娘、新郎，更是事前事后认真筹备，不放过每一个细节。

（一）订婚仪式如何操办

如果有订婚仪式，通常由新娘家操办。然而，如果她的家庭承担不起，或是她的父母去世或住的很远，新郎家也可以操办。

客人名单没有限制。但参加仪式的主要人员限制在亲属和好朋友的范围内。如果是非正式的，在大房子或大厅中举办的聚会，两家所有的朋友都可参加。

订婚聚会可以采取新娘和她母亲喜欢的任何形式，以鸡尾酒会和晚宴的形式最为普遍。如果邀请并未说明聚会的目的，消息可以由新娘或她母亲在客人到来，见到新郎出席的情况下告知。尽管没有正式的接见方式，但是当新娘和新郎家庭成员站在一起，并介绍给每一位来宾时，一切就不言自明了。如果是采用晚宴形式，订婚由新娘的父亲宣布，他会在祝酒词中向两位新人表示祝贺。在宴会开始时，简单的宣布一下也是必需的。此时的新娘会左手无名指戴着戒指出现在众人面前。

对于那些寻求以小说中的方式宣布订婚的人来说，没有一定之规。或是突然从口袋中放出一只系着丝带的猫，带子上拴着刻有两人名字的气球；或是展示一个中间装饰有两个人名字缩写图案的蛋糕；或是以电报形式，卡片上包含宣布的内容。这时没有妨碍想象力的一定之规。这是个幸福时刻，应该选择让你感到快乐的方式。

（二）婚宴时的注意事项

婚宴前的准备。通常婚宴场所分为三个重点，即入门接待处、宴席场合、新娘房。这三个地方，招待人员应该多加关照，确保当天的婚礼万无一失。新娘房更要特别注意，因为当天新人身上都会穿戴许多金饰，在人多嘈杂的场合中，容易遗失取换下来的首饰。

以下再针对一般婚礼时可能发生的状况，提出几项应对之道，提供给缺乏经验的新人做事先的准备。

签名台的人手分配相当重要，收礼人员通常约四人左右，其中两位收礼金两位写回卡。如果宴请桌数超过20桌以上，最好增加签名台的台数，以免宾客人潮蜂拥而入，造成宾客皆聚集在签名台，不仅收取礼金纷乱，收礼人员也会出现手忙脚乱的窘状。

接待人员最好选择和新郎与新娘的亲朋好友皆熟识的人选，如新郎的朋友联络人、新娘的朋友联络人、新郎的亲戚联络人、新娘的亲戚联络人等。使得来参加婚宴的亲戚朋友一进门即能被招呼及安排入座，不至于受到冷场之虞。

喜宴的确定人数，在一个月前就要推算出来，以防发生临时增桌或撤桌，造成婚宴场合拥挤或过于空旷现象。现在越来越多的新人选择在大饭店结婚，每当固定假日或皇历上的黄道吉日时，饭店都会大爆满而起桌价也较高。因此，不妨采用简单而隆重的公证结婚；婚宴则最好选在普通的日子举行，一来订桌容易，二来在价格上也比较划算。

（三）婚宴中的礼节

（1）不要大吃大喝。新郎新娘在婚礼宴席上应多照应客人，让亲朋好友吃好喝好，高兴而

来，满意而去。不要只顾自己大吃大喝，甚至饮酒过度，当场醉倒，那就过于失礼了。但是，要是一点酒不喝、一点菜不吃，就显得过于拘束、紧张，这种做法也不礼貌。对于客人的敬酒，即使酒量再有限，也要略加表示，至少要举起酒杯向客人致以谢意，并说明不能多喝的理由。

(2)婚宴进行到一定程序，新郎、新娘要按主次依次到各席向每位客人敬酒。敬酒时要亲手为客人将酒杯倒满，并双手为客人端起，但不要强求客人一饮而尽。等客人放下酒杯后，新郎、新娘要说声“谢谢”，并再次为客人将酒杯添满，方可再向下一位客人敬酒。

(四)婚礼礼仪知识

1. 坐姿

仔细认真聆听，椅子要浅座一点，和亲属拍照时上半身的姿态最关键，所以若有了“啊，好不容易能坐下了”这种想行，瞬间就会像泄了气的皮球似的猫起腰来，非常不雅。要时刻保持紧张感，如果新娘穿着低胸礼服，坐在椅子的中心处，扭着腰，这样显得肩幅宽，体型苗条；穿细长礼服，把腿斜地垂下，可以使腿显得修长。新郎无精打采地坐着时，裤腿会自动向上提，露出袜子，不雅观，所以要特别注意，坐下去前，先提一下膝盖部的裤子。

2. 站姿

自然地挺直背脊，互相有意识拼成“八”字形，无论迎接客人还是拍纪念照，站立姿态很重要，因此要特别注意才好，背部有向上伸展感 ，头部、臀部和脚后跟成一条直线，上半身有被吊起的感觉，站立时特别有精神。新娘应站在新郎身边靠后约 15 厘米处，右手挎新郎右胳膊 ，两人的位置像八字，正面拍照感觉最佳；新郎轻曲左胳膊，让新娘把手插在肘里。要注意的是，新娘不要拉着新郎的衣服，让人有胆怯的感觉。

另外，新郎不应该为了挺直背而过分突出腹部，不要紧挽着新娘，以免踩到裙子，也不要离得太远。新娘不要死死地抱着新郎的胳膊，好像生怕他会逃跑似的。

3. 行走

引人注目的入场仪式。

有些新娘不习惯穿婚纱和高跟鞋，可能会发生踩到裙子的意外情况，所以礼服不宜过长，且正确的走路方式是：用脚尖轻踢着裙边，足底轻擦过地面，徐徐向前。严格地讲，新娘的目光应该是始终直视前方，尽量将视线放于 10 米前，这样有利于拍照，但为了安全起见，新娘的视线可以稍稍向下，但不可太过，以免影响形象。

4. 亲吻

自然大方地完成，羞羞答答反觉得很怪。

仪式上的亲吻具有神圣的意义，二人应该表现得自然、大方。婚礼上进行宣誓亲吻时，若莫名其妙的害羞，扭扭捏捏或做作地突出嘴唇接吻反而令人厌恶，照片也好录像也好，都会相当不自然。正确姿势如下：新郎轻轻抓着新娘的胳膊，另一只手搂住她的腰，以此作为暗示，新娘将脸稍稍抬，让旁观者感觉二人是以很自然的姿态靠近，有一种神秘感，显得漂亮；接吻的时机由二人先说好，这样到时候才不会出差错；新娘应事先用餐巾纸轻轻拭去表面浓艳的口红，免得在新郎脸上留下很清晰的唇印。轻轻抱住胳膊，将脸略上抬更自然，别像盖章一样。

5. 穿礼服时的行动

轻轻抓住礼服的衣襟，迅速转身。

礼服和一般衣服不同，想只改变一点方向是做不到的。不拖着裙子以夸张姿态转身的诀窍在于，转身时用与旋转方向相反的手轻轻抓住裙边和裙撑稍微向上提，在穿着长裙，披着长披纱时，把它们挂在自己的手腕上，瞬间地快速转身。

6. 笑容

洋溢着幸福的笑容。

嘴角上翘，柔和地微笑。一对新人脸上的幸福笑容是宾客们喜爱看到的，很多人拍照时的笑脸是刻意堆出来的，拍完了，脸上的笑容也没有，这样的笑很假。笑脸的练习方法是：嘴里横含一根筷子，嘴角上翘，样子看上去像笑一般，保持嘴形不变，把筷子拿出来，便完成了笑脸，然后反复操练，练到笑不露齿的程度便大功告成。

7. 鞠躬

婚礼上免不了频频鞠躬。文雅的鞠躬姿势记在心中：一边微笑一边微微弯曲上半身并点头寒暄。此时要特别注意：第一，背要直，腰部以上的身体向前倾。第二，鞠躬时要满怀感情，弯腰的幅度约 15 度左右，两个人要配合好，不要“此起彼伏”。可以保持一秒钟的停顿。在音乐声中向主婚人鞠躬时必须整个身体正对着他。不要突出下巴，只点头行礼或弯腰过度都会显得不文雅。鞠躬的时候不要抬眼看人。

8. 换戒指

实现最浪漫的一幕。

“紧张了，连戒指也戴不进去!”有此尴尬的经历的人不妨事先多练几次。新娘帮新郎戴戒指时，新郎弯曲肘部，把手伸到自然弯曲的高度，新娘用左手托新郎的右手，右手的拇指，食指和中指握戒指，戴入新郎的无名指。通常，在戴不上去时，新娘会不自觉地紧张起来，紧紧抓住他的手，放到自己的眼皮底下仔细将戒指往他无名指上套，其实这种姿势很失态，拍出的照片也不好看。

9. 切蛋糕

这在婚宴中是绝好的拍照机会。

在婚宴中拍照次数最多的场面就是一对新人切蛋糕的时候。切蛋糕的正确姿势是新娘右手持刀，新郎将右手盖在新娘的右手上，左手搂住新娘的腰，新娘的左手辅助右手切蛋糕，这是最美观的姿势。在站姿上，依旧保持亲密的八字形，并且两人的视线保持一致，这样有利于把照片拍得更完美。

10. 点亮喜宴蜡烛

挺直背脊是整个婚礼姿势中的基本。经常有人在这一点上失败。新郎新娘拿着点火棒在离蜡烛很远的地方伸手点火，这种姿势会让二人突起下巴，张开嘴巴，样子很可笑，且两人手臂长度不同，若新郎把手臂完全伸直，新娘就会身体前倾。所以，新郎要考虑新娘手臂的长度以决定站的位置。这称为“新郎引导式”。新郎的另一只手放于新娘腰上，像跳舞一样，通过手指的暗示来调节距离，将新娘引到离桌子半步之遥处，新娘收拢下巴，新郎的手放于新娘的腰上，新娘手中的花束面向外侧握着。

11. 干杯

轻举杯，注意举杯方式。

听祝酒词时，新娘应摘下手套，放在桌子上，酒杯应端至胸前，随着干杯声怀着感激心情

将酒杯稍斜上举，幅度不要过大，不要让酒杯遮住脸部，确保从任何角度拍照都完美。若两个人的椅子离得远，可以在站立时靠得近一点，有意地做成"八字形"站姿，这样整体显得美观，拿酒杯的时候，要安排好手指的位置，听别人发言时，应用左手稳托杯底。

12. 母亲

[礼服] 新娘的母亲通常会先选择她的礼服，然后告诉新郎母亲她的选择，并描述礼服的细节，这样她们的礼服在风格和颜色上会得到统一，不会发生冲突。因为她们有可能会在一起欢迎客人，当她们同时出现的时候应让人觉得整齐协调。

另外，每位母亲都有权选择自己觉得舒服得体的礼服风格。新娘应该尊重老人的选择，除非她们主动征求新娘的意见。

[鲜花] 母亲要佩戴鲜花。

13. 父亲

[礼服] 父亲是婚礼当天非常重要的角色，他的礼服应和伴郎的礼服相似——大多数情况是一套半正式礼服。

[鲜花] 父亲要佩戴鲜花。

二、世界各地婚俗礼仪

(一)世界各地婚俗礼仪

说到中国的传统婚俗，人们便会想到"三书六礼""三拜九叩"这些繁俗礼节。但一提到异国婚俗，人们除了想到婚纱、教堂、牧师之外，便不会有太多的印象。其实由于民族、文化的差异性，各地的婚俗都呈现出很大的不同。绚丽多姿，五彩缤纷的婚俗习惯构成了人类社会中一道亮丽的风景线。

法国：白色婚姻。白色是浪漫的法国婚礼的主色调，无论是布置用的鲜花，还是新娘的服饰，乃至所有的布置装饰，都是白色的，可以看出法国人眼中的婚姻应该是纯洁无瑕的。婚礼上，新娘子必会准备名为"Weddingarmosre"的柜子作嫁妆，柜上刻有手工精细、象征健康以及繁荣的图案，是以又有"希望之匣"的美称；而新人用的杯子也有特定的名称，名为"Coupdemarriage"意思为"婚礼之杯"。

德国：与德国人一直崇尚的理智与冷静不同，他们的婚礼更多呈现出疯狂的一面。德国人在婚礼中会举行Party(派对)，派对中，新人会被戏弄，类似于我们中国的"闹洞房"，其中重头节目就是兴高采烈地将碟子掷碎。到了婚礼举行之日，新人会坐在由黑马拉的马车来到教堂。在婚礼举行的地方，会用红色丝带和花环封着出口，新郎须以金钱或答应举行派对作交换条件，才可以通过出口，这在德国的传统婚礼中叫做"roping the couple"。在婚宴中，以碎扁桃仁制成的糖果，混有香料的酒和啤酒是款客的主要食品。

希腊：手套中的糖。希腊的新娘子会在手套中放一些糖，代表把甜蜜带进婚姻生活。喜欢在婚礼中跳传统的圆舞招待宾客。婚礼举行时，其中一项程序是由诗歌班的领唱者训示新郎要好好照顾和保护妻子，新娘子则会轻拍新郎的脚掌以示尊重。新人会用薄纱包着裹以糖衣的扁桃仁，然后分派给宾客，以象征丰足和美满。

意大利：甘与苦的婚姻。意大利人的婚俗跟希腊人的婚俗颇为相似，他们同样喜欢以传统舞蹈接待宾客，他们的传统舞蹈名为"Tarantella"；此外，他们同样喜欢分派裹以糖衣的扁桃仁给参加婚礼的嘉宾，不同的是这些扁桃仁在意大利文化中象征着甘苦与苦的婚姻。另外，意大利的新娘准有一个名为"busta"的小袋子盛载现金和礼物。

英国：贮放时间最长的蛋糕。传统的英国式婚礼，新娘会手持象征好运的马蹄莲，若新人住在郊外，则要与观礼嘉宾步经教堂，并于途中洒满橙花。英国人的婚礼多在正午举行，随后安排午餐聚会，称作新婚早餐。而英式的结婚蛋糕由大量水果制成，并在蛋糕面上饰以碎扁桃仁，顶层唤作“Christening Cake”，有“诞生之瓶”之意，会保留至第一个婴儿出生。

捷克：给你买路钱。在捷克婚礼中，女傧相会把迷迭香的小树枝扣在宾客的衣服上，以象征生活美满及坚贞不变。礼成后，神父会在教堂外将新娘交予新郎，并训示新人要努力完成对方的心愿。然后新人踏过一段铺满丝带的路，新人的亲友要付款让新人通过。

苏格兰：格子裙、风笛及鞭炮。传统的苏格兰格子裙是新郎必穿的礼服，富于苏格兰特色的风笛声会响彻整个婚礼会场，和中国人有些相似，苏格兰人还会放鞭炮以赶走不祥及邪恶之物。

俄罗斯：岁岁平安。俄国婚礼最特别的地方，就是在说完贺词，干杯后把玻璃杯抛向天花板，环璃杯跌成碎片，象征一新人将有美满的婚姻，有“岁岁(碎碎)平安”的意思。另外，从新人在花车车头缚上的装饰可知道他们期望第一个婴儿是男还是女，若是小熊就代表想生儿子，若是洋娃娃就代表想生女儿。

瑞士和荷兰：环保婚姻。瑞士和荷兰的新人最有环保意识，他们会在新居种一棵松树，喻义好运和百子千孙。

日本：“和服”新娘。日本人喜欢在婚礼中以含有“庆祝”意思的糖果“Kyogashi”款待宾客。新娘子会穿上丝制的结婚专用和服，上面织有新娘的家族饰章，还会戴上假发饰物。在婚礼中，长辈和嘉宾会在干杯时致贺词，并细诉新人的相爱故事。

菲律宾：永恒的爱。菲律宾人通常会在婚礼会场挂一个装饰鲜花的巨型大钟，里面藏着一对白鸽，完成所有程序之后，新人会拉动系着大钟的丝带，让白鸽自由飞翔以象征永恒的爱。观礼的嘉宾会轮流与新娘和新郎跳舞，并把金钱钉在他们的衣服上，有时候双方的亲戚朋友还会比赛哪方得到的金钱较多。

韩国：“两点”新娘。韩国新郎会穿上大礼服，新娘的嫁衣则是七彩的丝织服，配以长袖子和黑丝顶冠。新娘的化妆会在脸颊上点两红点，有抵抗邪灵的意思。

阿拉伯：“恸哭”婚礼。新娘会穿着装饰华丽的土耳其长袖袍子，手脚则会画上红褐色的格子花纹作为装饰。阿拉伯人会将观礼的嘉宾分男女来接待，观礼的女士会依习俗为新娘出嫁而恸哭。

阿根廷：花水浴。在阿根廷一些地区，青年男女在订婚或结婚时，有洗“花水浴”的习俗，所谓“花水浴，即在入浴前把整蓝鲜花撒在水面，池浴时用花瓣揉搓全身，他们认为水是圣洁的，花是喜庆的，而“花水浴正可以代表美满和吉祥。”

墨西哥：盐、酒和面包。传统的墨西哥吉卜赛婚礼，新人被喂以拌了盐的酒和面包。这意味着除非世界上再没有盐、酒和面包，否则，这对夫妇的爱是不会消失的。

印第安：“昂贵”的婚姻。印第安人认为珠宝可以抵抗饥饿、疲倦、疾病及厄运，所以新郎及新娘会戴上银贝壳和绿松石等珠宝首饰。在印第安文化里，水象征着洁净及纯正，新娘及新郎会进行洗手仪式，代表把旧日的恋爱和悲伤回忆通通洗掉。印第安人认为东方是代表将来的方面，婚礼的所有仪式都要面向东方。

非洲：扫帚与婚姻。非洲人民风淳朴，新娘要束起辫子，盖上面纱，作羞怯与贤淑状；参与婚礼的主持人、嘉宾及观礼者则必须穿上传统的非洲长袍。依非洲习俗，一对新人要跨过饰满鲜花的扫帚，象征跨进人生的新阶段。在婚礼中，非洲人会以鼓声及库加舞典助兴，并把酒倒于地上，献给神明。

加勒比及百慕大：水果蛋糕。加勒比及百慕大的婚礼食品十分特别，他们传统的结婚蛋糕是深色水果制成，其中包括酒酿的莱姆果、佛手橙；蛋糕的形状奇多，其中以花园的造型最为普遍。在百慕大，新人还亲手栽种一棵树，象征子孙绵绵。

（二）犹太人的婚礼

无论是正统的、保守的还是改革的婚礼习俗，都不在星期五日落到星期六日落的时间里举行婚礼。大多数犹太人的婚礼在星期六晚上或星期日举行。有些神圣的日子，象逾越节的第二天到丰收节期间，犹太人是不允许结婚的。这些限制和许多其他方面的限制中，有的是某地区的犹太教教士规定的，有的是地方约定俗成的，而不属于犹太教教规。因此，由犹太教士主持婚礼时，婚礼前必须与他进行充分讨论。

犹太人的婚礼通常在犹太教堂里举行。但有时仪式和结婚招待会也可以在俱乐部和饭馆里举行。新娘及其家人通常在婚礼前另找房间接见客人。新郎有时也这样做。

在非常正规的婚礼上，男人们都要戴高帽子。在保守的婚礼仪式之后，他们可以摘下高帽子，然而在正统的仪式上，在整个仪式和招待会的过程中都必须戴着。

改革派的情况与基督教的很相似。队列和赞美歌都是一样的。新娘也是由她父亲陪伴，仪式上也用英语。然而保留犹太人传统的是：饮酒时新娘和新郎要喝同一个杯子。另外，还有一些具体的传统礼仪。

正统派和保守派的仪式则是另一种情况，随从走在队列的前面，后面跟着女傧相，接着是犹太教的教士（假如有唱诗班的领唱，则与教士站在一起）。然后是男傧相，以及走在父母亲中间的新郎；女傧相跟在后面；最后是新娘，她走在父母亲的中间。正统派的新娘要戴面纱。婚礼要在华盖下举行。这种华盖过去常常设在队列要穿过的过道里。今天则固定在大厅的上方。在犹太教堂里，则设在方舟的前面，华盖常常是一块优美的装饰布，可以用些鲜花装饰而成。

新郎、新娘、男女傧相和新人的父母，如果有地方的话，都站在华盖下面。教士面向他们，站在一张铺有白桌布的桌子旁，桌子上有两杯酒。正统派的婚礼常常用希伯来语。当然也有一些人用英文或新婚夫妇的母语。教士首先祝酒，将酒递给新郎。新郎抿过一口之后，传给新娘。他开始用阿拉米语宣读誓言，誓言指出新人的相爱要始终如之，并提到新郎要竭尽全力地去保护自己的妻子。新娘也要为维护家庭而献出自己的毕生精力。接着新郎将一枚金戒指戴在新娘右手的食指上。婚礼结束后，她把这枚金戒指再戴在左手的第四指（无名指）上，新郎向她重申：“按照摩西和以色列的法律，我将这枚金戒指奉献给你。”然后，教士对这神圣的婚姻祝词。经过“七个祝福”的仪式后，新人们喝完第二杯酒。婚礼结束时由新郎将杯打碎，象征着耶路撒冷寺庙的毁坏，借以提醒人们在幸福的时刻，不应忘掉过去。

在唱赞美歌退场时，走在前面的是新娘和新郎，后面是双方的父母，然后是男女傧相，接着是教士和领唱人（如果有的话），最后是女傧相和随从。

犹太人的结婚招待会与基督教的差不多。但犹太教的“气派”通常要大一些。举行招待会的也是新娘家。然后还要举行一项祝福仪式。

（三）罗马天主教的婚礼

罗马天主教的婚礼，如果有婚礼弥撒，一般是上午 8 点到 12 点之间举行。然而如今不一定都在上午，下午也可以。现在的许多天主教徒都是在下午举行婚礼。如果婚礼上没有弥撒，任何时间都可以。但在结婚的当天，新婚夫妇必须清早去教堂领圣餐。婚礼在一年之中什么时候举行都可以，但在4月斋期和基督降临节期间，没有主教的特殊允许，是不能给予结婚祝福的。

天主教徒结婚前要发出结婚预告。预告包括在讲道坛上三次宣读预告或在教堂的日志上予以公布。因此，新人必须提前与教堂做好各种安排。

新娘的父亲陪伴她走向圣坛，没有嫁女儿的仪式。陪伴女儿之后需自己走到前排自己妻子旁边的座位。

天主教的婚礼要求男女傧相都必须是天主教徒，至少其中一个应该是天主教徒。对其他的随从的宗教信仰则无硬性规定。但他们必须按天主教的规矩跪拜，其他必要的程序都应预先排练。偶尔，天主教徒也可以担任其他教派婚礼的随从。

做弥撒时，牧师可以有一名神职人员当助手，给他递戒指或给新娘捧拖裙。为此，男傧相应代表新娘给助手一到两美元的小费。

由于婚礼仪式与婚礼弥撒连续举行，所以时间较长，来宾们都应该安排好座位。新娘和新郎要坐在圣坛前的两把椅子上，随从们坐在第二排。男女傧相们与新娘和新郎一样，也坐在专门设置的椅子上。除了圣餐和做弥撒以外，其他细节与新教派的形式无甚差异。

当一名天主教徒与一名非天主教徒准备结婚时，还有另外一些规矩要考虑。但今天这些严格的规矩已经放宽了，宽到各个基督教派都能接受。这种宗教婚礼综合了各教派的规矩。由双方教派的牧师和神甫共同主持仪式。当然，对于礼仪上的各种安排要事先充分讨论，好在人们已习惯于各种变革，使不同教派之间的婚姻安排轻而易举。这样，婚礼上的气氛也就愉快得多了。

第六章　公务礼仪

第一节　公文礼仪

公用文书，一般称为公文，它是指机关、团体、企事业单位在处理各种事务中形成的体系完整、内容系统的各种书面材料。比如，通行于各机关、团体、企事业单位中的命令、指示、决定、通知、请示和报告等。

一、公务行文中的礼仪

其特点主要是：

(1)要注意格式。包括：标题、主送机关、正文、附件、发文机关、发文日期、报送单位、文件版头、公文编号、机密升级、紧急程度、阅读范围等事项。行文时要考虑周到，书写清楚，缺一不可。公文格式不规范，内容粗制滥造是不尊重收文单位和收文人的表现。

(2)要注意行文关系。如无特殊情况和紧急事宜，下级机关一般应按照直接的隶属关系而不要越级行文。涉及几个部门职权的公文，主办机关要与有关部门会商，在取得一致意见后再联合行文。平行或不隶属的机关之间，应当使用平行文(如函、通知等)，而不能使用上行文(如请示、报告等)，更不能使用下行文(如命令、指示、决定等)。此外，要分清主送机关和抄送机关。

(3)辞章必须准确、严密、鲜明、生动。一份思路不清、冗长杂乱、前后矛盾、不切实际的公文，必然使人费解或发生误解，以致延误公务的执行，影响工作。在讲究公务行文礼仪的同时，还要提高公文的写作技巧，这也是很重要的一环。

二、上行公文的礼仪

上行公文是指党政机关或社会团体中的下级组织向上级主管机关报告情况或者请求对某项工作或问题作出指示、给予答复或审核批准时使用的公文，如报告、请示等。

下级机关一般应按照直接的隶属关系进行请示或报告，无特殊情况，不要越级，以免打乱正常的工作程序。如遇特殊情况或紧急事宜必须越级报告时，也应当同时抄报所越的上级机关。

(1)请示应限于必须向上级请示的问题，不能事无巨细，样样都向上级请示。

(2)内容要符合客观实际。如公文中有数据，应事先核实；如需提出供上级参考的解决问题的意见，应具体明确，否则会使上级机关被动，或者给人造成一种“矛盾上级”的感觉。另外，既要具体提出对上级的要求，但又不能在行文中使用要挟的言词。

(3)上行公文的文字要求庄严郑重，朴实无华，简明扼要。

三、下行公文的礼仪

下行公文是指党政机关或社会团体中的上级组织向其下属的组织在处理各种事务时使

用的公文，如决议、决定、批复、指令、命令、通报等。

(1)要树立“尊重下级”的观念。

(2)要符合有关规定，未经会议讨论通过并要求下级贯彻执行的事项，不能擅自使用“决议”的名称，也不能把只适宜下发“指示”、“通知”的事项用“决议”的文体去表述。

(3)要注意行文礼仪，首先要注意标题的严肃性；其次，行文要给人在阅读上提供方便。

(4)要注意防止副作用：如表扬某人某事，要防范“一俊遮百丑”，批评某人某事时，要防范“一丑盖百俊”，就是说，对人或事的评价或处理意见，应贯彻实事求是的精神。

第二节 会务礼仪

随着社会的发展，会务活动与人们的生活联系越来越紧密。从现代企业发展的历史和趋势来看，一个成功企业在激烈的市场竞争中站稳脚跟并求得迅速发展的重要因素之一就是善于运用商务交际礼仪，从而在社会公众中树立自己良好的社会形象。

召开会议是实施领导的一种重要方式。要使一次会议取得较好的效果，固然要看会议本身的内容，但同时也还要适当讲究开会的各项流程。正像俗话所说“无规矩，不成方圆”。

现在有好多会议的实际效果并不尽人意，美国商业人士认为，他们国家会议有75%是多余的，有些不仅无法完成合约目标，甚至还妨碍生产。但是，不管会议的伤害多么不胜枚举，会议可以集合众人，彼此学习，职员们更可以借此机会了解公司正努力要达到什么目标，观察领导人物正在做什么，以及进行人际间的互动等，这些功能是毋庸置疑的。

一、会议的重要性

(一)集会在职场中的重要性不能轻视

企业是全球经济大熔炉中最多样化的，集合起来开会，可集中智慧，且借此分享彼此的经验和常识。

提议召集会议的人，可能是基于下列理由：

(1)经理需要彻底了解大伙到底在做些什么。

(2)经理要给干部打气，对他们的工作给予一些鼓励。

(3)加入新的干部，经理要介绍给部门内的每一位同事。他希望先观察团体内的互动，以了解新进人员该怎么做。

(4)有新的见解、产品或计划要提出，要作全面、谨慎和正确的沟通。

(5)部门内正酝酿一些反弹情绪，经理需要查出到底是什么，情况有多坏以及谁涉及

其中。

(6)整顿一个已经变得松懈、粗心大意或工作不够努力的工作团体。

(7)一个定期召开的会议,可以给每个人带来最新的指令或促使员工检讨业务。

(二)应该乐于接受集会的召开

(1)展示你的专业技能。如果你一向予人害羞的印象,你可以借此提出有用或具创意的意见,改变别人对你的成见。

(2)看同事竞相辩论,观察他们之间如何以理相驳,集会是很好的训练实验室。

(3)让资深的经理知道你的潜能。

一个集会可能因任何理由召开,不过除非召开前经过适当的沟通,会后每个人都了解集会的真正动机和自己的责任,并能采取适当的行为,否则集会还是没有效用。

二、会议的企划和主持

(一)会议企划人的笔记本

任何负责召集会议的人都应有一本记录巨细靡遗的笔记本。一次成功的会议,不只是因为有良好的组合,负责干部顾虑周到的态度也是主因之一,这一切都能很好地反映出公司的形象。

下面的目录,是一位条理井然的会议经理,在处理公开大型事件时的任务目录。

1.目录

(1) 基本资料

(2) 举办地点设施的评估

(3) 设施的会议后评估

(4) 会议请柬

(5) 预算

(6) 交通运输清单

(7) 房间分配

(8) 会议供应品详细目录

(9) 花

(10) 视听清单

(11) 演讲者和艺人

(12) 会议室楼板平面分布图

(13) 菜单

(14) 谢函

(15) 给设施总经理最后信函的影本

2.基本资料

(1) 事件人名称

(2) 事件人目的

(3) 日期

(4) 地点

(5) 事件人主办单位(如:公司的某一特别部门)

(6) 主办部门的联络方式

3. 预算

(1) 住宿

(2) 旅馆房间

(3) 交通运输

(4) 航空票价

(5) 礼车/轿车/旅行车/游览车

(6) 停车/代课停车服务

(7) 备办食物/酒/鸡尾酒

(8) 干部/服务生/特别干部

(9) 秘书/行李员/保养人员/可能的晚会设计师

(10) 装饰:花,包括餐桌中央的盆花,树/植物,条幅,缎带等

(11) 舞池,其他娱乐

(12) 灯光/乐师/音响设备租金/钢琴租金

(13) 视听设备/技术人员

(14) 演讲费和交通费

(15) 摄影/新闻发布/新闻照片和让渡权

(16) 印刷/文具支出/席次牌

(17) 菜单/节目单/请柬/回函卡/整个事件的标志

(18) 地点租金/商业设备和必需品

(19) 意外事故基金

(二)受赞誉的会议主席

主席掌握会议流程的技巧,指导会议的礼仪是必备的。

会议主席应拥有以下的特点:

(1) 安排会议时间十分细心。他会知道大部分的人早晨最有生气,精神最好;星期五下午大家都急着想去度周末,不安排会议,重要的节假日前一般也不安排议程。

(2) 尽早通知与会者。如果可能,在公司所在城市集会两星期前通知与会者;若必须到外地,应该在四个星期前通知与会者。这样,参加会议的人员就可以尽早作好会议期间的工作安排。

(3) 谨慎地选择和思考后,再邀人与会。只有必须参加的人才要邀请,可以通过电话会议或 E-mail 解决的事情绝不单独再召开一个见面会议,以免耽误大家时间。与会者应该是对会议要讨论的事项有直接责任的人。有些会议可以邀请那些必须在会议中学得经验的人。另外,专业性的会议也邀请公司其他部门的人参加,因为他们的专业知识对与会者会有帮助。无论如何,有价值的管理资源不应耗费在会议里,要投入最少的资源发挥最大的效益。

(4) 事先把议程送给参加人员，使参加者有时间思考会议的需要讨论内容，与会者必须事先阅读的有关资料也应附上。

(5) 预估在会议开始前，要等未准时到会的人多久的时间。有一位经理，到了预定时间，对任何人一分钟也不等，包括总经理在内，当他开始进行会议的同时，也开了录音机，使迟到的人事后可以听到他所错过的内容(录音机也永久录下迟到者的尴尬)。

(6) 以赞美的态度将所有新人介绍给大家，而且将其他人的姓名、头衔和职责介绍给新人。

(7) 当会场内洋溢着紧张和非言语能沟通的气氛时，知道以严正的态度来掌握现场，并事后和每一位相关的人详谈。当然，与会者有时候有公开的敌意，记住必须立即处理。

(8) 一方面注意时间，一方面控制议程，这样可以避免与会者闲谈题外话而造成拖延。

(9) 若会议室严禁吸烟，就不要吸烟。

(10) 以机智的方式处理“会议的独裁者”，以和蔼、坚定的态度隔离企图操控会议的人。

(11) 注意会议地点是否舒适，其基本要求是要：

① 干净；

② 照明良好；

③ 温度适中；

④ 备有舒适的座椅；

⑤ 备有冰水和水杯；

⑥ 备有纸和笔。

(12) 时间很长的会议，每隔一个半小时就休息几分钟，让参加的人员可以伸展筋骨，跟同事聊聊天，打打电话等。

(13) 信赖每位出席人员及协助准备会议的人，包括准备图表、幻灯片或视听器材的人。

(14) 排定下次会议的时间，确定每一位出席者都知道下次会议个人所负责的项目。

三、参加会议的礼貌

(一)视参加会议为一种“充电”的机会

(1) 如果你要到外地出席一项会议，将它视为一次事业进阶的机会以及一项特权。会议上，你可得到一些杰出人物的资讯、新人见解等，同时也是一件分享和获取友谊的机会。

(2) 会议前预作准备。阅读会议资料袋中的每一项资料，有助于你了解会议的目的和流程。

(3) 跟每一位和你交谈过话或你觉得相当不错的人交换名片，记下相关的资料以及你们相会的情形。

(4) 在会议期间，记录下每一件你所听到而且吸引你的事。会议结束后，将它们整合，并做出摘要，供今后参考。

(5) 利用餐饮时间跟陌生人坐在一起，借以结交新朋友，你会得到一些比供应的食物更有营养的新资讯和新见解。

(6) 展现你的优雅风度。

(7) 若你对旅馆或会议中心的作业印象深刻，特别是你得到某种协助，写信感谢旅馆或会议中心的经理，这可能是众多粗鲁地抱怨信函中唯一的谢函，所以他会记得你。

(8) 写一封简短的信函给新结交的朋友，说你希望不久的将来能再相见，并祝福你的新朋友一切安好，这些新结交的友谊很可能因为你的这封信而发展快速。

（二）参加会议的礼貌不能轻视

（1）准时到达，最好是在会议开始前几分钟到达。

（2）如果在公司自己是新人，对任何与会者，都应以友善、自然的态度介绍自己。如果是到别人公司开会，应对别人介绍自己的身份，以及前来的目的。如果谈话的经理，问及个人及公司的事情，这时是递出名片的最佳时机。

（3）作为一个新人，不可自行入座，直到与会人示意他的座位位置时才入座。自己往会议主席旁边的位子径直坐下，是最糟糕的举措，因为会议主席右边或左边的位子，是为演讲者或贵宾保留的。

（4）若会议因某种理由（如主席迟到）而拖延，你应该与坐在左边或右边的人聊聊天（除非那个人在研读文件）。

（5）出席会议时，应把该做的预备工作都仔细完成。

（6）若要演讲，应事先预演过，同时请会议经理允许试用需要用到的视听和电器设备，以确定这些设备都没有问题。

（7）先得到主席的允许再使用录音机。

（8）详细记录会议讨论的重点和对他人意见的批评。

（9）不要猛然坐下，因为那是一种表示厌烦的动作，而且这项举动与你应该要努力设法建立的形象正好相反。

（10）不要胡乱涂鸦，那是一种分心的行为。也避免出现其他不应做的举动。

（11）避免干扰别人发言，应该利用这个时间，记下自己要说的话，特别是大型、正式的集会里，应该等待适当时机来发表自己的观点。可通过举手等方式来获得发言权。等主席朝你点头，表示可以发言时，再起立发言。

（12）不垄断会议程序，即使你有资格那样做（试想，每当老师问一个问题时，同班同学对永远是第一个举手的学生是什么样的感觉）。

（13）要有勇气要求澄清一个不清楚的见解。会议室内也许有好几个人跟你一样迷迷糊糊。承认不了解而不是不懂装懂，是一种智慧。

（14）要轻松表现出自己积极的情绪，但是若强烈不同意别人的意见，则应谨慎地控制消极情绪的表达。表达不赞成有各种程度，“强烈的”不赞成是粗鲁的。可以用摇头，或在别人讲完话后平静地评论来表明不同意。若主席没叫你进一步阐述，应保持安静，留待会议结束后再发表意见。

（15）对团体讲话时，用“我们”而不用“我”，“我们”表示自己是团队的成员之一，“我”似乎是以自我为中心，好像拒绝承认其他人一起致力于一项计划（即使他们的角色非常不重要）。

（16）若你有什么话要说，却害羞地说不出来时，可以写成书面记录交给主席以及会议中该知道的任何人。

（17）经过深思熟虑再说话，而且有条理地陈述自己的见解。坚守会议主题，以避免浪费别人的时间。

（18）若用水杯或喝罐装、瓶装饮料，应该在会后把在身边的空罐子、纸杯、纸巾收拾好。

（19）离开会场时，一定向主席致谢。

（20）在会议结束后回到办公室，应立刻记下个人必须做的事。同时在工作日志上，清楚记录下次会议的日期。

第三节　招　　待

招待是一种艺术，商界人士应有这种观念，有些高级经理不了解，要真正成功，招待要用心，而且要真正关心客人的快乐。

招待在90年代，不再像80年代那样漫无节制，公司可以夸张地乱花钱，结果却不理想。造成如此后果，可能是计划草率，不够周密：食物太粗腻；晚餐供应的太晚，而且拖得太久；音乐那么大声，因而没有人能够谈话；演讲太多，太令人厌烦，而且缺乏幽默；没有人得到得体的介绍，餐桌上没有顺畅的交谈；招待毫无止境且令人厌烦；户外晚餐区的昆虫酿成灾祸，因为负责人没想到要带驱虫剂。众多琐事中的一件，就可能使晚会举办失败。当任何一项过失发生时，社交联谊则是毁损公司形象，而不是强化。晚会所有的努力和开销，全都进入资产负债表的负债栏。

如果某人招待时能很好的注意细节，就餐的食物容易消化、味美，声音舒服适度，每个人都以令人喜悦的态度彼此相互介绍，任何细节都照顾得体，处理得恰如其分。那么，他的办事能力将会受到肯定，公司的形象也会得到强化。

一、招待工作的礼仪要求

为了使自己的真诚和善意在接待过程中能够为来宾所接受，在接待过程中应了解相关礼仪并按照要求进行操作。

（一）端正态度

态度是人际关系的晴雨表。招待人员态度的好坏，从某种意义上来说，不但决定着接待过程的互动和沟通能否顺利进行，也决定着公众对组织的认同程度，直接影响着组织的形象，因此，端正态度是招待工作的基本礼仪要求。

首先，招待人员必须有高度的敬业精神。一个人只有热爱和忠于自己的工作岗位，才能对所在的组织有认同感，在工作过程中才能保持饱满和良好的精神状态，招待工作更是如此。相关人员代表组织直接与公众接触，一举一动都会影响到公众对社会组织的看法和评价，只有满腔热忱地投入到招待工作中，才能在接待工作中做到文明礼貌、热情周到，创造出良好的交往氛围，使公众产生宾至如归的温暖感和轻松感，从而使公众对组织留下良好的印象。

其次，招待人员必须有尊重公众的理念。“过门是客”，不管是来宾是上级还是下级，是熟人还是陌生人，是长者还是年轻人，是外国人还是中国人，都要求招待人员不卑不亢，一视同仁，待之以礼，不能厚此薄彼，更不能曲意奉承。尊重公众还表现为讲究信誉、遵守诺言，以缩短组织与公众的心理距离，为以后的公共关系活动奠定良好的心理基础，因此，接待过程要注意“言必信，行必果”，要守时守约，确实无法践约，应事先通知或事后真诚地予以道歉解释，以求得谅解。

最后，招待人员必须有真诚的态度。对公众以诚相待是招待工作的基本要求。招待人员一定要做到情真意切，既注重基本礼仪，端庄大方，又不至于过分做作，弄巧成拙。微笑待客、和蔼可亲是招待工作中起码的礼仪要求，不管是严肃正规的会见，还是轻松活泼的娱乐性活动，都要随时面带微笑，保持关心别人的态度，创造和谐的交际环境。

（二）遵循原则

遵循有关的基本原则，是接待工作的又一礼仪要求。

只有掌握有关的法则，并将其作为接待行动的指南，在接待过程中才能做到游刃有余。比如，礼遇对等的原则，它要求在接待工作中，要注意宾主身份的相当，即主办方出面接待的主要接待人的身份基本上应与来宾的身份相当，同时还要求在接待过程中对所有来宾都要热情友好、平等相待。这一原则在涉外交往中显得尤为重要，因为在国际涉外交往活动中，平等是维系双边或多边关系的一个重要原则。我国一贯主张，国家不分大小、强弱、贫富，一律平等，因此，在外宾招待中应坚持礼遇对等的原则，不能以大压小、以强欺弱、以富欺贫。

又如俭省节约、讲究实效的原则。招待本身是一项消费支出活动，同时又是宣传组织的一个有效而便捷的途径，因此，接待工作，无论是对上还是对下，对内还是对外，对团体还是个体，都应坚持勤俭节约的原则，以期以最小的投入获得最大的效益。当然，讲究实效并不意味着盲目地追逐利益，而是要在结合组织实际情况的基础上，符合有关的接待礼仪规则，使接待工作真正做到不仅仅流于形式，而是充分发挥宣传组织、联络组织与公众关系的作用。就世界各国来看，礼宾工作自第二次世界大战，尤其是 20 世纪 90 年代以来，发展趋势日趋简化，这是值得大力借鉴和推崇的。

（三）熟悉程序

招待工作，根据来宾的身份及其对组织的影响力，大体上有日常办公室接待和重要来宾接待。

对于日常办公室接待，应按一般的日常接待程度，如礼貌招呼、妥善引导、周到服务、有机分流等给予热情有礼的接待，尽量使每一位到访的来宾有受尊敬和重视的感觉，满意而归。

对于重要来宾的接待，更要熟悉招待程序的每一个环节，以保证整个接待工作有礼有序地顺利进行。重要来宾的接待，大体上包括确定接待规格、迎新、陪同、款待以及送别等程序，每个程序还包括若干具体细节，如确定接待规格时，要考虑到迎送、宴请、欢迎仪式、交通工具、下榻宾馆等问题以及各个环节出陪的领导人等。这些细节涉及接待规模的大小、隆重程度等，并进而影响到来宾对组织的印象以及组织与组织的关系和合作等。

（四）规范举止

招待过程也是展示组织形象的过程，这要求接待人员在接待过程自始至终不仅要情真意挚，而且举止要规范大方。比如要学会倾听来客的倾诉，给来宾更多的谈话机会，而不能自己一味地喋喋不休，或轻易打断来宾的谈话，或过早地下结论。又比如，谈话中注意不要触及来宾的隐私，迎送接待过程中的握手、介绍、递送名片等，都要注意按照礼仪规范来进行。

二、外地宾客的照顾

来访的贵宾，特别是来自外国的贵宾，应得到非常特别的接待。一名官员或者高阶层人物或是一家公司的负责人，有很高知名度的演讲者，全都应该列为贵宾。

招待外地贵宾有几件事情应该记住：

(1) 必须由相同阶层的人去迎接,如公司副总裁之类的人物,因为他的行事通常都会比较妥善,而且到达时能回答许多问题。

(2) 在旅馆房间里,应该有欢迎的花束或者绿色植物,以及陈列着他喜欢的酒的品种,苏打水,装满冰块的冰桶和一些饮料。如果客人嗜食巧克力,那么也摆放一小盒巧力以满足他个人的嗜好。

(3) 总裁或他拜访时会见到的最高层者,应致上欢迎函,在贵宾到达前即放在旅馆房间。

(4) 客人应被告知他停留期间所有的活动行程,若有健康问题行程就不应安排得太紧。若从国外来可能很累,也有时差问题,因此第一天的行程应安排得轻松些。

(5) 若他不了解你居住的城市,提供给他城市的简史或译本,包括这个地区重要标志的指南。

(6) 应该问他,有什么人以前见过,希望在此停留期间见见面。

(7) 应随时提供舒适的交通工具。

(8) 他应拿到一份本次会议或商业活动的所有的客人的介绍名单,这样他可以对与会人员有起码的了解。

(9) 当贵宾在陪伴下到达每一场会议和社交活动时,应该有人详细地介绍。

(10) 用餐时只要倒了酒,在用完餐之前,全场客人应该至少一次举杯祝福贵宾。

三、档案特定字母

1. IBF 重要商界人物
2. CO 市政官员
3. ST 干部
4. STO 州政府官员
5. GC 好顾客
6. V 买主
7. PC 潜在顾客
8. NPC 非营利性质
9. PR 新闻界
10. SOC 社交人物

四、精简招待预算

精简的方法:

(1) 减少邀请客人的数目。

(2) 删除如鱼子酱之类的奢侈品,并考虑减少几道菜,如不要沙拉和起司这道菜,而在主菜中加沙拉。

(3) 必要时删掉娱乐费用,或者减少乐师的数目或表演的数目。

(4) 减少盆花的数量,用绿色盆栽代替。将一些奇特又昂贵的东西,改由单纯但漂亮的东西来代替。

(5) 若你全额超出预算太多，删除舞池，安排在用餐场内跳舞。

(6) 宴会名单上若有许多长者，“大老板”。不要删除年轻人，因为年长者喜欢宴会上有一些年轻，漂亮的脸孔，增加活力。

(7) 不要降低所供应的餐食的品质。午餐最好两道菜，晚餐则是三道，不过要味美。

(8) 如果供应品质差，便宜的酒，还不如只供应客人冰水。

(9) 不要用你没听过的“廉价”表演者代替高明的表演者，其实，没有节目比劣质的节目要好得多。

(10) 不要用塑料花或其他假的东西来代替鲜花和盆栽，桌子上没摆任何东西还比较好。

第四节　公务电话礼仪

在商场上，知道如何管理的人，都知道如何使用电话，使它成为最佳管理技巧的一部分。在运用电话沟通时，谈话双方是绝对平等的，这一点很重要。

一、办公室的电话礼节

(一)职场电话

打电话时的谈吐既可能促成也可能破坏一笔商业交易。成功与失败的过程，起始于接电话的一瞬间。如果是总机接线员受理外面打来的电话，她们应该训练有素地以令人愉快的语调自报本公司的名称：“帕克实公司，你好！”助理或秘书接电话时应报出其雇主的姓名：“怀特小姐办公室(或贝蒂·怀特办公室)。能为你做什么？”如果是亲自接打给自己的电话，则只需进行自我介绍：“你好，我是贝蒂·怀特。”

打电话的人对总机接线员的回答很简单——“我能与怀特小姐通话吗？”如果接电话的是秘书，打电话者应当自报姓名：“你好！我是米尔德莱德·卜尔曼。怀特小姐在吗？”如果接电话的是总经理本人，打电话者可能需要做更为全面的自我介绍：“你好，怀特小姐！我是米尔德莱德·卜尔曼。我在奥格尔维公司工作。”

如果打电话者未向接电话的秘书说明自己的身份，秘书会问他(她)：“请问是谁在打电话？”由于秘书或助手经常有可能对打电话者提供帮助，所以接电话的秘书会很得体地问：“请问打电话是关于什么事？”或者比较婉转地问：“可以让怀特小姐知道因为何事打来电话吗？”

当你打通电话，而且对方问你有何公干时，你不要介意，因为秘书只不过是想把事情进行得更快一点。同时，你也不应该闪烁其词，否则会引起对方的反感。不要说你是为个人的事打电话，除非这是确实的情况。即使你真的靠托词接通了电话，你的虚假理由也不会得到老板的赏识。

倘若总经理本人不在，无法接听你的电话，秘书可以在处理这种情况时避免使你产生被拒绝或失望的情绪。简单说一句“她不在”，只能产生疏远的感觉。你宁愿听到这样的回答：“非常抱歉，卜尔曼女士，怀特小姐此刻不在办公室。我能为你做什么？我是否可以让她回

来后回电话？”

在总经理忙得不可开交，无法亲自来接电话的情况下，经理助理的谦恭有礼的谈吐，甚至能起更大的作用。诚实是最好的政策，“总经理不在”常会引起对方的怀疑。助理首先应该说明情况：“卜尔曼女士，怀特小姐在，但此刻正在开会，现在无法打扰她。”然后，应进一步为对方提供选择的机会：“我能帮你做些什么？”或者“你能找别的什么人谈一谈吗？”如果这两个问话都得到否定答复，助理可以这样了结此类电话：“我将转告怀特小姐，一有时间马上给你回电话，但由于她要开一天的会，恐怕要等到明天了。”

（二）应付难对付的打电话者

由于并非所有的打电话者都像你所希望的那样懂礼貌，有些人是特别难处理的。对此，你需要谨慎行事。

（1）执意要同老板讲话的人。你可以采取这种处理方法：“我已经告诉你，罗杰斯小姐此刻不能来接电话。我将乐意为你传话，或者你告诉我你想同她谈什么事，我会请她给你回电话。”或者你可以说：“对不起，罗杰斯小姐在没有弄清对方来电话的目的之前，向来不同她不认识的人讲话。”

（2）除提出上述问题，还提出超越常规的要求的打电话者。例如询问某位雇员家里的电话号码。你应予以解释：“很抱歉，我无权向你提供这方面的情况。或许，你可以在明天她上班后，给她办公室打电话。”不论对方提什么要求，你都不能被强行满足其要求。

（3）经人介绍给你打电话的是你所不愿见或不想同他谈话的人。与其引起麻烦，你不如这样说：“我这几个星期都会很忙，实在抽不出时间。如果你留下电话号码，我将在忙过之后想办法给你打电话。”拖延时间或许能了结这类问题。但是，如果打电话者执意要见你，而你又觉得自己对介绍他找你的那个人负有责任，你也许必须见他。如果没有这一层关系，你可以这样直截了当地说：“我确实没有时间见你。”并结束电话。

（4）出言不逊的打电话者。不管他的恼怒多么无理，你都应该尽量平息他的怒火。你可以说：“如果我什么地方冒犯了你，那我很抱歉，但我在这件事上确实无法再帮什么忙。”就百货商店而言，接到带有故意挑衅性质的电话是常有的事。对付这类电话最好的办法是说：“我理解你的心情，对你造成的不便我表示道歉。我们将尽量设法加以纠正。”

（三）办公室的电话礼节

应避免在办公室中长时间打私人电话。尽管从办公室中打出或接到私人电话有时是不可避免的，但长时间的聊天不仅不合时宜，而且对于公司以及对于雇员自己也是浪费时间。在电话中闲谈的人会引起办公室中其他人的反感，他们无法不听到聊天内容，从而扰乱正常的办公程序。

接线生（也可能就是你自己）的电话技巧：

（1）传达必要的消息。（例如公司名称）

（2）语气诚恳亲切。（声音不必性感，但要活泼生动）

（3）谈话清楚。

（4）对来电者说的事情感兴趣，而且要迅速提供他的需要。

（四）留言的方法

管理层没有迅速、准确地收到留言，可能会因此失去许多生意和顾客，公司的声誉也可能因此受损。

电话旁随时放着便笺和铅笔(或是加满墨水的钢笔),一有留言就能立即记下来。当你透过电话留言给某人时,内容简明扼要,留言要清楚,切勿词义不明。没人喜欢潦草的留言,例如“Maggie 来电,抱歉没联络你,有天大的事要找你!”或者“Nancy 找你,说你绝对猜不出发生了什么事情!”这些留言都让人费解。

(五)结束打电话

在一般情况下,应由打电话的人结束通话。这不是至关重要的事情,但是要注意电话是不是拖得时间很长,而且没什么进展。打电话人可以简单地说:“很高兴找到了你——我们盼望在七日见到你。再见。”或是其他任何合适的话。

受话人如果中途挂断电话,打电话人还会再打来的。

我们都受过打电话冗长的人的缠绕——一个坚决的推销员,或一位能说善辩的朋友。你几次试图要结束这次谈话但又完全被对方忽视,这时可以采取有点放肆的方法。你可以在刚一停顿下来时,或必要时干脆打断对方的话说:“非常抱歉,我得挂断电话了——小孩在哭呢,”或是“我的洗澡水流出来了,”甚至是“我现在赴约已经晚了。”

另一种应该迅速结束通话的情况,是你正在接待客人——不论是在办公室里还是在家里。你只顾长时间聊天,客人就得找点事情干干,而且要尽量避免听你们的谈话。你接了电话之后发现谈话不是一两分钟就可以结束的,就应该把它推迟到一个更合适的时间。在家的时候,你可以说:“琼正好来作客,所以我可以过一会再给你电话吗?”商人可以说:“我这会儿有一位顾客。如果你给我你的号码,有时间的时候,我给你回电话。”

在这两种情况下,你都应该尽快给对方回电话。

另一方面,如果你知道要打一个时间很长的电话,或是你想坐下来好好聊聊,就对你的朋友说:“这个时间打电话合适吗?”或是“你有几分钟时间聊聊吗?”如果更多的人这样做,抱怨电话“讨厌”和“打扰宁静”的人就会寥寥无几了。

如何结束谈话,避免陈词滥调,发挥一下想象力。

例如:

(1) 很高兴与你谈话——保持业务上的蒸蒸日上。

(2) 谢谢传达,我再打电话给你约你吃饭。

(3) 对,好多了!你听起来很不错,祝你早日康复。

(4) 若来电者心情不佳——明天又是新的一天,阳光一样普照,你没有理由不展露笑容哦!

(5) 我该走了,时间太晚了,而天气也很糟糕。我必须在它更坏之前赶回去。

二、管理者的电话礼貌

(1) 迅速回电是至高无上的守则。如果你离开公司或者不想回电,也要告诉代听者如何解释你的不便之处。

(2) 按约定拨电话给业务繁忙的人,这对他比较方便。

(3) 通电话要简短，而且声音要柔和，要保持友善，轻松和清晰，并且尽可能用最短的时间表达目的。

(4) 注意周围的嘈杂声，例如电视的声响，别人的谈话等，吃喝的杂声进入话筒后会扩大，令电话线那端的人感觉烦躁。

(5) 说话时听对方在说些什么。

(6) 对无趣的来电者要礼貌。

第五节　公务服饰礼仪

一、商务人员服装类型

商务人员的服装分为三类，即正式服装、职业便装、休闲服装。

(一)正式服装

指在正规的、隆重的场合穿的服装。一般适用于晚间在办公室以外的场合进行的商务活动，如与客户去戏院看戏或去参加交响音乐会，有时也用于单位的节日晚会等活动。男士的正式服装主要有西服套装、中山装、制服及民族服装。女士的正式服装主要有西服套裙、旗袍、连衣裙、民族服装。目前男士最普遍使用的正式服装是西服套装。它要求质地比较考究，颜色统一，深色，戴领带，配上黑色皮鞋。袜子的颜色要比皮鞋的颜色深。女士在正式场合应穿裙装，而且以统一颜色的西服套装为佳。穿有跟的皮鞋，皮鞋的颜色比服装的颜色深。穿透明的肉色丝袜，袜口不能落在裙口下，袜子不能有破洞。

(二)职业便装

也是职业服装的一种，常用于会议、研讨会、公司组织的活动或在办公室“非正式着装日”等普通上班的场合。它不同于正式场合那么正规，颜色、质地没那么考究。但要求符合一切传统职业服装的标准：形象优美，干净合体，整洁端庄。一般男士上班应着西服、衬衣，有的企业还要求打领带，衬衣纽扣必须扣好。女士的职业便装包括衬衫裙子，套裙或合体的长裤、衬衫配夹克衫等。不可穿过于新潮和暴露的服装。除非要去参加体育活动，一般不要穿运动鞋或凉鞋。无论是否统一着装，上班都必须是庄重整齐的，它表明员工的责任感和可信程度，也表现了对他人的尊重。

(三)休闲服装

指家常服装，运动装等。如：T恤衫、连衣裙、牛仔服、运动服、夹克衫、羊毛衫。这些服装不应出现在正式场合和办公场所。休闲服有随便、宽松、舒适的特点，适用于外出旅游、参观游览或休闲在家。可以根据自己的特点、爱好去选择。当然，如果在旅游和运动时，穿上正式服装，会让人感到拘谨，与轻松的气氛格格不入。

在国外，人们收到宴会请柬，经常在请柬的左下角看到有注有“正式的(formal)”、“非正式的(informal)”、或“小礼服(black Tie)”等字样。有时也写着“随意(casual)”。这些都说明主人对着装的要求。如果是比较正式的宴会(晚宴等)，主人又没有在请柬上注明对着装的要求，一般人就会按通常的做法着装，而有时客人还会主动给主人打电话询问一下。可见人们在这方面是相当注意讲究礼貌的。宴会主人在请柬上对着着装提出要求，正是主人对宴会性质的想法，即为了表示隆重、热烈或是亲切、友好等。

一般地说，在平时美国人对着装比较随意，不那么拘束，他们喜欢方便、舒适而又美观的服饰。有些人还喜欢用服饰来表现自己的性格，讲究多样化。但是人们在官方场合、在办公大楼里，并不是随随便便的。在华盛顿的林荫大道上，很少有人衣着随便地来来往往。他们大多数穿着三件一套的西装套服，手提公文包，俨然一副政府官员的模样。

英国人更加讲究。在伦敦的银行区，中午时分，银行职员们出来吃午饭，街上人来人往，大都西装革履，穿着整齐。在某些场合，英国人还保留着不少的传统服饰。法院正式开庭，或法官们的某些重要集会，法官们都要戴假发，身穿长袍。在教堂做礼拜时，牧师也要身着教袍。每届国会开幕，女王前往致辞，更是佩戴珠光闪烁的王冠。随行的宫廷女侍，也都身着白色长裙礼服。前排面向女王的是假发黑袍的“司法贵族”。红袍白翻领的是“宗教贵族”。周围侍立的是红上衣，白围巾，过膝瘦腿短裤的宫廷侍卫。

非洲许多国家的官员在国庆的正式场合，都穿着本民族服装，白色或彩色的大袍，头上裹着头巾。亚洲各国也都有自己的民族服装，在节日时穿着。世界各个地区、各个民族，在正式的礼仪活动时，都要按照自己的习俗穿戴一定的服饰。有的国家已形成规范，要求人们遵守。在最隆重的场合，如国家庆典仪式、国宴、国王登基、国家元首就职、国家最高领导人接见、大使递交国书，以及新年团拜、授勋等，都要穿着严肃、大方的正式服装。在日常的社交场合，对服饰也都有所讲究。

二、女士的穿着

（一）女士的穿着

在商业界中，妇女穿得过于考究被看做是矫揉造作；着装过分简朴被看做是有损行业常规；衣着过于保守被看做是古板守旧；热衷于流行一时的装束又被看做是荒诞不经。那么，究竟有没有适当的标准可依？在大多数情况下，这种标准存在于办公室同事们的衣着之中。

一名妇女在无法确定对其新工作来说穿什么服装合适时，应该谨慎行事。在尚未看到同事们的穿戴之前，应避免穿色彩艳丽、样式奇特的服装，甚至也不要穿宽松的便裤。不要利用上班的头几个星期来显示你的与众不同。穿裙子、衬衫和朴素的连衣裙通常是可行的。在城市中，即使天气炎热，也要穿长袜或连裤丝袜。

当你开始正规化上班后，你会看到同事们通常都穿哪些服装。假如穿宽松的便裤看来也没什么不妥，你愿意的话也可以穿，但应注意必须裁剪合身的。除非大家都穿蓝色牛仔裤，否则你最好不要穿。尽管雇主可能不会找你的麻烦，但只有最开明的公司才会支持一位穿蓝色牛仔裤的人晋升到中级和最高级管理部门。

你的着装方式不仅会向你的同事、雇主、主顾、或顾客表明你对自己是怎样看的，而且会表明你希望他们如果看待你。你想被人视为“某某家伙”，还是希望人们对你更多以礼相待？你的穿着打扮——是穿宽松的便裤和毛线衫还是穿一身裁剪合身的西装——会替你传达上

述信息。

如今，商业界晚上开展业务性应酬活动的作法日益普遍，女士有责任把自己打扮得漂亮一点，但仍应保持其作为工作人员的风度。袒胸露肩的半正式场合穿的女服或正式晚礼服，以及下摆开到大腿部位的衣裙都很不相称。夜间的性魅力会很容易冲淡女性日间的职业风度。相反，衣料的色彩与质地，却可以是款式并不时髦的女服具有女性所向往的魅力和风度，而又不会引起人们的色情联想。

出席在游览胜地的旅馆中召开的会议和大会时，妇女需要准备各式全套运动服，以便于打网球或高尔夫球、游泳、外出野餐、甚至是散步。穿着舒适的鞋是必备之物。出席在城市中举行的会议和大会，宜穿正式的西装和做工精致的连衣裙。

下面介绍一下职业女装的基本类型。

就衣服而言，职业女装有三种基本类型：套裙、夹克衫或不成型的上衣以及连衣裙或两件套裙。在这三种类型中，每一种都要考虑其颜色和面料。

1. 套裙

裙式服装最能体现女性的魅力，恰到好处的裙子能充分显示女性美感与飘逸的风采。作为职业女性，其工作场所的着装有别于其他场合的着装，尤其代表着一个企业、一个组织形象时，更要追求大方、简洁、纯净、素雅的风格。套裙以其严整的形式，多变却不杂乱的颜色，新颖却不怪异的款式，成为职业女性最规范的工作装。

(1)套裙的款式。套裙有两件套和三件套之分，套裙的上装以西服式样居多，也有圆领、V字领等式样。上衣的长度既可短至腰际，也可以长至臀部以下，下装是长短不同的各式裙子。套装的整体变化不大，但套装上衣的袋盖、衣领、袖口、衣襟、衣摆、下装的开衩、收边等等，都在细致之处见风格。

(2)套裙的着装规范。女性着套裙既不可能像时装一样赶新潮，又不能穿得粗俗乏味，体现不出女性温柔、妩媚、优雅、轻盈的特性。因此，要注意套裙的色彩搭配，只有搭配好，才能穿出不俗的效果。

蓝色套裙一般是学校和公司制服中使用得最广泛的一种服饰，尤其是深蓝色。黑头发、黑眼睛的东方女性，比较适合黑色服装，黑色除了可以隐藏缺点之外，还可以使体型看起来纤细一点，使皮肤显得白一点。如能选择开朗、轻柔的粉红、粉蓝、火黄、草绿系列，更能显示出女性柔美的气质。

一般在正式或半正式场合，为表明职业女性对工作的严谨和认真套裙多整套穿；在休闲场合，则较为随便，套裙可与其他服装搭配起来穿。要注意利用裙装的修饰美化作用“扬长避短”，如可以利用裙装的上短下长，掩盖腿部粗短的缺陷。

(3)套裙的选择。女性服装的穿着礼仪原则是讲究整洁与高雅。

女性服装可以露但不可以透。透即色情，被视为极端的不端庄、不礼貌。职业服装样式可选择连衣裙或套装、套裙。质料与颜色无特殊要求，可根据自己的特点来决定。上衣应略长一些，不可以在穿职业装时露出肚皮。职业服装还应避免领口开得过大，臂膀过于裸露。

同时，不宜选用透明、耀眼的和织有金丝、银线带亮片的服装。

参加晚会、宴会的服装与日间礼服略有区别，就质料而言，应以丝、丝绒、雪纺纱和锦缎之类为最适宜。这些轻软而富有光泽的衣料，最能衬托出女性的高雅、窈窕的身姿，而毛、棉织的衣料则稍显笨重，光泽也较差一些，不适宜于晚会、宴会穿着。颜色以黑白两色最佳，红色、蓝色等纯色也可以选择，因为纯色能够更好地显现女性的身段，易给人以端庄之感；式样应有别于上班服，富于变化。可以按自己的身材优势“露”一点；肩颈部漂亮的可以露出肩部，胸部丰挺的可设计低胸或中空样式，腿部修长的可开中、高衩或穿短礼服等。礼服应以紧腰为宜，若带袖也以窄袖为主。

(4)西服套裙。西服套裙是女性的标准职业着装，可塑造出强有力的形象。单排扣上衣可以不系扣，双排扣的则应一直系着(包括内侧的纽扣)。穿单色的套裙能使身材显得瘦高一些。套裙分两种：配套的，其上衣和裙子同色同料；不配套的，其上衣与裙子存在着差异。

职业套裙的最佳颜色是黑色、藏青色、灰褐色、灰色和暗红色。精致的方格、印花和条纹也可以接受。买红色、黄色或淡紫色的两件套裙要小心，因为它们的颜色过于抢眼。

关于职业套装的面料，有羊毛制品的，四季皆宜、经久耐穿。衣服挂一个晚上，褶子就平了。在热天，最好穿棉织品。买亚麻制品时，要选择人造纤维，如聚酯纤维、人造丝或丙烯酸系纤维的，否则，衣服很容易出褶子。对丝绸制品也要谨慎，它们会起褶，而且显得太考究。检验一种面料是否抗皱的方法是用手攥住布料，然后松开。如果起褶子，要三思而后买，它可能穿不了一天就皱皱巴巴的了。

2. 衬衫

衬衫的颜色可以是多种多样的，只要与套装相匹配就可以了。白色、黄白色和米色与大多数套装都能搭配。丝绸是最好的衬衫面料，但是干洗起来可能会贵一些。看一下标签，现在有些丝绸也能用水洗。另一种选择就是纯棉，但要保证浆过并熨烫平整。聚酯纤维，既可手洗也可以机洗，而且不起褶，但应该选择看上去像天然纤维的那种。

3. 旗袍

旗袍是我国独有的、富有浓郁民族风格的传统女装。旗袍用流畅的曲线造型十分贴切自然地勾勒出东方女性躯体的婉柔美，体现出含蓄凝重的东方神韵。高领斜襟，是旗袍的神来之笔，下摆的长长开衩，在严谨中透出轻松活泼，并便于行动。

作为礼服的旗袍，最好是单一的颜色，一般常在绸缎面料上刺绣或饰物。面料以典雅华丽、柔美挺括的织锦缎、古香缎和金丝绒为佳。为了体现女性的端庄，旗袍的长度最好是长至脚面，开衩的高度，应在膝盖以上，大腿中部以下。穿无袖式旗袍，不要暴露其内衣，冬天可以配披肩，但不适合戴手套。

着旗袍可配穿高跟鞋或半高跟鞋，或配穿面料高级、制作考究的布鞋，或绣花鞋。

虽然旗袍是我国女性的礼服，但这类服装人们平时极少穿用，使得人们不禁在为中华古国的传统女装旗袍大声疾呼。我国妇女在国外，常常穿着传统的旗袍去参加正式的社交活动。旗袍这种民族服装，比较适应大多数中国妇女的体型，朴素大方，美观精致，得到许多外国人的赞赏。据说，旗袍曾一度对西方女服的剪裁产生过影响。

(二)职业女性不恰当的着装

成功的职业女性应该懂得如何适宜地装扮自己，但在日常生活中，职业女性的着装常会出现以下问题：

1. 过分时髦型

现代女性热爱流行的时装是很正常的现象，即使你不去刻意追求流行。流行也会左右着你。这些女性几近盲目地追求时髦。例如有家贸易公司的女秘书在指甲上同时涂了几种鲜艳的指甲油，当她打字或与人交谈时，都给人一种厌恶的压迫感，一个成功的职业女性对于流行的选择必须有正确的判断力，同时要切记：在办公室中，主要表现工作能力而非赶时髦的能力。

2. 过分暴露型

夏天的时候，许多职业女性便不够注意自己的身份，穿起颇为性感的服装。这样你的才能和智慧便会被埋没，甚至还会被看成轻浮。因此，再热的天气，也应注意自己仪表的整洁、大方。

3. 过分正式型

这个现象也是常见的。其主要原因可以说是没有适合的服装。职业女性的着装应平淡朴素。

4. 过分潇洒型

最典型的样子就是一件随随便便的T恤或罩衫，配上一条泛白的“破”牛仔裤，丝毫不顾及办公室的原则和体制。这样的穿着可以说是非常不合适了。

5. 过分可爱型

在服装时常上有许多可爱俏丽的款式，但不适合工作中穿着。因为这样会给人轻浮、不稳重的感觉。

三、男士的穿着

（一）男士的穿着

虽然许多坐办公室的男性如今都穿运动夹克和宽松的便裤，而且常常穿不系领带的运动衫，但是刚在城市中找到新工作的男性在没有站稳脚跟之前，最聪明的作法还是穿正式西装并系上领带。过了一段时间，他熟悉了新办公室的习惯，就可以入境随俗，和同事们一样穿得随便一些了。然而，即使他只穿一件短袖衫在办公桌前工作，当迎接客人或前去参加会议、进午餐、与上级管理人员谈话时，也应穿上一件短上衣。

虽然许多年轻的经理和其雇员都穿蓝色牛仔裤，但是对男性总经理也同对女性总经理一样，穿这种裤子均不合时宜。那些打算在行业里获得晋升机会的人，还是把蓝色牛仔裤留待周末和晚上回家后穿为好。

（二）西装的介绍

1. 西装

西装有单件上装和套装之分，套装又分两件套和三件套。如果是三件套西装，很正式的场合不可脱下外衣。一般非正式场合，如旅游、参观、一般性聚会等，可穿单件上装配以各种西裤，也可视需要和爱好，配以牛仔等时装裤。半正式场合，如一般性会谈、访问、较高级会议和白天举行的比较隆重的活动时，应着套装，但也可视场合气氛在服装色彩图案上大胆一些，花格呢、粗条纹、淡色的套装都不失为恰到好处的选择。但在正式场合，如宴会、正式会谈、正式典礼及特定的晚间社交活动时，必须穿着颜色素雅的套装，以深色、单色最为适宜，花格、五彩图案的选择是不合时宜的。1983年6月，里根出访欧洲四国时，就曾因穿了一套格子西装而引起一场轩然大波，因为按照惯例，在正式的外交场合应着黑色礼服，以示庄重。西装的纽扣除实用功能外，还有很重要的装饰作用。西装有单排扣和双排扣之分，单排扣又有单粒扣、双粒扣、三粒扣之别。在非正式场合，一般可不扣扣，以显示潇洒飘逸的风度；但在正式和非正式场合，要求将实际纽扣即单粒扣、双扣的第一粒、三粒扣的中间一粒扣上，而双粒扣的第二粒，三粒扣的第一，三粒都是样扣，不必扣上。双排扣则有四粒扣和六粒扣之别，上面的两粒或四粒都是样扣，不必扣上。

2. 西裤

西裤作为西装整体的另一个主体部分，要求与上装互相协调，以构成和谐的整体。西裤立档的长度以裤鼻子正好通过胯骨上边为宜，裤腰大小以合扣后伸入一手掌为标准，裤长以裤脚接触脚背最为适合。西裤穿着时，裤扣要扣好，拉锁全部拉严。西裤的裤带一般在2.5～3厘米的宽度较为美观，裤带系好后留有皮带头的长度一般为12厘米左右，过长或过短都不合美学要求。

3. 衬衫

穿西服，衬衫是个重点，颇有讲究。一般来说，与西服配套的衬衫必须挺括整洁无褶皱，尤其是领口。西装穿好后，衬衫领应高出西装领口1～2厘米，白领露出部分与袖口露出部分应呼应，可有一种匀称感。在正式场合，不管是否与西装合穿，长袖衬衫的下摆必须塞在西裤里，袖口必须扣上，不可翻起。不系领带时，衬衫领口可以敞开；如系领带，应着有衬硬领的衬衫，领围以合领后可以伸入一个手指头为宜。衬衫袖长应比西装上装衣袖长出1～2.5厘米，这样可以避免西装袖口受到过多的磨损，而且用白色衬衫衬托西装的美观，显得更干净、利落，活泼有生气。夏季着短袖衬衫时，一般也应将下摆塞在裤内，但着无衬软领短袖衬衫例外。

4. 领带

领带是西装的重要装饰品，在西装的穿着中起画龙点睛的作用。领带的种类很多，大体分为一般型领带和变型领带两种。一般型领带有活结领带、方型领带、蝴蝶结领带；变型领带有阿司阔领带、西部式领带、线环领带等。从领带面料分，有毛织、丝质、化纤几种。从花型上分，又有小花型、条纹花型、点子花型、图案花型、条纹图案结合花型、古香缎花型等。领带选用丝质的为上乘，使用最多的花色品种是斜条图案领带。这种领带分美式、英式两种，区别在于斜调图案的走向正相反：美式从左上斜到右下，英式从右上斜到左下。穿英、法式西服配英式领带，穿美、意式西服配美式领带，不宜互相错用。一般在正式或非正式场合，都应系扎领带。领带的扎法也很有讲究，一般是扣好衬衣衣领后，将领带套在衣领外，然后将宽的一片稍稍压在领角下，抽拉另一端，领带就自然夹在衣领中间，而不必把领子翻立起来，扎系领带必须保证领带的绝对干净，领结要工整，如果赃污、旧损或歪斜松弛，不如不扎好。因为扎系领带是为了进一步表明精神、尊严和责任。领结是系领带最重要的部分，各种不同的系法可以得到不同大小形状的领结，可视衬衫领子的角度选择你所喜欢的领带系扎方法。但不论哪种系扎方法，系好领带后，两端都应自然下垂，上面宽的一片必须略长于底下窄的一片，绝对不能相反，当然上片也不宜长出许多，致使带尖压住裤腰甚至垂至裤腰之下而不雅。如有西装背心相配，领带必置于背心之内，领带尖亦不可露于背心之外。领带的宽度不宜过窄，过窄会显得小气，应与人的脸形及西装领、衬衫硬领的宽度相协调。

5. 领带夹

领带夹包括领带棒、领带夹、领带针、领带别针等，有各种型号，主要功能是固定领带，并不应突出其装饰功能。除经常做过大幅度动作或领带夹作为企业标志时用领带夹外，其他情况最好不要用领带夹。佩带时应注意，领带夹的位置不能太靠上，以从上往下数衬衫的第四粒和第五粒纽扣之间为宜。西装上衣系好扣子后，领带夹是不应该被看见的。

6. 西装手帕

西装手帕的整理也很重要。西装手帕起装饰作用，是以熨烫平整的各种单色手帕折叠而成，式样很多，如三角形，三尖峰形、任意形和 V 型等。别插于西装的上衣口袋，根据不同场合的需要，变化成各种图形。装饰手帕使用得当，能起到画龙点睛、锦上添花的效果。

7. 西装袋和西裤袋

西装衣袋的整理同样重要。上衣两侧的两个衣袋只作为装饰用，不宜装别的东西；上衣胸部的衣袋是专装手帕之用的，而票夹、笔记本、笔等物品可置于上衣内侧衣袋。西裤的左右插袋和后袋同样不宜放鼓囊之物，以求臀围合适，裤型美观。

8. 西装、衬衫和领带的搭配

正确选用西装、衬衫和领带后，尤应注意三者间的和谐搭配。整体协调会使你风度翩翩，格外优雅。按一般规律，深色西装配白色衬衫，从来就是最合适的搭配。如果杂色西装，配以色调相同或近似的衬衫，结果也可能不坏。但带条纹的西装不可以配以方格的衬衫，反之亦然。因为条条加块块，给人以散乱的感觉。总之，人们的一般思路是，衬衫和西装在色调上要成对比，西装颜色越深衬衫要越明快。同时也不能忘了领带的映衬作用。西装的色调深沉稳重，领带不妨相对明快；而西装的色调朴实淡雅，领带则必须华丽而又明亮，否则看上去会是模糊不清，尤其当衬衫的颜色也不明快时。当然，这也不是绝对的，假如西装与领带的色调一致，只要两者在颜色上有深浅变化，成为互补；或两者成对比色，且这种对比又是整套西装中唯一的对比，也是有特殊效果的。这里要提醒注意的一点是：西装和领带的花纹（如条纹型）不能重复；即使两者花纹不一样，可以相配，但图案也不宜太大，否则看起来过于奇巧。

四、公务活动中饰品的选择与佩戴礼仪

饰品与服装是服饰总概念的有机组成部分，饰品的佩戴和服装的穿着一样，应合乎礼仪，尤其是对项链、耳环、戒指这些礼仪场合经常需要的饰品佩戴常识更应了解。

（一）项链的佩戴礼仪

项链是女性最常用的饰品之一。一件高贵的礼服，配上一条名贵项链，会显得越发富丽。但假如对项链的色彩、质地、造型的各种功能没有一个正确的认识，效果就可能适得其反。一般来讲，金项链以“足赤”而给人一种华贵富丽的感觉；珍珠项链则以白润光洁而给人以高雅的美感。它们可以与各色服装相配，给人以华美的总体形象。

但假如金项链过于莹亮，珍珠、象骨项链白里透黄、白中见斑，就可能完全破坏了它的装饰美化作用，甚至有镀金、矫饰的疑误。同样，景泰蓝、玛瑙、珐琅等项链大多颜色深沉、古朴、典雅，配以明亮的对比色效果可能更佳；但如果与衣装颜色过于接近也会混为一色，不易分辨，而失去装饰功能。从项链的造型看，细小的金项链只有与无领的连衣裙相配才会显得清秀，而挂在厚实的高领衣装外，会给人清贫寒酸的印象。矮胖圆脸的人，挂上一串下垂到胸部的项链，会使人感到似乎增加了身高，加长了脸型；而脖子细长的人，以贴颈的短项链，尤以大珍珠项链最为合宜。另外，衣装的质料、颜色、样式及场合也不时影响着各种质地、造型的项链的佩戴。

（二）耳环的佩戴礼仪

耳环虽小，却是戴在一个明显而重要的位置上，它的色彩造型对于人的面部形象、气质风采的影响较之其他饰品反应更大，可谓是画龙点睛的一笔。耳环的色彩选择与项链相仿，应首先考虑与衣装色彩相协调。一般讲，纯白色的耳环和金银耳环可以配任何衣服，而鲜艳色彩的耳环则需与衣装相一致或接近。从质地方面看，佩戴褶褶闪亮的钻石耳环或洁白晶莹的大珍珠耳环，必须配以深色高级天鹅绒旗袍或高档礼服，否则会相形见绌；而人们一般习惯佩戴的金银耳环对服装没有更多的限制。耳环的造型变化丰富多彩，选戴的余地也就相对大些。不过，面积较大的扣式耳环不适宜方型脸的女性佩带，因为它会增加脸庞下部的宽度，而下颌较尖的脸型正好能弥补其缺憾。一般说，脸型较宽的女性应佩戴体积较小，形状长形，切贴耳的耳环，这样可以加长和收缩脸型。一般在两个不同的礼仪场合，不宜佩戴同一副耳环。

（三）戒指的佩戴礼仪

戒指不仅是一种重要的饰品，还是特定信息的传递物。尽管它有钻石、金银等不同质地，浑圆、方形及雕花、刻字等不同造型，但其佩戴的方法是一致的，表达的含义也是特定的。戒指通常戴在左手上。把戒指戴在食指上，表示无偶求爱；戴在中指上，表示正在恋爱中；戴在无名指上，表示业已订婚或结婚；而把戒指戴在小指上，则表示自己是一位独身主义者。在不少西方国家，未婚女子的戒指戴在右手而不是左手上；修女的戒指总是戴在右手无名指上的，这意味着她已经把爱献给了上帝。一般情况下，一只手上只戴一枚戒指，戴两枚或两枚以上的戒指是不适宜的。

（四）手镯与手链的选择与佩戴

手镯早已是女性玉腕的装饰品，也是男女之间馈赠的信物和定情首饰。手镯作为女性腕臂装饰由来已久，早在盛唐时期，宫廷仕女和闺秀小姐们就时兴戴手镯。那时，手镯多为宝石精磨细作的。常用来制作手镯的宝石有翡翠、玛瑙、碧玉、孔雀石、松石、珊瑚，通称玉石手镯。

手镯和手链很有讲究，不能想怎么戴就怎么戴。手镯一般戴在右手腕上，表明佩戴者是自由而不受约束的。如果在左腕或左右两手腕同时佩戴，表明佩戴者已经结婚。

一只手上一般不能同时戴两只或两只以上的手镯和手链，因为它们之间相互碰撞发出的声响并不好听。若非要带三个手镯，则要一齐戴在左手上，切不可一只手上戴两个，另一只手上戴一个。戴三个以上手镯的情况比较少见，其实要戴也应都戴在左手上，以造成强烈的不平衡感，达到不同凡响标新立异的目的。不过这种不平衡应通过与服装的搭配求得和谐，否则会因标新立异而破坏了手镯的装饰美。

手镯如能与耳环或项链同款式，则给人一种和谐美的感觉。另外，戴手镯时不应同时戴手表。

手链是手镯的换代产品，多用金、银及镀金、包金编花丝制成，比起粗犷的手镯来，更是纤细精巧，现代女性佩戴一条流光溢彩的手链，平添玉腕几许娇柔和妩媚。

手部不太漂亮的人要知道，手上戴得东西太多了反倒容易暴露自己的短处。那些注意你手上首饰的人不可能不同时注意你的手。

总而言之，佩戴饰品应坚持以下几条原则：

(1)遵从有关的传统和习惯,在社交场合不靠佩戴的饰品去标新立异;

(2)不要使用粗制滥造之物,在正式场合中不戴饰品是可以的,戴就要戴质地、做工俱佳的;

(3)佩戴饰品要注意场合,一般只有在交际应酬时佩戴饰品才最合适,严肃的工作场合不戴或少戴为好;

佩戴饰品必须考虑性别差异,一般场合,女士可适当佩戴首饰,而男士佩戴最多的只有结婚戒指一种,场合越正规,男士戴的首饰就应当越少。

第六节　公务餐饮礼仪

一、餐厅做客的礼貌

(1) 别让主人久等你的回音。在请柬回函里,马上告诉他去或不去,若你无法接受邀请,他可另作安排。

(2) 若你必须取消午餐或晚餐的约会,应亲自打电话向主人道歉、解释。别让这事由双方秘书处理。也别只在他人的电话留言机中留下简短的消息。你也可打电话给主人,邀请他在两个星期内吃饭,别再等他邀请你。

(3) 若你在餐厅等了 20 分钟,而主人还没到场,应打电话给他的办公室,如果他们也不知道他在哪里,最多等 40 分钟,留个字条给领班,即可离去。另外记得给那张桌子的服务生 10 元小费。

(4) 要准时。让主人等你如同你等主人一样,都是不礼貌的。

(5) 若你是第一个到达,到座位上坐好之后,无论如何别点饮料,也别把餐巾铺在自己的腿上吃点心或碰摆设好的餐具。你的主人到场后餐具应整齐干净完整。

(6) 若是一群人到达餐桌,别随便挑个座位就坐下来,应等主人安排就座。

(7) 在小型午餐或晚餐会上,应等主人开动,你再开动,除非她或他示意你开始用餐。

(8) 如果你要给某人留下深刻的印象,在午餐前只喝一杯饮料或一杯酒(不是一杯饮料再加一杯酒)是明智之举。生活中的每件事都有它的意义。一个人只喝一杯含酒精的饮料,表示他对自己负责。

(9) 不宜由你决定如何谈起手边上的业务,该由你的主人带头谈起此事,不过,要经过 10 分钟的闲聊或用餐半小时之后才开始。聊天可以使彼此不拘形式的相互了解,而彼此间的人际关系也变得更轻松、更好。如果一坐下来,就对主人谈起你对某些事情的看法,你不是在表现你的知识和聪明,你是告诉他,你太积极、鲁莽,而没有耐心。

(10) 当你是某人的客人时,别为自己的事招呼服务生,而应由主人来处理与服务生之间的事。你应该告诉主人你需要什么，他即会处理。

(11) 注意你去的餐厅是否有关于服装上的规定。

(12) 别点一些稀奇古怪的调味料来麻烦厨房。高级餐厅的厨师认定他们的主菜的调味料都很精致，瓶装的调味酱会使他们的美食失色。

(13) 别抱怨餐厅或服务。食物不好，你不必赞美什么。什么都别说就可以了。

(14) 做客之后，需要写一封感谢函。

例如：

亲爱的莫尔：

今天在亨利餐厅与你的活动，美味的蟹肉可以比你喜悦之情。我们在一起的一个半小时，真是美妙的时光。谢谢。

二、有关节食

若干年前，当节食还不盛行，对平衡饮食的定量、维生素、过敏性反应等的研究还局限于实验室的时候，拒绝男女主人在席间劝吃的事物曾被认为是失礼的。一位彬彬有礼的客人对递到他面前的每一样食物至少应尝一尝。如今，越来越多的人以过敏性反应为由拒绝吃某种菜，对主人说声“不吃了，谢谢！”不管怎么样，如果一位客人知道吃龙虾会使他发荨麻疹，尽管这是从缅因州运来的，也不会去吃。当然，事后应向女主人做些解释，这样女主人就不会认为是菜的质量不佳或菜选得不好。

如果你正在减肥，或对某种食物敏感，或不能吃你面前的食物，这时什么也别说。再没有比节食更令人乏味的话题了；它对任何人都没有吸引力，而且是个人自身的话题，若你 不吃供应给你的食物，应推荐给人，若有人注意到你没吃，只要回答你不很饿就可以了。

三、饮酒礼仪

欧美人对饮酒很讲究。饮酒，一般分为“餐前酒”、“餐间酒”和“餐后酒”三种。“餐前酒”指正式进餐饮的各种混合酒，即开胃酒；“餐间酒”指正式进餐时饮用的各种葡萄酒；“餐后酒”指用餐后喝的各种助消化的酒，如威士忌和白兰地等。尤其对喝葡萄酒讲究颇多。如果菜肴以鱼、虾或汤为主，大都喝白葡萄酒；如果菜肴以牛肉或鸡蛋为主，喝的大都是红葡萄酒；吃点心时一般喝香槟，在欧美人看来，所点的菜和酒的性质不配或是差距很大，被视为一个不懂礼节的人。因此，如果不懂欧美人饮酒的规矩，切不可自作聪明，我行我素，而应委托酒保来配酒。

西方人对使用酒杯也很重视，往往饮不同的酒要用不同的酒杯。喝葡萄酒要用大小高脚酒杯，大的用于喝红葡萄酒，小的用于喝白葡萄酒；口小肚大酒杯用来喝香槟酒；长身平底杯用于喝果汁和汽水等各种不含酒精的饮料；小酒杯用于喝不兑水的烈性白酒；浅底敞口杯，专用来吃冰淇淋。

正式宴会上，服务员打开酒瓶后，先要倒上一点递给主人品尝，主人应先饮一小口仔细品评，然后再尝一口，感到所上的酒完全符合要求时，再向服务员示意，可以给客人们斟酒了。斟酒的顺序是先主后宾，然后才是其他客人。斟酒时，酒杯应放在餐桌上，酒瓶不要碰到杯口。拿酒杯的姿势，因不同酒杯而有所不同。高脚酒杯应以手指捏住杯腿，短脚酒杯则应用手掌托住酒杯。关于斟酒，中国有句土话叫“酒满情深”。就是说斟酒以满为敬。因此，酒桌上不论是什么酒，一律以斟满为敬。实际上，葡萄酒、香槟酒、白兰地、甜露酒等，不宜斟满，只宜斟到酒杯容量的2/3处，其目的是使饮者在饮用时能让酒在杯中漩起来。使酒香充

分地发挥出来。

作为一种席上的饮品，从酒具的选择，饮用的方法，都有一定的规矩，所谓茶有茶道，酒也有酒规。

首先，饮酒要留有余地，要慢慢地细饮，特别是饮烈性酒，千万不要一饮而尽。

有些人为了逞强好胜，互不相让，你灌我，我灌你，来一个“喝酒不输”，或者“不醉不够朋友”，结果喝得酩酊大醉。甚至口出秽语，掀翻桌凳，伤及邻座，乐极生悲，结果被拘留或赔款，后悔莫及。这不仅破坏了宴会友好和欢乐的气氛，也是种有失礼仪、缺乏修养的行为，是宴会中饮酒最忌讳的一个方面。

其次，要懂得宴会上饮酒的礼节。

作为主宾参加宴请，应了解对方祝酒的习惯，即为何人祝酒，何时祝酒等以便做必要的准备。祝酒时还应注意不要交叉碰杯。在主人和主宾祝酒时，应暂时停止用餐，停止交谈，注意倾听，不要借此机会抽烟。主人和主宾讲完话，与贵宾席人员碰杯后，往往要到其他各桌敬酒，遇此情况，应起立举杯，要目视对方致意。祝酒时要注意，祝酒词既要满足祝福又要有文采。比如很早以前，犹太人的宗教仪式上就举杯高呼“为了生活！”查理、狄更斯《圣诞圣歌》中的一句敬酒词使用得十分普遍：“上帝赐福大家”。

中国人碰杯时习惯说：“恭喜”，英国人碰杯时常说：“Cheers（奇尔斯）”。法国人说：“Sante（桑特）”；西班牙人则说：“Sholus（萨鲁斯）”。在莎士比亚的著作中有这样一个绝妙祝酒词：“有好友好酒好款待，便成好人。”除祝酒外，饮酒前后，一般适宜谈些愉快、健康的见闻和真切的感受，以保持宾主之间的亲切、热烈乐观的气氛。

再次，如果你不善于饮酒，当主人向你敬酒时，可以婉言谢绝，如主人请求你喝一些酒，则不应一味推辞，可选淡酒或汽水（如可乐、橘子水等）喝一点作为象征，以免扫大家的兴。当然作为敬酒者也不要强人所难，非逼着对方一饮而尽不可。宴会时，对自己的饮酒量，一般应掌握在平时酒量的1/3左右为好。

第四，在西餐中，正式宴会上每一个座位的餐桌上，刀叉和盘子的右上方摆着好几个高脚酒杯，包括凉水杯、红葡萄酒杯、白葡萄酒杯、香槟酒杯等。装红、白葡萄酒的两只杯子基本相同，或是大小略有不同，喝香槟酒的杯子则一般是高脚口杯或郁金香形瘦高杯子，选择何种酒杯，必须视菜单而定。欧美人在吃酒菜时的饮食方式，往往与饮酒密切相关。据说这有助消化，尤其在宴会、招待会等到主要场合，几乎是每道菜配以一种特定的酒，使用一种特定的酒杯，要求严格讲究。美食之国的法国，历来就有白酒配鱼、红酒配肉的不成文的规矩。

酒会上一般饮用低度酒，以香槟最常见，香槟在西餐中有“酒王”之称，味清凉甘甜，由于酒中气很足，开瓶时能发出清脆的响声，在高级宴会上，各桌同时开瓶，发出砰砰的响声，犹如鞭炮交鸣，给宴会增添隆重、热烈的气氛。

四、祝酒

敬酒也就是祝酒，是指在正式宴会上，由男主人向来宾提议，提出某个事由而饮酒。在饮酒时，通常要讲一些祝愿、祝福类的话甚至主人和主宾还要发表一篇专门的祝酒词。祝酒词内容越短越好。

敬酒可以随时在饮酒的过程中进行。要是致正式祝酒词，就应在特定的时间进行，并不能因此影响来宾的用餐。祝酒词适合在宾主入座后、用餐前开始。也可以在吃过主菜后、甜品上桌前进行。

在饮酒特别是祝酒、敬酒时进行干杯，需要有人率先提议，可以是主人、主宾，也可以是在场的人。提议干杯时，应起身站立，右手端起酒杯，或者用右手拿起酒杯后，再以左手托扶杯底，面带微笑，目视其他特别是自己的祝酒对象，嘴里同时说着祝福的话。

有人提议干杯后，要手拿酒杯起身站立。即使是滴酒不沾，也要拿起杯子做做样子。将酒杯举到眼睛高度，说完“干杯”后，将酒一饮而尽或喝适量。然后，还要手拿酒杯与提议者对视一下，这个过程就算结束。

在中餐里，干杯前，可以象征性地和对方碰一下酒杯；碰杯的时候，应该让自己的酒杯低于对方的酒杯，表示你对对方的尊敬。用酒杯杯底轻碰桌面，也可以表示和对方碰杯。当你离对方比较远时，完全可以用这种方式代替。如果主人亲自敬酒干杯后，要求回敬主人，和他再干一杯。

一般情况下，敬酒应以年龄大小、职位高低、宾主身份为先后顺序，一定要充分考虑好敬酒的顺序，分明主次。即使和不熟悉的人在一起喝酒，也要先打听一下身份或是留意别人对他的称号，避免出现尴尬或伤感情。既使你有求于席上的某位客人，对他自然要倍加恭敬。但如果在场有更高身份或年长的人，也要先给尊长者敬酒，不然会使大家很难为情。

如果因为生活习惯或健康等原因不适合饮酒，也可以委托亲友、部下、晚辈代喝或者以饮料、茶水代替。作为敬酒人，应充分体谅对方，在对方请人代酒或用饮料代替时，不要非让对方喝酒不可，也不应该好奇地“打破砂锅问到底”。要知道，别人没主动说明原因就表示对方认为这是他的隐私。

在西餐里，祝酒干杯只用香槟酒，并且不能越过身边的人而和其他人祝酒干杯。

祝酒是席间一个重要礼仪程序。正式宴会中主人皆有敬酒之举，会饮酒的人应当回敬一杯。敬酒时，上身挺直，双腿站稳，以双手举起酒杯，待对方饮酒时再跟着饮，敬酒的态度要热情大方。祝酒时，应与主人与主宾先碰杯，碰杯时应目视对方（眼鼻组成的三角区）以示致意，不目视对方被认为是不礼貌的。人多时可同时举杯示意，不一定碰杯。交叉碰杯是必须避免的。

参加外方宴请，应事先了解对方饮酒习俗和祝酒的讲究。在宾主双方致辞祝酒时，应停止饮酒和交谈。奏国歌时更不能饮酒。在国外正式宴会上，通常应由男主人首先举杯，并请客人们共同举杯。若是他要为在座的女士们的健康干杯，就不应忘掉任何一位女士。客人、晚辈、女士一般不宜首先提出为主人、长辈、男士的健康干杯。女士接受他人祝酒时，不一定要举起自己的酒杯，以微笑表示感谢即可，自然稍微喝上一点更好。当为尊贵的人物的健康而干杯时，酒杯中的酒最好一饮而尽，若自己的酒量不行的话，事先应只斟少许酒。

谈起喝酒，几乎所有的人都有过切身体会，“酒文化”也是一个既古老而又新鲜的话题。现代人在交际过程中，已经越来越多地发现了酒的作用。

的确，酒作为一种交际媒介，迎宾送客，聚朋会友，彼此沟通，传递友情，发挥了独到的作用，所以，探索一下酒桌上的“奥妙”，有助于你交际的成功。

（一）众欢同乐，切忌私语

大多数酒宴宾客都较多，所以应尽量多谈论一些大部分人能够参与的话题，得到多数人的认同。因为个人的兴趣爱好、知识面不同，所以话题尽量不要太偏，避免唯我独尊，天南海北，神侃无边，出现跑题现象，而忽略了众人。特别是尽量不要与人贴耳小声私语，给别人一种神秘感，往往会产生“就你俩好”的嫉妒心理，影响酒桌的气氛。

(二)瞄准宾主,把握大局

大多数酒宴都有一个主题,也就是喝酒的目的。赴宴时首先应环视一下各位的神态表情,分清主次,不要单纯地为了喝酒而喝酒,而失去交友的好机会,更不要让某些哗众取宠的酒徒搅乱东道主的意思。

(三)语言得当,诙谐幽默

酒桌上可以显示出一个人的才华、常识、修养和交际风度,有时一句诙谐幽默的语言,会给客人留下很深的印象,使人无形中对你产生好感。所以,应该知道什么时候该说什么话,语言得当,诙谐幽默很关键。

(四)劝酒适度,切莫强求

在酒桌上往往会遇到劝酒的现象,有的人总喜欢把酒场当战场,想方设法劝别人多喝几杯,认为不喝到量就是不实在。

“以酒论英雄”,对酒量大的人还可以,酒量小的就犯难了,有时过分地劝酒,会将原有的朋友感情完全破坏。

(五)敬酒有序,主次分明

敬酒也是一门学问。一般情况下敬酒应以年龄大小、职位高低、宾主身份为序,敬酒前一定要充分考虑好敬酒的顺序,分明主次。即使与不熟悉的人在一起喝酒,也要先打听一下身份或是留意别人如何称呼,这一点心中要有数,避免出现尴尬或伤感情的局面。

敬酒时一定要把握好敬酒的顺序。有求于某位客人在席上时,对他自然要倍加恭敬,但是要注意,如果在场有更高身份或年长的人,则不应只对能帮你忙的人毕恭毕敬,也要先给尊者长者敬酒,不然会使大家都很难为情。

(六)察言观色,了解人心

要想在酒桌上得到大家的赞赏,就必须学会察言观色。因为与人交际,就要了解人心,左右逢源,才能演好酒桌上的角色。

(七)锋芒渐射,稳坐泰山

酒席宴上要看清场合,正确估价自己的实力,不要太冲动,尽量保留一些酒力和说话的分寸,既不让别人小看自己又不要过分地表露自身,选择适当的机会,逐渐放射自己的锋芒,才能稳坐泰山,不致给别人产生“就这点能力”的想法,使大家不敢低估你的实力。

第七节　进入外国人的办公室或住所的礼仪

去外商的住所或办公室,均应事先约定或通知,并按时到达。无人迎接应敲门或按门铃,经主人允许后方可进入;若无人应声,可再次敲门或按铃(但敲门声音要轻,按铃时间不宜过长)。无人或未经允许,不得擅自进入。若因事急或未有约定又必须前往,但也尽量避免在深夜打搅对方,万不得已在休息时间约见对方,见面首先应立即致歉意,再说明打扰的原因。经主人允许或邀请方可进入室内。即使所谈事情需要时间很短,也不要站在门口谈话;若主人未邀请入室,可退至门外,进行室外交谈。室内谈话若时间较短,不必坐下,事毕不宜逗留,若谈话时间较长,可在主人邀请后入座。事先未有约定的,谈话时间不宜过长。

应邀到外商家中拜访、做客，应按主人提议的时间准时抵达，过早过晚均不礼貌。拜访的时间一般在上午十时或下午四时左右。若因故迟到，应致歉意。对主人准备的小吃，不要拒绝，应品尝一下；准备的饮料，尽可能喝掉。无主人的邀请或未经主人的允许，不得随意参观主人的住房和庭院，在主人的带领下参观其住宅，即使最熟悉的朋友也不要去触动书籍、花草等室内摆设或个人用品。对主人家的人都应问候（尤其是夫人或丈夫和孩子），对主人家的猫狗不应表示害怕或讨厌，更不要去踢它或打它。离开时，应有礼貌地向主人表示感谢。

第八节　公务谈判的礼仪

一、谈判中的文化差异

（一）谈判中的文化差异——公开私人生活的话题与一般的社交话题

当谈话集中在个人身上时，选择恰当的话题就取决于参与方了。西北欧及中欧人更倾向于正式的话题，比起其他群体的人更不愿意讨论私人问题。对于个人隐私的重视，再加上格外看重工作，所以在谈话中涉及到个人问题的可能性就极小。然而，这并不意味他们对任何与工作无关的事不感兴趣。谈论艺术、烹饪、建筑或者政治的话题，都会令人感觉生动有趣，交谈的气氛也会愉快。所以，外来的一方应该具有足够的知识来加入这些谈话，并用恰当的角度来观察当地人。

相反，在拉丁美洲，人们对他人的个人爱好、兴趣、活动、家庭成员、旅行、文化等感兴趣。非拉丁美洲人有时会对他们问及到关于个人或亲属等私人问题感到惊讶。然而，拉丁美洲的家庭成员之间的关系比较密切他们认为了解与之交谈的对方的情况，是很重要的。在经济和社会阶层中，对于如此密集的社会群体相对而言，很少存在隐私秘密。然而，即使在这种比较开放的国家，有一些话题，诸如薪金收入，也被视为不适合在家庭以外的场合探讨的私人话题。

生活在中东或来自具有悠久传统文化地区的人们在与别人进行交流时，有两种具有明显差异的方式：一种是适用于一个由家庭、部落、种族等构成的内部圈层的成员，另一种则适用其他不属于这个圈子的人。与圈外人的谈话通常显得正式而具有社交性，极少表露出自己的个人世界观。只有在圈子内部，人们才会交流更为私人化的信息。这两种交流方式并存并被经常地运用。因而，个人之间的关系将决定哪一类话题才会是恰当合适的。

当与来自某些文化群体的人交谈，更多地集中在眼前的工作上，并非所有的话题都适合这些非工作性质的讨论。关注个人或私人关系并非一定意味着谈话人想要探讨私人问题。基于在某一文化群体中私人关系的实质，文化的理解以为人们保护隐私的愿望，一些社交话题，诸如艺术、饮食、体育或建筑等可能会比家庭成员的活动或某人的健康状况等私人性话题更为合适。在任何文化群体中，一些话题是被视为具有隐私性，只能与某些人去探讨的。

正确地选择在什么场合下，与什么人谈论什么话题，是成功地进行人际交流的一个重要因素。过分涉及隐私或要公开地谈论关于某人的私人生活情况对于外国商务人士是很难接受的，因此，在正式场合应该避免谈论此类话题。

（二）谈判中的文化差异——直接与间接

在北美，尤其在美国，独立自由，平等的观念具有极强的价值。这就使得商务伙伴间的

坦诚相待显得格外重要。致力于同一项工作的人们在交换意见时都应开诚布公，这样，问题才会处理得卓有成效。虽然激烈的情绪并不总是被直接表达出来，但它确实是谈判进程中一个部分，人们总是小心谨慎。在指出别人的错误时，也要给予肯定的赞赏，或者在众人面前做出肯定性的评论。有时候，人们的感情可能会受到伤害或感到被冒犯，但这只是努力工作和想要成功的连带后果。

在中欧和西北欧国家，当人们在谈判时的冲突和不同观念不可调和时，人们在表达他们的看法时通常不那么直接，而是更加圆滑而得体。当纷争的确存在而又不是直接探讨时，人们更善于运用一种既含蓄得体又不失坦诚的谈话方式。要保持克制的情绪，过激的情绪不应该成为谈判过程中的一部分。

在地中海沿岸的欧洲国家，激动的情绪更容易被公开地表现出来。老练，圆通则很重要，而且避免出现针对个人的言语攻击，因为这必将对彼此间的关系造成伤害。同时争论可能是激烈而持久的，因为没有哪一方会心甘情愿地屈服或妥协。产生过激情绪是针对所谈的事情，而不是针对个人。

在其他文化群体中，个人受到轻慢冷落或有失面子，都是很严重的问题，因此，在谈话中，必须格外小心地避免提出负面的或仅是带有批评的意见或建议。学会如何使用恰当的方式巧妙反对及分歧的意见告知对方是一种非常重要而有价值的技巧。学会如何或何时成功地给对方施加压力需要足够的机智老练以及进行问题沟通交流的技能。直言不讳不仅会让对方而且也会让自己有失颜面，从而影响一个人成功地从事商务活动的能力。既然面子问题不能忽视，那么学会在这些文化背景下何时及如何提出反面观点及分歧意见就成为一个迈向成功之路的至关重要的因素了。

成功的谈判取决于知道如何提出并化解不同的观点。当一方在处理分歧的交流沟通方式与另一方无法相容时，谈判的顺利完成仍是岌岌可危。一些业务伙伴习惯于含蓄的，模棱两可的交谈方式，对他们而言，直言不讳无疑会破坏彼此的合作关系。而且也无益于问题的解决。了解并适应业务伙伴所认同接受的交流沟通方式会使双方都着眼于眼前的问题，从而也增强了谈判成功的可能性。

（三）谈判中的文化差异——人与工作

北美人、西北欧人及中欧人更愿意将他们的讨论集中在工作上，而不是集中在个人问题上。寒暄只是在最低限度内进行。用在讨论所参加的音乐会，体育活动，所去过的餐馆，旅行经历或者个人爱好上的时间仅仅被视作是为了营造刚开始的和谐融洽的关系，而且认为讨论进行太久的话，是浪费时间的。偏离正题的谈判通常打断或缩短，将谈判者带回即将进行的问题讨论中。

欧洲地中海沿岸的人会经常进行私人性的联系，并且通常会在会议前，会议的开始阶段，休息或吃饭期间，花时间去与其他人结识或更进一步了解别人。

在拉丁美洲和中东，和与会者在洽谈工作之前，彼此熟识起来是很重要的。通常这一步没完成的话，是不会开始谈生意的。通过谈论体育文化，个人爱好，公司的历史，讲些关于双方都认识的人的赞美话，或者回忆一下过去的会谈及共同经历等来联络私人感情，这对于进一步发展关系是很重要的一步。在任何商务会谈过程中，关于个人兴趣爱好，社交活动计划，其他会谈，或者个人要求等方面的内容插入进来，被看做是可接受的。

在会谈开始时的谈话内容，用于寒暄的时间，能被容忍接受的中途打断以及完成工作所需的会谈次数，都因群体的不同而不同。群体之间靠得越近越一致。关于是人还是工作应该在会谈中占主角的看法也就越相似。

从某些意义上讲，“外来的人”不同于东道主或潜在商务伙伴。意识到这种差距，成功地适应这种席位的差异，保持一种令人尊敬的距离，直到东道主开始表现出更多的亲密及愿意邀请外来方加入这个职业性的或社交的圈子。这是对外来者所推荐使用的策略。东道主试图表现得过分亲密而不拘礼仪，会造成谈判进程的严重阻碍。在谈判中，做之前最好先征得同意，而不是做完后又需要去道歉。

二、谈判中的礼仪

公务礼仪一般由谈判双方对等级别人员参加。开始前先相互交换名片，相互介绍参加谈判人员。实现还要进行充分的市场咨询，准备好谈判所需的各种材料。

如何开局对经验不多的谈判者来说往往感到棘手。实际上，开局的关键不在于如何切入整体，而是创造一个和谐的气氛和基调。熟练的谈判者总能找到双方都感兴趣的轻松的话题。如与德国的谈判对手谈判可以先从德国的古典音乐、莱茵河、德国足球等对方津津乐道、引以为傲的话题开始。在开局阶段，为了创造友好合作的基调，谈判者应注意自己的行为和态度。在态度上要坦诚友好，富于合作精神，在行为上要热情，注意倾听对方意见，给对方以均等的发言机会，不要随便插话，打断别人的发言。

谈判双方就谈判程序达成一致后，进入实质性谈判，由卖方或买方报价，即提出交易条件，一般由卖方首先报价，先报价可以根据自己的意图划定谈判的基本框架，有利谈判向着自己设定的方向发展，对于探测性的提问最好避免直接回答。

在一系列的探询之后，双方的谈判意图、交易条件已完全摆到了桌面上，双方就实质性条款进入讨价还价阶段。首先，报价要客观留余地。一项成功的报价应该是在精心测算，反复比较的基础上提出的，特别是考虑竞争者的存在，给对方一种可信的感觉。在讨价还价中，让步是不可避免的。让步是一种策略上的转变，不到不让步谈判就无法进展，或让步会获得更大利益的情况下，决不轻易让步，而是寻找其他解决途径。

一般来说，谈判开始时双方的目标期望值普遍较高，对另一方要求过多。这是因为所有的谈判者都希望在谈判桌上得到更多的利益，但又对谈判对手缺乏足够的了解。随着谈判的展开和对对手谈判意图、利益目标的不断掌握，需要对自己的目标作出修订或具体化的论证，找到双方合作的接近点，寻找双方都能接受的利益目标，从而为成功谈判奠定牢固的基础。任何一方想取得谈判的成功，就必须不断地调整自己的目标，寻找谈判双方都能接受的切合点，各自作出利益上的让步。在谈判中，任何一方都是抱着解决冲突和纠纷、改善彼此之间的关系和增强彼此之间了解、合作的诚意，不能怀疑对方对谈判的诚意，更不能单方面中止谈判。应当在谈判过程中尊重对方，不能一味地自我标榜，吹嘘自己的才能，贬低或无视对方的人格利益，更不能顽固地坚持自我本位主义或自我中心主义，甚至在交锋阶段实施恶毒攻击、谩骂和诋毁，表现出愤怒、捶桌或严厉地手指着对方批评或伤及对方身体的行为。要相信对方的诚意，要尊重对方的人格权利，这是谈判过程中最起码的行为礼仪。

除此之外，谈判中还应注意其他语言礼仪。总体来说，谈判语言应以协调性、征询性预期为主，发问前先取得对方的同意，提敏感性问题时应说明一下发问的理由，以示对对方的尊重；应答时，要考虑到保持谈判的融洽和愉快的氛围，要先弄清楚对方的真正含义，要有礼貌地使用拒绝性的语言，说服别人时应考虑到对方的自尊。此外，要学会遣词造句，充分运

用修辞和逻辑的力量，幽默而不失其严谨，诙谐而不离开主题，既坦诚相见，又善于倾听。尤其是对方言辞比较激烈时更应该耐心听取其意见，绝不能当即反驳和批评。对方使用了不礼貌的语言，我们应宽大为怀，不予计较。

在谈判中主谈人应思维敏捷，说话有逻辑性，驳斥对方时应有理有据，不夸大其词，不制造戏剧性场面，也不要没有事实支持而作出某种断言或结论。声调和口气也很重要，说话坚定而有控制。

谈判有很多技巧和策略，但谈判策略礼仪要求不能够为策略而策略，为技巧而技巧，更不能够将谈判视为钩心斗角，使诈弄骗的竞技场。谈判策略礼仪要求谈判的任何一方不能只考虑己方的利益而不顾对方的利益，不能故意设诱饵欺骗对方。消除对立是谈判的命脉，即便是在交锋阶段，也不能一味地逞强恃能，以己方之强压倒他方之强，而是应当寻求双方利益的妥协范围。如果经交锋不能达成妥协，交锋就没有实质意义。在谈判中，如果双方在某一点上坚持不下，互不相让，出现僵局，应把注意力从某一具体问题转移到共同利益上，积极寻找解决问题的方法和机会，并在可能的限度上作出一些让步，给对方台阶下，在此基础上提出建议，僵局就比较容易打破。在打破僵局之后，谈判双方就多数条款达成一致，谈判的内容达成共识后，就可望签署有关文件，谈判也就达到了预期的目标。

第九节　公务演讲礼仪

一、精彩的开场白

演讲者上场时务必大方自然，亮相得体，上场后首先环视一下全场，接下来可以进行开场白，演讲的开场白没有一定固定模式，可首先介绍一下自己的姓名，并向听众致意。然后可以运用以下开场白形式：

1. 提纲式

演讲开始前，可以先把自己要讲的问题扼要地介绍一下，使听众有个整体的认识，然后脉络清楚，论据详实，一气呵成的完成演讲。

2. 提问式

开场白。在演讲开头向听众提几个问题，让听众与你进入一个共同的思维空间进行思考。如果演讲者的问题提得好，听众自然会格外留神，等待富有见解的答案。

3. 即兴发挥式

演讲者可根据会场气氛拟一段即兴开头，这可以把演讲者与听众一开始就紧紧地联系起来，使听众在感情上产生共鸣。

4. 引起好奇式

即把一些与演讲内容有关的罕见的问题先提出来，使听众产生一种非听下去不可的兴趣。如果有一个与演讲内容有关的有趣的故事，也可用它作为开头。

二、利用幽默和道具

每个人都愿意听一位善于讲有趣故事的演讲者讲话，但故事必须与演讲的题目有关联。最糟糕莫过于企图强装幽默，结果不是故事本身选择不当，就是讲得平淡无奇。其结果无疑会分散听众的注意力，使他们不去听讲话人的演讲，而是去琢磨演讲话人的意图。讲笑话、趣闻和引语，无疑使演讲内容丰富多彩，充满风趣。但应记住，听众们主要是想听你个人要讲的内容，而不是来了解别人的思想反映和行动，不应把笑话故事作为整个演讲的重点，以导致听众在听完演讲后，只记得听了若干故事而不记得演讲的正式内容与演讲者所要表达的真实意图。

如果你演讲的题目允许你使用挂图或幻灯片，你应想方设法有效地加以利用。这样做不仅会使你更容易地进行准备(尽管你仍需进行排练，练习使用幻灯片并准确掌握放映时间和操作细节)，而且边看边听更能牢固地吸引观众的注意力。

三、讲话声音的重要性

与你的演讲素材和准备工作几乎同等重要的是你的声音是否具有穿透力。音调低沉远比音调尖锐有吸引力，但低音调演讲者的音量必须大得足以使听众不用费力便可听清。讲话速度宜慢不宜快(每分钟 90～130 个单词，或者是半页双行距打字纸的讲稿)，而且应该有节奏变化，否则你的声音听起来会很单调。演讲时还需要有一定数量的音调变化。在讲笑话和故事时更应如此；为了进行强调，对某些词应该使用加重语气。要做到这些只需多加练习，你演习时既要想着这些要点，也要想着演讲内容。

如果在演讲时使用麦克风，你应早些到场，提前试音。若不可能提前赴会，你一定要确知有人验证过麦克风是否正常，并在主持人介绍你的时候仔细观察他站位的远近，用多大的音量讲话，以及他怎么调整麦克风高度的。大部分人都有声音过大地对着麦克风“喊话”和抓住麦克风不放的倾向，从而造成干扰。如果你预先接到通知要使用麦克风演讲，最好提前找个麦克风进行实践。

四、讲话漫无边际的危险

没有经验的演讲者最需要注意的毛病就是讲话时间过长。召开会议时，每个发言者的讲话时间几乎是被限定在五分钟或十分钟内，因此，无经验的演讲者尚未讲到正题就被要求终止发言。当你被告知或自己决定了演讲时间的限制之后，你必须做出计划，使你的演讲内容符合规定时限，并坚持按计划进行。事实上，告诉你时间限制是邀请你去演讲的会议主席的责任，如果他没有说明时限，你一定要问清楚。提纲式的摘记会帮助你的演讲不偏离主题，但对善于不用讲稿即席发言的演讲者来说，又确实存在想到哪里就滔滔不绝说到哪里的危险。

最成功的演讲者总是简单明确地讲出他们必须讲的内容，不使用夸夸其谈的辞令，也不进行重复。讲完一个问题之后，继续讲下一个问题——没有必要以其他方式对前一个问题再进行解释。如果你能在听众们尚未变得不耐烦之前，或者当他们仍希望你继续讲下去的时候结束演讲，你的听众离开时会认为你是个极为出色的演讲人。

五、结束演讲

当你演讲的结束时间已到，或者你已讲完你必须讲的话以后，做一个简短的小结可使听众对演讲的结束有思想准备。有时用一个有趣的故事结尾会给听众留下愉快的记忆。而某些演讲人则喜欢以感谢听众专心听讲来结束演说。你也可以用重复你希望给听众留下印象的观点，或者提及会议的下一个安排项目来结束自己的演讲：“我要对你们大家专心听讲表示感谢，我知道你们此刻急切盼望流行服装表演马上开始。”无论你采取何种方式结束你的讲话，切不可悄然收场。要认真记熟你的结束语，这样你就可以从容不迫而充满自信地把话讲完。

六、手势的问题

对一个当众演讲的人来说，如何处理好手的动作是最重要的问题之一。在讲台上，你可以用双手扶住讲台的边缘并保持这种姿势，只是在翻动演讲摘记或偶尔做出某个动作时才移动手的位置。倘若是在宴会席上讲话，你可以用双手撑扶着餐桌，但仅仅是在桌子的高度使你不用弯腰的情况下才这样做。讲话时还应避免用手拿餐具，或者摆弄餐巾或酒杯。如果你是一位男士，无论在什么场合发表讲话都应注意口袋里不要有硬币零钱或钥匙。一个男人把手插进衣带里本是极为自然的姿势，但如果因此而弄得叮当作响，最容易使听众心烦意乱。

如果你使用幻灯片演讲，一定要找一根教鞭。它不仅可以用来指示画面上的细节，而且还可以作为你在演讲过程中手里握着的一个道具，解决了手不知道怎样放的问题。

假如没有任何可以支撑你的物品，你的手应该尽量自然地保持静止不动，双手握在一起放在身前或背后，或者简单地让两只手分别垂在身体两侧。手势对于强调你的讲话十分重要，但应避免一再重复某个相同的动作。不要乱舞或频繁地来回移动你的双手，以免转移听众的注意力。

最后一点，不要拼命抓住麦克风。麦克风可能会帮助你更好地进行演讲，但它也会通过扬声器制造出最令人心烦意乱或刺耳的噪音。

七、其他小问题

倘若你感到极想打喷嚏，或者忍不住要咳嗽，不要有顾虑，尽量听其自然。如果是长时间的咳嗽，你应向听众表示歉意；如果不是，根本无需提及此事。你应永远随身携带一条手帕或绵纸，一旦发生上述“紧急情况”，只需从口袋里掏出来捂住嘴，并转过脸去避开麦克风，即可清除使你的鼻孔或喉咙“发痒”的隐患。你应注意讲桌上是否放有一杯水，这对你是有好处的。毋庸置疑，你可以随时喝上一小口，而喝水的短暂停顿甚至有助于听众对下文的期待，使某一要点得到强调。

第十节　和谐相处

一、与同事相处之道

你日常生活中的大部分时间都要与办公室的同事一起度过。你自然会希望你的人际关系尽可能地和谐、融洽。

你与办公室其他职员的关系该是什么样的呢？你曾遇到过在办公室中，一位秘书拒绝帮助另一个工作负担很重的员工吗？你曾遇到过在办公室中喝咖啡休息时或午餐时人们议论其他员工吗？你曾在办公室中感到有派系存在吗？可笑吗？是的。但是你只要在办公室工作，你就很可能会碰到这些情况。这些问题你可能永远都不能完全避免掉，但如果应用一些你所学到的人与人之间关系的指导，你会在很大程度上减少这些情况发生。

（一）合作

你应该在办公室中与他人有着合作的态度。既然没有什么工作是可以单独完成的，那么为了公司的利益，合作就是非常重要的了。合作的前提首先要接纳对方。在办公室中，你与许多不同的人打交道。他们的背景及他们的兴趣的东西很可能与你有很大的不同。起先，你可能会不太理解他们。而且由于你不理解他们，就会不喜欢或不赞成他们。其实你与要接纳别人，应该承认并多尊重那些与你不同的人。如果你能诚恳地倾听别人，你会更多的了解他们，并且避免由于缺乏理解而导致的冲突。如果情形需要的话，你应该乐于帮助其他员工在工作的最后期限前完成工作。比如，一位秘书手边有一件如果无人帮助就无法完成的紧急工作，而你自己手边又无急事，你应该帮助你的同事。通过合作，秘书们建立起一些不成文的预定，比如彼此帮助接听电话、从库房领取办公用品或午餐时铺上桌布等。

（二）得体

得体意味着与别人相处时的技巧与礼貌。这就需要你对其他人要有敏锐的观察能力。你应该考虑到你所说的话可能造成的后果，并且避免说出冒犯别人的话。不得罪别人的人会强调别人的优点，而不是缺点。如果你很有想法的话，最好在说话前考虑一下。比如你的一位同事刚在一场大病后回到公司上班，你要让对方知道你很高兴他或她康复后回到了公司，但要避免探听一些关于病情的且会让人不悦的问题。

（三）正直

一个正直的人是不会占别人便宜的。比如，你可能会从别人那得到一个好的想法或建议，但你就不能为此而领功，而要将此功劳归功于那个给你意见的人。你也应该自己承担分内工作责任，而不应该试图让你的同事替你去做你该做的工作。

除了上述的建议，还有一些其他的建议。

第一，不要享受你的上司所能享有的特殊待遇。如果上司是一位重要人物，他才是那位享有特权的人，而不是你。如果你是一位新来的秘书，也不要去享受年长女士所能享有的待遇。你很想在一开始就和同事们搞好关系，因此，不要贸然享受一些特殊待遇，直到有人告诉你哪些待遇是你应该有的。

第二，要慎重地对待公司内部的派系。在每个办公室中，你肯定会发现有一或两个紧密联系的团体，即所谓的“派系”。加入这种性质的派系是不明智的。成为某一派系的一员很自然地会限制你与其他同事的交往，而且也不会博得你的主管上司的赞同。因此，与办公室里那些关于对其他非本派系人员嫉妒并不满的私人小派系保持一定的距离不要急于与办公室的人亲近来赢得友谊。慢慢来，你以后会有足够的时间来营造更为持久的关系。

第三，要认识到你的同事也是普通人。每个办公室里都会有你敬仰的人和你不喜欢的人，这是人的天性。每个人都有优点和弱点。明智之举是接受优点也要接受缺点。另一方面，如果你的亲身经历告诉你，你周围的某位同事，是一个爱搬弄是非的人，那么你就可以采取防范措施，尽量避免和这种爱惹麻烦的人打交道。如果他的行为违背了公司的规定，你可以告诉你的上司，而不必觉得自己是在搬弄是非，但一定要确信你们之间的冲突不是源于性格上的不和。即使你不喜欢他，他依然有可能成为一个好职员。

第四，对待下属员工要彬彬有礼，这一点是很重要的。你也许有权将一项工作放在某人的桌子上，说：“这项工作三点前干完。”但你永远不要这样做。客气而有礼貌的秘书会对所

要布置的工作及需要尽快完成它的原因做出解释，而且她从来不会忘记说“请”。礼貌的举止会使公司里从门卫到董事长的所有员工对你刮目相看。一位有涵养的女性总会面带微笑、愉快致意，而且即使对一个微笑的好意也不会忘记说声“谢谢”。

最后，要注意不要带有优“越感”。有些秘书客气的方式令人觉得她们在施恩。你应该注意不要对办公室里其他人员以居高临下的态度说话。如果那样的话，他们只会感到不满，如果处于他们的位置，你的感受也会是一样的。

二、与外国同事相处

(1) 同感体验。总要站在外国同事的角度去考虑问题，换句话说，要试着对他们的感情、态度、想法予以理解，通过这种同感体验，你会透过他们身上与众不同的地方而理解他们，并能接受他们。

(2) 避免模式化。不要过度地被你曾在书中读到的或别人告诉你的某些事件所影响，这会使你不自觉地将同事以类划分。其实每个人都是不同的个体。避免让你的偏见遮盖住你同事的正式个性。

(3) 做到细腻体贴。对外国同事持有理解而体贴的尊重，理解他们的意图，接受他们的不同之处。持有一种和睦行人的态度，让他们感受到他们很受重视。

(4) 无偏见而善解人意。当外国同事与你交流时，要愿意听取对方的意见，善解人意。对与你不同的看法要灵活处理，不要将你的期望建立在事先形成好的看法上，要认识到情况的特殊性。

(5) 做到耐心。当情况并未随你心愿或未按你的计划进行时，不要失意沮丧。要能预料到可能发生的问题，并认识到当与外国同事相处时，时间掌握在你这一边。

(6) 尽可能用简单的术语清楚地解释疑难概念。使用短句子和许多图示来说明。通过减少叙述性话语来减少翻译中的错误。即使这样也要作好被误解的心理准备。你的同事总是在用第二语言听你说话。所以不要期待他们能听懂每处细微的含义。

(7) 要有礼貌。发展良好人际关系的一个重要因素就是要有礼貌，要表现出你平常应用的礼貌，诸如“请”、“谢谢”等。记住要微笑，微笑是最具普遍意义的。

(8) 要有幽默感。有些时候，你不得不从一个有利的角度来看待困难，并学会接受他们。如果你对发生的一切事情都悲观对待，你就会觉得沮丧与困惑。而培养一种幽默感就会使你对出现的问题拥有一种更加平衡的解决办法。然而，在讲笑话和幽默故事时也要谨慎，尽管它们可以成为增进良好关系的有利工具，但有时也是不奏效的。你的外国同事很可能不理解或有着不同的幽默感。

(9) 学习语言。如果你的任期较短，比如一、两个月、那么你可不必精通你所去国家的语言。但是为方便起见，你确需学习一些必要的个人或业务上的用语。如果你需要待比较久的时间，你就应该在语言方面更加精通一些。如果你能很好地说出你同事所在国的语言，他们会更加尊重你。

(10) 多听多观察。你会通过仔细聆听你的同事和观察他们的行为来学到很多不同文化的知识。

三、与上司相处之道

当上司经常对你的建议充耳不闻时，你会发现向上司提建议是很难的，但经常问题可能并不在与上司不愿接纳建议，而在于你不会有效地提出建议。首先，新的变化和建议要逐步

提出。第二，你要决定你的建议是以通过非正式性谈话提出好还是通过比较正规的书面形式提出为好。第三，通过解释清楚结果来提出建议会更加有效。最后，不要担心谁会因你的意见而受功，只要它对公司有利或对你的工作有利即可。

(1)如果上司邀请你外出，是出于奖励或出于对员工做了额外工作的感谢，那么接受上司的邀请外出，是不会有什么害处的。但是在办公室以外过分亲近友好，从长远角度来看会破坏上司与秘书的正常关系的。如果你的确感觉上司对你有超越工作范围的兴趣，为了保护你们的工作关系，最好坚决表现出你的拒绝。记住，流言易散，尤其是你炫耀你与上司之间亲近的关系时，更是如此。最好在你们的关系上面，保持一段理智的距离。

(2)如果你的上司出错的话，要知道什么时候指出及如何指出。下面的几种说法可能会既让错误得到更改，又为上司挽回面子。

“在这点上我是否误解你了？你说是吗？”

“我想我一定是误会你的意思了，你再解释一遍好吗？”

“我们再看一下好吗？我想还是再重复一遍为好。”

(3)虽说你不可以在你的老板请你之前邀请老板吃晚餐，但一旦老板款待过你，你就应该回请。以下几条做法也许可以让你在请老板时感到自然一些：

不要像邀请你同事一样当面发出邀请，应以邮寄的形式发出书面邀请。

除非你老板建议，否则如果你在办公室里称呼你的老板为“先生”、“女士”或“夫人”，那在请上级就餐时就不要直呼其名。

你的配偶也应同你一样称呼你的老板。如果你和你的配偶以职位或形式称呼你的老板，你们都应该以类似的方式称呼他或她的配偶。

如果你请几位陪客，也许会在款待你的老板时显得轻松些。所请的陪客应与他或她有共同的兴趣。

你没必要以你老板款待你的规格去回请他或她。比如，你可以以简单的家庭自助餐来回报在餐厅里举行的高档晚宴。

要像你平时那样举止和娱乐。除非以前请过，否则就不要专门请帮手。如果你对付不了，就不要上难切的烤肉。不要向别人借那些你担心会打碎的陶器或玻璃器皿。换言之，该怎么样就怎么样，怎么舒服就怎么做。

礼貌，投入，自然会比故作姿态给你的老板留下的印象深刻的多。

四、处理投诉

不论身处何种窘境，大多数人更倾向于避免投诉，但实际上投诉是应该受到欢迎的。如果一个顾客不满意。毫无疑问，他会将此事告诉别人，而最糟糕的一种投诉就是你不知道，但所有人包括你的其他顾客都知道了！

重要的问题不是是非。你需要真正考虑的问题是：“我该怎么利用这种形式？”与顾客的一切沟通都将是改善经营的良机，甚至连任何一个不满的顾客也不例外。成功的处理会将一个投诉转变成良好的公共关系。任何决定，不管是对顾客精心赔偿，还是维护公司的权

益，都应建立在追求公司最大利益的基础上。赔偿本身数目可能很小，但却可以争取到与顾客之间的友好关系以及树立公司良好信誉的形象。

态度是至关重要的。尝试着从顾客的角度看问题。设身处地地为顾客着想。人们投诉时通常会感到尴尬。他们预料到会有争执。他们害怕没人听他们抱怨，因此也就会变得更具攻击性。他们害怕自己的诚实受到置疑，因此对你不信任他们的任何暗示都会很敏感。让他们看到你很在意此事并且相当重视他们的投诉。如果他们感到紧张，帮助他们放松下来。你可以一直表现出对他们的问题的同情，而实际上并没有承担起责任。

当然，人们在投诉时会有不同的表现。一些人提出过分的要求。耐心地与他们协商，你可以使他们变的理智。另一些人坚持要讨还公道。做一些让步，并给他们有限的赔偿。还有一些人则气势汹汹。让他们知道你很理解他们的感受。如果他们仍然不友好，你就向他们承诺会调查此事并安排下一次会面。这不但会给他们时间冷静下来，也表现出你认为他们的投诉是重要的。对待此类顾客可采用以下几点方法：

第一，吸取投诉人的陈述，看他的投诉是否合理。

第二，记下相关的姓名、日期、索赔要求的要求，让投诉人知道你在倾听。对你所表现出来的关心和对细节的苛求，他会感到欣慰。不但如此，你记录下这些信息的举动也会使他缓和下来，让他感到松弛和镇静。

第三，对于他的不满和他遇到的种种麻烦，表达出你的遗憾。但要小心，在你弄清楚整个事件之前，不要代表公司承担责任。

第四，告知投诉人你会调查该问题，并在适当的时候会给他回电话。

第五，当确信投诉人所提供的信息是正确的之后，自己或找个能胜任的人制定出解决方案。如果你将此事转交别人，一定要跟踪关注，直到他解决为止。

第六，不管你有无答复，如果你做过承诺，就一定要给投诉人回复电话。你甚至可以回复他说你还在“调查中”，而且不久后会再打电话给他。这样做可以让他知道你没有将此事搁置不理。

如果你必须回复投诉人你不能做到他所要求的调整，采取以下指导方针：

(1)表达你对整个事件的遗憾。

(2)给出你无法满足投诉人要求的理由。

(3)提供替代产品、服务或其他你能做的调整。

(4)在没有全面调查事实的情况下，不要代表公司承担责任。

(5)不要轻视问题、不便或过失。

(6)做调整时，不要带有不满情绪(不要说：“我所能允许的只是10%的折扣，那真的已经超出了我认为它所值的限度。”而要说：“我很愿意给您10%的折扣以聊表我们对本产品给您带来不便的歉意。”)。

总的来说，最好避免使用电话或远距离通信处理投诉。面对面的交流要有效得多。如果有人用电话投诉，试着安排一个会面。另外，这会给顾客时间平静下来，也会给你时间思考。投诉当然应该尽快解决，但不要立刻做决定。让顾客知道，你虽在百忙之中，但仍在处理他的投诉。做记录是个好办法。这会再次表现你对此事的重视，而且你可以借此提出一些他可能无法恰当回答的问题。

一些投诉不得不被拒绝。重要的是表现出你已经给予它们充分的关注，而且已经展开了全面彻底的调查。拟定出可信的文件，向顾客提及你们已经商讨过该问题。让他们知道这种拒绝不是处于不敬。清楚地证实过错不在你方，但也不要直截了当地告诉他那是他的责任。要引导他自己弄明白这一点。

当然，一个投诉也可能完全合理。在这种情况下，采取以下三个步骤：承担责任、道歉并且赔偿，然后期待此事尽早被遗忘。

最后，要赶紧调查投诉的起因。仅仅顾客现在满意是不够，如果你不想其他人来做同样的投诉，就要弄明白到底哪里有问题并表示类似的事情不再发生。

第七章　外事礼仪

对于礼节，世界上各民族和国家都有自己特定的表现方式，特别是当亲朋好友来访时常常会以特定的形式来表示欢迎。人们的这种习惯性做法一方面表示，人作为一种社会关系的总和，在社会关系的层面上，需要与别人进行广泛的交往。另一方面，人作为一种有感情的社会存在物，在心理层面上又需要情感上的安慰。所以孔子讲："有朋自远方来，不亦乐乎。"事实上在现实生活中，我们常常看到人们非常注重迎来送往的特定形式，而这些内容是我们在社交礼仪活动中应该加以重视的。在现代社会里，世界各民族和国家都有自己独特的迎宾仪式。

尼泊尔人的欢迎仪式常常是从机场到宾馆，沿途搭起道道拱门。拱门两侧各置一个金光灿灿的黄铜罐，上面插满鲜花。宾馆内，到处摆着古色古香的酥油灯。当贵宾下飞机时，五位象征圣洁的女童前往敬献鲜花，迎接人员上前施礼问候，贵宾进入宾馆时，主持人立即举行点酥油灯的仪式，以此象征温暖、光明和友情。毛里塔尼亚人则在人群的前列，排上一支披红挂绿的骆驼队，并委派一位穿着民族服装的人，向贵宾递上一碗骆驼奶为贵宾接风洗尘，消除疲劳，以此作为迎宾仪式既独特又隆重，非常富有民族特色。这些迎宾礼仪既具有国际性，也具有民间性。

随着国际交往的日益加强，现代社会里渐渐形成了一些国际性与民间性相分离的国际通行礼仪。它们象征着彼此尊重，爱好和平。例如，当接受外国首脑，政府领导人前来某国进行正式访问时，某国应组成由陆海空三军武装部队构成的仪仗队，人数视规格而定，前往机场或特设的欢迎场所，接受来访领导人的检阅，以示隆重欢迎之意。此外，还常施行鸣炮礼。按照一般规定，在迎接国家元首，政府首脑时，鸣礼炮 21 响，迎接大使级或部长来访时，鸣礼炮 19 响。以此类推，只用单数，不用双数。当然，这些礼仪比较隆重，只适用于特殊人物和特殊场合，表现的是民族和国家间的总体情谊，一般人难能获此殊遇。

民间最常用的表现喜悦欢迎之情的大众化礼仪，往往都是一些简便易行的礼节。根据各民族和国家的特点，大致包括这样几类：(1)鞠躬礼；(2)拥抱接吻礼；(3)握手礼；(4)合十礼。此外，世界各国和民族还有一些传统礼节，如中国的抱拳礼，作揖礼；印度的摸脚礼；老挝的拴绳礼；尼泊尔的吐舌礼；欧美国家的脱帽礼等。人们就是通过这些形形色色的礼节来表达自身的情感。

由此可见，礼节不是一种单纯、机械的形式，而是人们或一个民族、国家借以表现其友好、尊重、亲密、真诚的感情的方式，是丰富感情的象征。尽管国际通行的礼节日趋简单化，程式化，日益实现与民族礼仪的分离，但是它们所包含的人情意义并未淡薄，而是愈加丰富、浓厚。国际通行礼节和民间大众化礼节或特殊礼节的结合，表现得是一份沉甸甸的人情。

在国际交往中，无论是官方抑或是民间，礼宾是一项很重要的工作。许多外事活动，往往是通过各种交际礼宾活动进行的，如迎送，会见（拜见），会谈，宴请，文艺晚会，电影招待会，体育表演，舞会庆贺与凭吊等。

一般来说，各种交际活动，国际上都有一定惯例，但各国往往根据本国的特点和风俗习惯，有自己独特的做法，或根据特殊的需要，灵活变通。

第一节　交际活动与礼仪

一、迎送

中国人一向强调，凡事应善始善终。迎接和送别，实际上就是涉外接待工作中的始和终，它们在涉外礼仪中占有非常重要的位置。一个精心安排的欢迎仪式，一个细致、周到的送别仪式，都能使来宾产生良好印象，为其留下美好难忘的回忆。因此，热情迎送，善始善终，使来宾高兴而来，满意而归，在整个涉外礼仪中显得尤为重要。

（一）确定规格悉安排

确定迎送规格，主要是指确定应由哪一级人员出面迎送。这是接待来宾的一个礼遇规格，应根据外事部门接待要求来办。

对来宾的迎送规格，各国的做法不完全一样。通常主要是依据来访者的身份、访问的性质和目的、国际惯例以及适当考虑两国间的关系等确定。主要迎送人员通常要同来宾的身份相当，以便综合平衡，但由于各种原因不可能完全对等时，可灵活变通，一般由职位相当的人士或由副职出面。如果对方是一位国家元首或总理，那么接待这一方也应当派出元首或总理负责接待；如果来访者是外交部长或国务部长，那么接待这一方最高负责人也应是外交部长或国务部长。无论是官界还是商界活动中，都应遵循上述礼仪规则。

隆重迎送主要适用于国家元首、政府首脑以及军事领导人的正式访问。

一般迎送主要适用于一般人员的访问，对一般代表团和人员的访问，可不举行迎送仪式。但是对其对应邀来访者，不论是官方人士、专业代表团，还是知名人士、民间团体，在其抵离时，均应安排相应身份人员前往迎送。

总之，为表示对来宾的尊重，主人身份以和来宾身份对口、对等为宜，双方身份不能相差太大。

（二）把握时间早准备

为顺利迎送客人，迎送人员必须准确掌握来宾乘坐飞机（火车、船舶）的抵离时间，如有变化，应及时告知。由于气候变化等意外原因，火车、船舶可能不能准时到达，迎送人员提前做准备，早在客人抵达之前到达机场、车站或码头，决不能出现让客人等候的现象。如有迎送仪式，应赶在迎送仪式之前到达。

（三）见好第一面

按照国际接待惯例，来访者抵达后应同主人相互见面与介绍。这第一面非常主要，它会给来访者留下很深的印象。

见面介绍的一般原则是，由专门负责介绍的礼宾人员或者主人（迎候人员）一方的身份最高者，率先将主人一方的迎候人员，按照身份和地位的高低顺序，一一介绍给来访者的身份最高者；然后，由客人（来访者）中身份最高者，将客人的身份、地位的高低顺序介绍给主人一方的身份最高者；如果宾主早已相识，可不必介绍，双方直接行见面礼即可。

是握手礼、拥抱礼，还是鞠躬礼，应依据国际惯例和来访者所在国家和民族的风俗习惯来确定。

如果来宾是贵宾，还应当安排献花仪式。献花仪式上一般应使用鲜花，并注意花束的整洁、鲜艳、忌用菊花、杜鹃花、石竹花、黄色花。献花通常安排在宾主见面和相互介绍完毕之后，由少年儿童或年轻女士负责献花，一些国家则由女士负责向女宾献花。

在迎送外宾的整个过程中，迎送人员应始终面带微笑，以表示热烈欢迎，一话不发是不礼貌的。

（四）陪车礼仪应知晓

迎送宾客，车辆应事先安排好，不可临阵调遣，否则会给人以仓促，不重视之感。客人抵达或迎送仪式结束后，从抵达地到住处，以及访问结束后，由住地前往机场、车站、码头，一般都应安排迎送人员陪同乘车。遵循乘车的礼节和规范，也是涉外礼仪中的一个重要方面。

上车时，讲究“尊者先行”，即请长辈、位高者先上。一般来说，客人从右侧门上，主人则从左侧门上。如果客人已上车并坐在了主人位置，则不宜再请其换座。一定要等客人坐好后，方可关门；

下车时，讲究“尊者居后”，即女士、长辈、身份高者后下车。主人在没有接待人员的情况下要首先下车，然后从后面绕到右侧后门旁，为“居后者”打开车门，并以手挡住（车门）上框，协助其下车。

乘坐轿车的礼宾顺序，一般认为，后排与司机的座位成对角线的座位，即后排右座，为车上最尊贵的位置，其余座位的尊卑次序依次是：后排左座，后排中座、前排右座。总之，右为上，左为下；后为上，前为下。

遵照这样的礼宾原则，宾主同车而行时，应该请客人坐在主人右侧，译员坐在前排右座。如乘坐三排座轿车，则宾主坐在最后一排，位置不变，译员则应坐在主人前面的副驾驶位置上。如果宾主各乘一辆轿车，那么主人的座车应当行驶在客人的坐车之前，为其开道。

须记住，客人上车后不管坐在哪里都不算错，不要请其调换位置。

（五）善始还需善终

送别外宾大体上要依照迎候的规格来确定送别规格，主要迎候人一般都应参加送别活动。送行人员可前往外宾住宿处，陪同外宾一起前往机场、码头或车站，亦可直接前往机场、码头或车站恭候。必要时可在贵宾室与外宾稍叙友谊，或举行专门的欢送仪式。

在外宾临上飞机、轮船或火车之前，送行人员应按一定顺序同外宾一一握手话别。飞机起飞或轮船、火车开动之后，送行人员应向外宾挥手致意，直至飞机、轮船或火车在视野里消失，送行人员方可离去。

如果不能前去送行，或客人抵达后才匆忙赶到，对外宾都是失礼的。而且外宾一登上飞机、轮船或火车，送行人员立即离去，也是不礼貌的。尽管只是几分钟的小事情，但其影响却很大，很可能因小失大。

1957 年国庆节后，周总理去机场送一位国家元首离京，当专机腾空起飞后，我国使节、武官的队伍依然整齐，对那位元首的座机行注目礼，而我国政府的几位部长和军队的一位将军却急步欲离开队列。总理看见了，当场请杨成武将军把他们叫住，一起昂首挥手向机场上空盘旋的那国元首座机行告别礼。事后，周总理专门把大家留下来说：

“国家元首座机起飞后绕机场盘旋一周，是表示对所在国的答谢，东道国送行的人离开了，就是礼貌不周。我有责任把这个道理讲给大家听。”

（六）迎送工作中的几项具体事务

迎送工作中的具体事务应关注以下几点：

（1）迎送身份高的客人，事先在机场（车站、码头）安排贵宾休息室，准备饮料。

（2）安排汽车，预定住房。

（3）指派专人协助办理入境手续及机票（车、船票）和行李提取或托运手续等事宜。

（4）客人抵达住处后，一般不要马上安排活动，应稍作休息，起码给对方留下更衣的时间。

（5）如安排献花，须用鲜花，并保持花朵整洁、鲜艳。要根据来访国的习惯选购鲜花，一般忌用菊花、杜鹃花、石竹花和黄颜色的花。有的国家习惯送花环，或者送一两枝名贵的兰花，玫瑰花等。

（6）对一般客人的迎接可事先准备特定的标志，如小旗或牌子等，让客人从远处就能看到。

二、会见和会谈

会见，国际上一般称接见或拜会。凡身份高的人士会见身份低的，或是主人会见客人，这种会见，一般称为接见或召见。凡身份低的人士会见身份高的，或是客人会见主人，这种会见，一般称为拜会或拜见。拜见君主，又称谒见、觐见。我国国内不作上述区分，一律统称会见。接见和拜会后的回访，称回拜。

会见就其内容来说，有礼节性的、政治性的和事务性的，或兼而有之。礼节性的会见时间较短，话题较为广泛。政治性会见一般涉及双边关系、国际局势等重大问题。事务性会见则有一般外交交涉、业务商谈等。

会谈是指双方或多方就某些重大的政治、经济、文化、军事问题以及其他共同关心的问题交换意见。会谈也可以是指洽谈公务，或就具体业务进行谈判。会谈，一般说来内容较为正式，政治性或专业性较强。

会见与会谈是涉外礼仪中的另一重要环节。无论是正式访问还是礼节性拜访，通常都要安排会见和会谈。通过会见和会谈加深了解，发展友谊，增进相互间的合作与交流。但是会见与会谈也都有其基本的程序和礼节，对此，我们应当适当了解，否则轻者引起双方的不快，重者影响到国家民族的形象及国与国之间的关系。

提出会见或会谈，东道国和来访者及外交使节的权力都是平等的，双方都可以在认为合适的时间进行。一般出于礼节和两国关系方面考虑，东道国应根据来访者身份及来访目的，在来访者抵达的当日或次日，安排相应的领导人或部门负责人会见。当然，来访者或外交使节也可根据两国关系和个人身份以及业务性质，主动提出拜会东道国某些领导人或部门负责人。

如果一方要求拜会另一方，应提前将自己的姓名、职务以及要拜会的人、拜会的事由通知对方，接到请求的一方则应按照礼节上的要求尽早予以答复。如果同意对方的请求，可主

动将会见或会谈的时间、地点及双方参加的人员通知对方，提出请求的一方也同样把自己一方参加的人员名单及身份、地位提交给对方。无故拖延或置之不理是不妥且没有礼貌的。

在正式外交场合，如果涉及两个国家之间的代表会见，如果无故拖延或置之不理，就是对对方国家的侮辱和蔑视，有可能导致两国外交关系的恶化。

通常礼节性的拜会，身份低者、来访者应首先拜见东道主。按照国际惯例，外交使节到任或者离任，应对本国有外交关系的国家驻当地使节作礼节性拜会。外交团之间对同等级别者的礼节性拜访，出于礼节应该回拜。而身份高者对身份低者可以回拜，也可以不回拜。

会见、会谈的场地，多设在会客厅或办公室内。如果是国家首脑或国务院总理级的高级人员会见和会谈，按照国际惯例，一般设在国宾馆或元首官邸。会谈桌上应放置两国国旗，并在每一座位上设有中、外文席位置，卡片的字体应工整、清晰，以便与会者对号入座。会谈场地的正门口，有专门的人员迎送客人。客人来到后，一般要举行一定的礼节性仪式，如致辞合影等，然后再入座交谈。

在国际惯例中，会见会谈的主方应准确掌握会见、会谈时间。出于礼节，主人应先于客方到达会场，站在门口迎候宾客的到来。由于种种原因，主人不能亲自在门口迎候，也应指定专门的工作人员在大楼门口或会场大厅门口迎接，主人可在会见厅门口巡候。

（一）会见座位的安排

在会见、会谈的座位安排上，也须遵循会见会谈的礼仪规则。

会见座位的安排，可以是宾主各坐一方，也可以是宾主穿插而座。一般由中方组织的会见座次这样安排：主宾、主方席安排在面对正门位置，客人座位在主人右侧，记录员和译员各坐于宾主后面；客方随员依礼宾次序在主宾一侧入座，主方陪见人员依次在主方一侧就座。纵观全场座次呈半圆状。

会谈座位的安排，可根据会谈形式，是双边会谈还是多边会谈而定。

双边会谈一般应使用长方形或椭圆形的桌子，宾主相对而坐。面向正门的是上座，由客人来坐，背对正门的为下座，由主人来坐，主方与主宾应在各自一方的正中间。译员坐在主谈人右侧，其他参加人员则按一定顺序坐在左右两侧，记录员坐在后面，有的国家把译员也安排在后面。

会谈席位的高低，一般如果会谈桌的一端对着正门，以进门的方向为准，右为客方，留给客人，左方留给主人。

小范围的会谈可不摆放会谈桌，按照会见时座位的排列来摆放沙发就行了。举行多边会谈时，可把座位摆成圆形或正方形，使其无尊卑可言。

无论是会见还是会谈，座位的排列都十分重要。应提前在现场预备好中外文的座位标签。

会见通常安排在会客室或办公室。

座位图如下：

图(1)

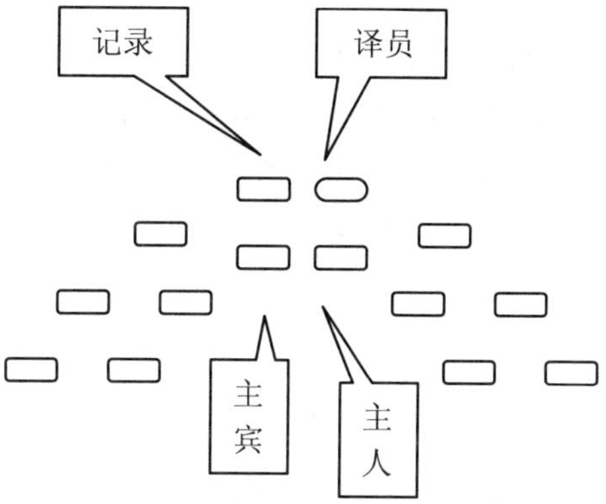

注：左方为其他客人，右方为主方陪见人译员。

图(2)

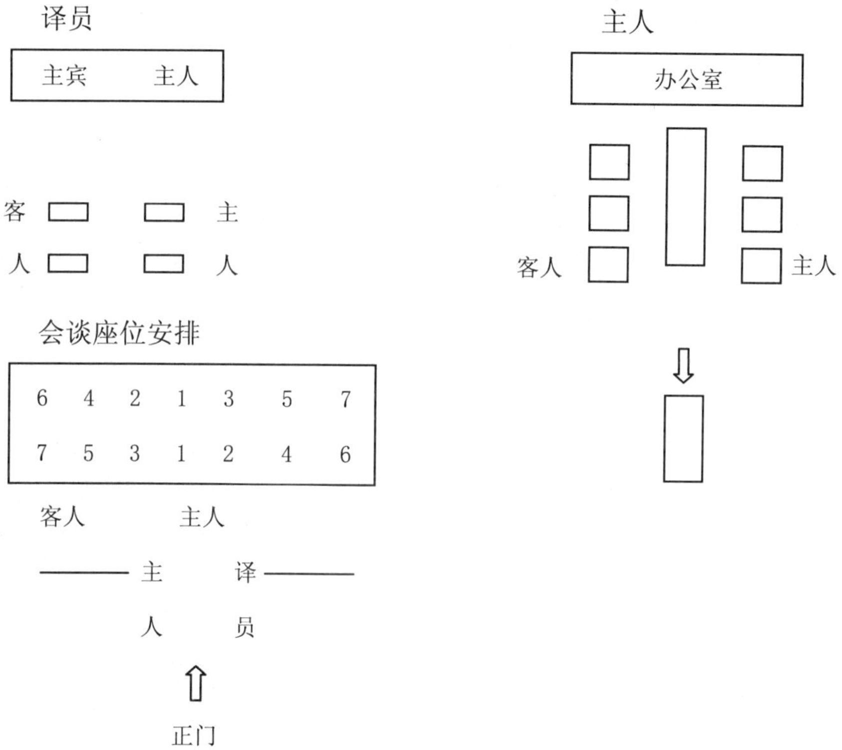

多边会谈，座位可摆成圆形、方形等，如图：

（二）会见和会谈中的几项具体工作

会见和会谈工作的安排要注意以下几点：

（1）提出会见要求，应将要求会见人的姓名、职务以及会见什么人、会见的目的告知对方。接见一方应尽早给予回复，约妥时间。如因故不能接见，应婉言解释。

（2）作为接见一方的安排者，应主动将会见（会谈）时间、地点、主方出席人、具体安排及有关注意事项通知对方。

（3）准确掌握会见、会谈的时间、地点和双方参加人员的名单，及早通知有关人员和有关单位作好必要安排。主人应提前到达。

（4）会见、会谈场所应安排足够的座位。

（5）如有合影，事先排好合影位置。

（6）客人到达时，主人在门口迎候。可以在大楼正门迎候，也可以在会客厅门口。

（7）领导人之间的会见或是会谈，除陪见人和必要的译员、记录员外，其他工作人员安排就绪后均应退出。

(8)会见时招待用的饮料，各国不一。我国国内一般只备茶水，夏天加冷饮。会谈如时间过长，可适当上咖啡或红茶。

三、宴请

在国际交往中，宴请是最常见的外事活动之一，它是增进友谊、联系感情的重要方式。

宴请是国际交往中最常见的交际活动之一。各国宴请都有自己国家或民族的特点与习惯。国际上通用的宴请形式有宴会、招待会、茶会、工作进餐等。举办宴请活动采用何种形式，通常根据活动目的，邀请对象以及经费开支等因素决定。

常见的几种宴请形式：

（一）宴会（英文 Banquet 或 Dinner）

宴会有国宴、正式宴会、便宴之分。按举行的时间，又有早宴（早餐）、午宴、晚宴之分。其隆重程度，出席规格以及菜肴的品种与质量等均有区别。一般来说，晚上举行的宴会较之白天举行的更为隆重。

（1）国宴（State Banquet）是国家元首或政府首脑举行的国家庆典，或为外国元首、政府首脑来访而举行的正式宴会，因而规格最高。宴会厅内悬挂国旗，安排乐队演奏国歌及席间乐。席间致辞或祝酒。

国宴使用的请柬一般镶有国徽图案。须在国宾抵达前印制完成并及时送至被邀请者手中，包括来访国驻华使馆被邀请的外交官，来访国周边国家的友好使节以及出席国宴的中方陪席人员。

请柬上措词因不同来访国宾而异，对国宾应冠以尊称，主人落款为主办方主席或国务院总理。请柬需印有英文或来访国的文字，同时请柬还需注明出席者桌次和服饰的要求。

参加国宴的国宾和主要随从人员需按时抵达宴会地点，其他随从人员和来各国使馆外交人员应提前 15 分钟到达。

主方领导人应在宴会厅门口迎接国宾，并陪同进入宴会厅。入场时，军乐团演奏欢迎

曲。入席后，军乐团即奏两国国歌，全体人员肃立。席间军乐团演奏席间乐。

国宴上宾主双方是否致辞或祝酒，由双方事先商定。宴会结束后，主方领导人应陪同国宾及主要随从人员至宴会厅门口，握手告别。离席时，军乐团演奏欢送曲。

国宴菜单需由主方礼宾官员精心制订，根据来访国宾的生活习惯和宗教信仰，有计划地安排菜谱。一般来说，菜单包括冷盘和四菜一汤（或两菜一汤、一菜一汤）、点心、甜食、水果等，夏季通常将甜食改为冰淇淋。

按中国习惯，宴会的进餐餐具为筷子。如外宾不习惯用筷子，可在宴席上摆放刀叉，外宾可随时随手取用。国宴实行分餐制，一人一份。

国宴上用酒视国宾爱好而定，饮料多种多样，宾主可按本人爱好选择。

（2）正式宴会（Banquet，Dinner）除不挂国旗、不奏国歌以及出席规格不同外，其余安排大体与国宴相同。有时亦安排乐队奏席间乐。宾主均按身份排位就座。许多国家正式宴会十分讲究排场，在请柬上注明对客人服饰的要求。外国人对宴会服饰比较讲究，往往从服饰规定体现宴会的隆重程度。对餐具、酒水、菜肴道数、陈设，以及服务员的装束、仪态都要求严格。通常菜肴包括汤和几道热菜（中餐一般用四道，西餐用二、三道），另有冷盘、甜食、水果。外国宴会餐前上开胃酒。常用的开胃酒有：雪梨酒、白葡萄酒、马丁尼酒、金酒加汽水（冰块），苏格兰威士忌加冰水（苏打水），另上啤酒、水果汁、番茄汁、矿泉水等。席间佐餐用酒，一般多用红、白葡萄酒，很少用烈性酒，尤其是白酒。餐后在休息室上一小杯烈性酒，通常为白兰地。我国在这方面做法较简单，餐前如有条件，在休息室稍事叙谈，通常上茶和汽水、啤酒等饮料。如无休息室也可直接入席。席间一般用两种酒，一种甜酒，一种烈性酒。餐后不再回休息室座谈，亦不再上饭后酒。

（3）便宴，即非正式宴会，常见的有午宴（Luncheon）、晚宴（Supper），有时亦有早上举行的早餐（Breakfast）。这类宴会形式简便，可以不排席位，不作正式讲话，菜肴道数亦可酌减。西方人的午宴有时不上汤，不上烈性酒。便宴较随便、亲切，宜用于日常友好交往。

（4）招待会（Reception）。招待会是指各种不备正餐较为灵活的宴请形式，备有食品、酒水饮料，通常都不排席位，可以自由活动。常见的有：

① 冷餐会（自助餐）（Buffet，Buffet－dinner）这种宴请形式的特点，是不排席位，菜肴以冷食为主，也可用热菜，连同餐具陈设在菜桌上，供客人自取。客人可自由活动，可以多次取食。酒水可陈放在桌上，也可由招待员端送。冷餐会在室内或在院子里、花园里举行，可设小桌、椅子，自由入座，也可以不设坐椅，站立进餐。根据主、客双方身份，招待会规格隆重程度可高可低，举办时间一般在中午十二时至下午二时，下午五时至七时左右。这种形式常用于官方正式活动，以宴请人数众多的宾客。

② 酒会，又称鸡尾酒会（Cocktail）。这种招待会形式较活泼，便于广泛接触交谈。招待品以酒水为主，略备小吃。不设座椅，仅置小桌（或茶几），以便客人随意走动。酒会举行的时间亦较灵活，中午、下午、晚上均可，请柬上往往注明整个活动延续的时间，客人可在其间任何时候到达和退席，来去自由，不受约束。

③ 茶会（Tea Party）。茶会是一种简便的招待形式。举行的时间一般在下午四时左右（亦有上午十时举行）。茶会通常设在客厅，不用餐厅。厅内设茶几、座椅，不排席位，但如是为某贵宾举行的活动，入座时，有意识地将主宾同主人安排坐到一起，其他人随意就座。茶会顾名思义是请客人品茶。因此，茶叶、茶具的选择要有所讲究，或具有地方特色。一般用

陶瓷器皿，不用玻璃杯，也不用热水瓶代替茶壶。外国人一般用红茶，略备点心和地方风味小吃。亦有不用茶而用咖啡者，其组织安排与茶会相同。

（5）工作进餐

按用餐时间分为工作早餐、工作午餐、工作晚餐（Working Breakfast，Working Lunch，Working Dinner）。是现代国际交往中经常采用的一种非正式宴请形式（有的时候由参加者各自付费）。

（二）有关宴请活动的几项组织工作

要组织一项宴请活动，首先要确定宴请目的、名义、对象、范围与形式 、时间和地点。

1. 目的

宴请的目的是多种多样的，可以是为某一个人，也可以为某一事件。例如：为代表团来访（作为驻外机构，可以为本国代表团前来访问，也可以为驻本国的代表团前往自己的国家访问），为庆祝某一节日、纪念日，为外交使节或外交官员的到离任，为展览会的开幕、闭幕，某项工程动工、竣工等。

2. 名义和对象

确定邀请名义和对象的主要根据是主、客双方的身份，也就是说主客身份应该对等。

例如：外国使馆宴请驻在国部长级以上官员，一般由大使（临时代办）出面邀请，低级官员请对方高级人士就不礼貌了。作为东道国宴请来访的外国代表团，出面主人的职务和专业一般同代表团团长对口、对等，身份低使人感到冷淡，规格过高亦无必要。

3. 范围

邀请范围是指请哪些方面人士，请到哪一级别，请多少人，主人一方请什么人出来作陪。这都要考虑多方因素，如宴请的性质、主宾的身份、国际惯例、对方对我方的做法，以至当前政治气候等。

4. 形式

宴请采取何种形式，在很大程度上取决于当地的习惯做法。一般来说，正式、规格高、人数少的以宴会为宜，人数多则以冷餐会或酒会更为合适，妇女界活动多用茶会。

目前各国礼宾工作都在简化，宴请范围趋向缩小，形式也更为简便。酒会、冷餐会被广泛采用，而且中午举行的酒会往往不请配偶，不少国家招待国宾宴会只请身份较高的陪同人员，不请随行人员。我国也在进行改革，提倡多举办冷餐会和酒会以代替宴会。

5. 确定宴请时间、地点

宴请的时间应对主、客双方都合适。驻外机构举行较大规模的活动，应与驻本国主管部门商定时间。注意不要选择对方的重大节假日、有重要活动或有禁忌的日子和时间。例如，对信奉基督教的人士不要选 13 号，更不要选 13 号星期五。伊斯兰教在斋月内白天禁食，宴请宜在日落后举行。

地点选择：官方正式隆重的活动，一般安排在政府、议会大厦或宾馆内举行，其余则按活动性质、规模大小、形式、主人意愿及实际可能而定。

6. 外事宴的规格

涉外宴请的目的多种多样，可以为某一个人或某一件事，为庆祝某一节日或纪念日，为某涉外使节或外交官员的到任、离任，为某展览会的开幕、闭幕，为某项工程的开工、竣工等。众多的宴请活动都需要宴前宴后，守礼节、悉安排。

宴前首先必须确定邀请名义和对象。这主要是依据主客双方的身份，也就是说遵循主客身份对等原则。如作为东道国宴请来访外国代表团，出面主人的职务和专业一般应同来访代表团团长的职务和专业对口或对等。身份低会使客人感到冷淡，规格过高亦无必要。

又如外国使馆宴请所驻国部长级以上官员，一般应由大使(临时代办)出面邀请，低一级官员邀请对方高级人士，就显得不够礼貌。通常在请主宾时应邀其偕夫人出席，主人若已婚，一般可以夫妇名义发出邀请。我国大型正式活动，都以一人名义发出邀请。日常交往小型宴请则根据具体情况以个人名义或以夫妇名义出面邀请。

宴请范围是指应该宴请哪方面人士，宴请到哪一级别，宴请多少人，己方什么人出来作陪等，都需要多方考虑。另外，诸如宴请的性质、主宾的身份、国际上的惯例、对方对我方的作法、当前的政治气候等也是应认真考虑的因素。

宴请采取何种形式，在很大程度上取决于当地的习惯做法。一般来说，正式、规格高、人数少以宴会为宜，人数多则以冷餐会或酒会更为合适。妇女界活动多用茶会。

目前各国礼宾工作都在简化宴请规模，趋向是逐渐缩小化，形式也变得越来越为简单，酒会、冷餐会被广泛采用。

宴请地点的选择。可据活动性质而定。官方正式隆重的活动，一般安排在政府、议会大厦或宾馆内举行，其余则按活动性质、规模大小、形式、主人意愿及实际情况而定。

各种宴请活动，均发请柬。有些国家，邀请最高领导人作为主宾参加活动，需单独发送请柬，其他宾客均发请柬。请柬一般提前一周至两周发出(有的地方需提前一个月)，以便被请人及早安排。

为万无一失，工作人员应提前到达现场检查准备工作。如是宴会应事先将座位卡及菜单摆上。座位卡置于酒杯前或平摆于餐具上方，勿置于餐盘内。菜单一般放在餐具右侧。

宴会座位的安排，除请柬上注明外，现场还可在宴会厅前陈列宴会简图，图上注明每个人的位置；用卡片写上出席者的姓名和席次，发给本人；印出全场席位示意图，标出出席者的位置，每人发一张给本人等多种形式。这些形式各有其特点，人多的宴会宜采用后者，便于通知。

各种通知卡片，可利用客人在休息厅时分发。有的国家是在客人从衣帽间出来时，由服务员用拖盘将其卡片面递上。如果是口头通知，则应交由工作人员在休息厅通知每位客人。

宴会这天，主人应提前来到门口迎候客人。若为官方活动，除男女主人外，还应有少数其他主要官员陪同主人排列成行迎宾，通常称为迎宾线。其位置宜在客人进门存衣以后进入休息厅之前。与客人握手后，由工作人员引进休息厅。如无休息厅则直接进入宴会厅，但不入座。

有些国家官方隆重场合，客人(包括本国客人)到达时，有专责人员唱名。

休息厅内应有相应身份的人员照料客人。由招待员送茶水、饮料。

主宾到达后，应由主人陪同进入休息厅与其他客人见面。如其他客人尚未到齐，由迎宾的其他官员代表主人在门外迎接。

主人陪同主宾进人宴会厅，全体客人就座，宴会即开始。如宴会厅较小，或宴会规模大，也可以请主桌以外的客人先入座，贵宾席最后入座。

宴会上正式讲话时间的安排，各国不尽一致。一般正式宴会可在热菜之后甜食之前先由主人讲，然后客人再讲，但也有一入席双方就开始讲话。

最后的水果或甜品用毕，主人与主宾起立，宴会即告结束。外国人的日常宴会，在女主人为第一主人时，往往以她的行动为准。入席时女主人先坐下，并由女主人招呼客人开始就餐。餐毕，女主人起立，邀请全体女宾与之共同退出宴会厅，然后男宾起立，尾随进人休息厅或留下抽烟（吃饭过程中是一般不能抽烟的）。男女宾客在休息厅会齐，即上茶（咖啡）点。

主宾告辞，主人应送至门口。待主宾离去后，原迎宾人员顺序排列，与其他客人握别。

除以上宴会外，招待会、工作进餐以及茶会等这些不排固定席位的宴请形式，目前也被广泛应用于宴请外宾的各种活动中，受到外宾的普遍欢迎。

（三）发出邀请和请柬格式

各种宴请活动，一般均发请柬，这既是礼貌，亦对客人起提醒、备忘之用。

请柬一般提前一周至二周发出（有的地方须提前一个月），以便被邀请人及早安排。已经口头约定的活动，仍应补送请柬，在请柬右上方或下方注上“To remind”（备忘）字样。需安排座位的宴请活动，为确切掌握出席情况，往往要求被邀者答复能否出席。因此，请柬上一般用法文缩写注上“R . S. V. P.（请答复）”字样，如只需不出席者答复，则可注上“Regrets only（因故不能出席请答复）”。

请柬格式：

1. 注明宴请事由的请柬

为庆祝中华人民共和国成立××周年，谨定于××××年×月×日（星期六）下午×时在×××举行招待会。

敬请

光临

××××
（主人姓名）

（请进×门）

2. 专为某人举行的宴会请柬

谨定于××××年×月×日（星期六）×午×时在×××为×××××阁下举行宴会

敬请

光临

请答复：

电话×××

××××

（主人姓名）

（四）订菜

宴请的酒菜根据活动形式和规格，在规定的预算标准以内安排。选菜不以主人的爱好为准，而要考虑主宾的喜好与禁忌。例如，伊斯兰教徒用清真席，不用酒，甚至不用任何带酒精的饮料；印度教徒不能用牛肉；佛教僧侣和一些教徒吃素；也有因身体原因不能吃某种食品的。如果宴会上有个别人有特殊需要，也可以单独为其上菜。

大型宴请则应照顾到各个方面。菜肴道数和分量都要适宜，不要简单地认为海鲜是名贵菜而泛用，其实不少外国人并不喜欢，特别是海参。在地方上，宜用有地方特色的食品招待，用本地产的名酒。无论哪一种宴请，事先均应开列菜单，并征求主管负责人的同意。获准后，如是宴会，即可印制菜单，菜单一桌两到三份，至少一份，讲究的也可每人一份。

（五）席位安排

国际上的习惯，桌次高低以离主桌位置远近而定，右高左低。桌数较多时，要摆桌次牌。同一桌上，席位高低以离主人的座位远近而定。外国习惯，男女参插安排，以女主人为准，主宾在女主人右上方，主宾夫人在男主人右上方。

礼宾次序是排席位的主要依据。在排席位之前，要把经落实出席的主、客双方出席名单分别按礼宾次序开列出来。除了礼宾顺序之外，在具体安排席位时，还需要考虑其他一些因素。多边的活动需要注意客人之间的政治关系，政见分歧大，两国关系紧张者，尽量避免排到一起。此外，适当照顾各种实际情况。

例如，身份大体相同，使用同一语言者或属同一专业者，可以排在一起。

译员一般安排在主宾右侧。在以长桌作主宾席时，译员也可以考虑安排在对面，便于交谈。但一些国家忌讳以背向人，译员的座位则不能作此安排。

四、文艺晚会与舞会

（一）文艺晚会与体育表演

邀请外国人观看文艺演出或者体育表演，是开展对外活动的一种方式。既宣传本国文化、艺术、体育事业的成就，对客人来说，也是一种艺术享受和娱乐活动。外国客人来访，各国都习惯安排观看演出。驻在国亦为常驻外交使团以及其他客人举行文艺晚会或电影招待会。许多国家招待国宾举行大型体育活动，使客人有与群众见面的机会。

在西方，上大剧院观看演出被视为一种隆重高雅的娱乐活动，服饰均按最隆重场合穿戴，如同出席正式宴会，剧场规矩也很严格。演出时观众自觉保持肃静，聚精会神欣赏剧目，迟到者只能在幕间进场。

（二）舞会

舞会是我们人际交往、感情沟通的一种形式，参加舞会是一项高雅文明的活动，人们可以从音乐中获得美感，通过舞步放松心情。健康的舞会是培养性情、净化灵魂、提高修养、陶冶情操的好去处。

舞会是一种社交活动。通常在晚上举行，可以作为一项单独活动，也可作为宴请活动后之余兴。遇有重大喜庆节日，有些国家的舞会甚至通宵达旦。大型的舞会，往往穿插安排短小的文艺节目。

1. 舞会的组织工作

舞会是高雅文明的场所，最能体现一个人的风度、风范、风格和风貌，也最能体现一个人的礼仪修养和道德水准。出入舞会虽然随意松散，但是不可等闲视之，必须懂得、了解并自觉遵守一定的礼仪规范。

操办舞会，要注意以下几点：

首先要考虑的是被邀的客人中，男女比例应大体相等，对于已婚者，如果可能，应尽量夫妻同邀；其次，正式的舞会应该制发请柬，并提前一周送到；再次，舞池的场地、灯光、舞曲应

尽量适合来宾的口味，创造温馨、热烈的气氛。另外，准备适量的茶水、点心、瓜子等；最后，还要主动为不会跳舞的宾客准备其他的休闲活动和娱乐场所。

参加舞会，无论是男士还是女士，在接到舞会邀请之后，有条件的，最好先洗个澡。出席舞会前几个小时不应吃蒜、葱，喝刺激性饮料、酒等散发气味的东西，如果吃此类食物，应进行必要的处理，比如咀嚼茶叶或口香精等，舞会前应漱口刷牙。

女士参加舞会前应梳洗打扮一下，做做发型，可画精致的浓妆，最好穿裙装，但不宜穿超短裙。男士参加舞会前应修面、刮脸，吹头发、剪鼻毛、剪指甲；穿西装、打领带、穿皮鞋。无论男士还是女士，一般在舞会时不要戴手套、帽子，所穿的鞋质地应以牛皮为好，鞋底不带铁钉。

总之，参加舞会，服装要整洁、大方、舒适、美观、干净、卫生。切忌蓬头垢面，脏手脏脚、衣冠不整，更不能穿背心短裤。

请柬上应注明舞会持续的时间，客人可在期间任何时候到场和退席。舞会场地应宽畅，舞池地板要上蜡保持光滑。舞厅内可以用纸花彩带和各色彩灯装饰。最好安排乐队伴奏。举办舞会，通常在餐厅备有咖啡、红茶、热狗、三明治、点心等食品，以便客人可以随时到餐厅食用。

2. 参加舞会应注意的礼貌

参加舞会，服装要整齐。国外举行舞会，通常在请柬上注明服装要求，以穿晚礼服和西装为多，也有正式舞会要求穿大礼服者。即使天气炎热，如主人未表示请宽衣，男宾不能随意脱下外衣。跳舞时，纽扣要扣好。自己不熟悉的舞步，不要下场。跳舞时不可以吸烟，不能戴口罩。

(1)跳舞的规矩

不能同性起舞。一般是男方主动邀请女方。如果关系特别熟，也可女方邀请男方。

正式舞会的第一场舞，应由主人夫妇、主宾夫妇共舞；如果夫人不跳，可以由已成年的女儿代之。第二场舞男女主人与主宾夫妇交换舞伴。

主办舞会的人员应主动陪无伴的宾客跳舞或为其介绍舞伴。在舞会上，男士有邀请任何女士共舞的权利，但是，也尊重被邀女士的意愿，如果被邀者的男朋友或父母在场，应先向他们致意，然后客气地用“可以和您跳一曲吗?”之类的话，征得对方同意。

女士一般不应拒绝男士的邀舞。如果不愿意与某位先生共舞时，应礼貌地拒绝，不可以不理睬或恶语伤人。可以婉言谢绝对方，比如：

“对不起，我不会跳这种舞。”

“很抱歉，我想休息一下。”

当你拒绝了某位先生的邀请后，在这支曲子奏完之前不可再接受别的男士的邀请。同时，在舞场上最好轮流接受别人的邀请，不要一直跟一个人跳舞。起舞后，应至乐曲结束，方可停舞，如舞曲连奏两遍，在第一遍奏完后，不宜回座或重找舞伴。舞场内应杜绝喧哗、嬉闹等粗野行为。在舞场内最好不吸烟，更不能随地吐痰。

(2)邀舞和共舞

男子邀舞时，应自然、大方、彬彬有礼地走到女士面前，双脚立正，面带微笑地行点头礼，右手掌心向上，向舞池中央自然前伸，并说：“请”。邀请之后，男士应请女士走在前面，自己跟在后面步入。

舞池，如果人不是很挤，也可以挽着女士的于，一起步入舞池。有时可能会产生误会，对此也须留心，您在邀请一位女士跳舞，而旁边的一位女士误认为是在请她，于是从座位上起身。这时不要声明：“我不是请您，而是请您身旁的那位。”而应当将错就错，同这位女士跳上一曲。男女共舞时，双方一定要根据舞曲及舞种的性质处理好双方的体位，任何一方都不可以有过份的动作，既不要贴得太紧，也不要退让。

一般两人胸部的距离大约为两拳的距离。那种脸贴在一起或把头搁在对方肩上的跳法是不适合一般朋友的，即使是恋人也不应在公共舞池里这样跳舞。

双方公共舞时应神态自然，轻松自如，双方通过协调一致的配合达到舞姿美与音乐美的和谐统一。男士在带动女士进步和退步时动作不可以太大、太粗鲁，男士应当照顾女士的体力和舞步的熟练程度，不可强人所难地过多旋转或跳对方不熟悉的舞步。

女士只能邀请些熟识的男士跳舞。这种邀请，男舞伴无论如何都要接受。如果他由于某种十年九不遇的重要原因不能跳舞，那应当请求女士在他的桌旁坐下或陪她喝点饮料。

跳舞时一声不吭，完全沉醉在音符之中，不能算是严重失礼。但舞伴之间若能交谈几句，则是礼貌和优良风度的表现。谈话一般应由男的开头，而不是女的。女方可以对对方舞技说几句赞美的话，切不可冷若冰霜，一眼看出想和别的舞伴跳舞，仅仅是出于礼貌在应酬。在舞场上女士跳舞，不必做自我介绍。如果好几轮，可以做一个自我介绍，女士则不必通报自己的名字。

对那些很少受人光顾的女士要特别关切，不要别人在跳舞，而让她独坐一隅。不管是男是女，都应该善于跟那些技巧差的舞伴跳舞。虽然跳得别别扭扭，但还是要表现得和颜悦色。

无论男士或女士，一般不要在共舞时中途告退。如因身体突然不适等原因，不得不中断时，应说明理由，并向对方道歉。

当舞曲终止时，男士应将女士送回原位，并向女士道谢。

(3)怎样才能不会被撞

跳舞时应沿着正确的迈步方向起步，这样才不至于总被控来控去。一般来说，运转方向应沿舞场的右方逆时针运转。无论前进和后退，都应遵循这个路线行进，才不至于发生互相挤控的现象。迈步方向也很重要，在跳舞时如变换各种方向，都应以左脚或右脚的前脚掌为轴心转动，不要随心所欲，乱了对方的舞步。

跳舞一般是男士带领，女士跟随，跳起来两人应成为一体。所谓男士带领，是指动作的开端，选择的时刻，由男士掌握，即在动作前把变换步法的意图通知女方。首先，男士发起动作的时间，身体是向前、向后或是左右移动都要表示出来；其次，男士变换动作、方向、步法、移动重心都要一点一点地进行，不给对方以准备而匆忙地移动重心或变换步法那是不礼貌的；还有，女士不要自作主张突然改变步法。

(4)身体姿态

① 头部：男女之间相对站立，颈部端正自然，脸朝前，目光从对方右肩上方向前平视。

② 身体：身体直立，重心放在前脚掌，胸挺起，收腹，翘臀，不要把头伸到对方的肩膀上去。

③ 腿和脚：准备时，两脚并齐，双方脚尖相对，起舞时脚跟和脚尖贴着地面轻轻滑动，旋转时，以脚尖着地为转轴，脚跟略离地面。

④ 手和臂：左臂弯曲举起，肘部与背部平行，掌心略朝上，轻握女士的右手；右臂伸向前方，右前臂弯曲，手指沿水平方向伸直，放在对方腰部。女士右臂弯曲举起，肘部与肩部平行，手掌举至与对方左掌同高，手指并拢，掌心向下放于对方掌上，左手手指并拢，轻搭在对方右手臂背面。

总之，在舞场上，无论是跳舞还是休息，无论男士还是女士，都应举止优雅，谈吐文明，潇洒大方，举止适度，以礼待人。

3. 参观游览

(1)项目的选定。参观游览项目的选择，主要考虑几个因素：

① 访问目的、性质，以使参观项目的安排有一定的针对性。

② 客人的意愿与兴趣，以及特点。例如，一般政府官员愿意看同本国生产发展有关的设施，业务人员愿意看与本身专业对口的项目，妇女愿看妇、幼、社会福利设施；年老体弱者不宜安排长时间步行的项目，心脏病患者不宜登高等。

(2) 安排布置。项目确定之后，应作出详细计划，包括先看什么，后看什么，中间是否休息，参观前有无介绍，参观后是否座谈，各参观点之间距离远近，徒步前往还是乘车前去等。

(3) 陪同。按国际交往礼节，外宾前往参观时，一般都有身份相应的人员陪同。如有身份高的主人陪同，宜提前通知对方。接待单位亦有一定人员出面，并根据情况安排解说员。游览则安排导游人员。

(4) 摄影。

(5) 用餐安排。

(6) 其他。

如果乘车去远处参观，要及时检查车辆，加足汽油。人多时宜带备用车。参观游览的出发时间、集合地点，应通知全体有关人员。

五、几种常见的仪式

除以上所述各种礼仪活动之外，国际上还根据实际需要，举行一些其他仪式。常见的有签字仪式，揭幕，开幕式以及授勋仪式等。

下面具体介绍一下签字仪式：

国家间通过谈判，就政治、军事、经济、科技文化等某一领域内的相互关系达成协议，缔结条约、协定或公约时一般都举行签字仪式。签字人视文件的性质由缔约各方确定，有由国家领导人签的，也有由政府有关部门负责人签的，但双方签字人的身份应大体相当。一国领导人访问他国，经双方商定发表联合公报(或联合声明)，有时也举行签字仪式。各国业务部门之间签订专业性协议一般不举行这类签字仪式。

安排签字仪式，首先应做好文本的准备工作，有关单位应及早做好文本的定稿、翻译、校对、印刷、装订、盖火漆印等各项工作，同时准备好签字用的文具、国旗等物品。与对方商定助签人员，并安排双方助签人员洽谈有关细节。

参加签字仪式的，基本上是双方参加会谈的全体人员。如一方要求让某些未参加会谈的人员出席，另一方应予同意，但双方人数最好大体相等。不少国家为了对签订的协议表示重视，往往有更高或更多的领导人出席签字仪式。

我国举行的签字仪式，一般在签字厅内设置一张长方桌作为签字桌。桌面覆盖深绿色台呢，桌后放两把椅子，为双方签字人员的座位，主左客右。座前摆的是各自保存的文本，上端分别放置签字文具，中间摆一旗架，悬挂签字双方的国旗。

双方参加人员进入签字厅。签字人员入座时，其他人员分主客各一方按身份顺序排列于各自签字人员座位之后。双方的助签人员分别站立在各自签字人员的外侧，协助翻揭文本，指明签字处。在本国保存的文本上签毕后，由助签人员互相传递文本，再在对方保存的文本上签字，然后由双方签字人交换文本，相互握手。有时签字后，备有香槟酒，共同举杯庆贺。

各国举行的签字仪式的安排不尽相同。有的国家安排的仪式设置两张方桌为签字桌，双方签字人员各坐一桌，双方的小国旗分别悬挂在各自的签字桌上，参加仪式的人员坐在签字桌的对面。有的国家安排一张长方桌为签字桌，但双方参加仪式的人员坐在签字桌前方两旁，双方国旗挂在签字桌的后面。

如有三、四个国家缔结条约，其签字仪式大体如上所述，只是相应增添签字人员座位、签字用具和国旗等物。至于签订多边公约，通常仅设一个座位，一般由公约保存国代表先签字，然后由各国代表依一定次序轮流在公约上签字。

六、对外文书的应用

对外文书是对外交往的书信格式，是进行对外交涉和礼仪往来的一种重要手段，各种文书均体现国家的对外方针政策和相关法规，所以起草和发送对外文书是政策性很强的工作。书写对外文书要求文字严谨，精练，准确，客套用语要合乎惯例，格式要美观大方，打印要整洁规范。

1. 敬贺 p. f.（POUR FELICITATION）

2. 谨唁 p. c.（POUR CONDOLEANCE）

3. 谨谢 p. r.（POUR REMERCIEMENT）

4. 介绍 p. p.（POUR PRESENTATION）

（介绍时，介绍名片上写 p. p.，后面附上被介绍人的名片）

5. 辞行 p. p. c.（POUR PRENDRE CONGE）

6. 恭贺新年 P. F. N. A.（大小写均可）（POUR FELICITER LE NOUVEL AN）

7. 谨赠（不用缩写，英、法、俄三种文字均写在姓名上方，中文写在右下方。）

英文 With the compliments of ×××

法文 Avec ses compliments

俄文 C y b a r k e H N e M

第二节　交际礼仪

由于各国、各民族语言不同，风俗习惯各异，社会制度不一，因而在称呼与姓名上差别很大。如果称呼出现差错，不但会使对方很不高兴，引起反感，甚至还会闹出笑话，出现误会。

一、称呼

在国际交往中，一般对男子称先生，对女子称夫人、女士、小姐。这些称呼均可冠以姓名、职称、衔称等，如“布莱尔先生”，“议员先生”，“市长先生”，“上校先生”，“玛丽小姐”，“秘

书小姐”,“护士小姐”,“怀特夫人”等。

对地位较高的官方人士,一般为部长以上的高级官员,按国家情况称“阁下”、职衔或先生。如“部长阁下”,“总统阁下”,“主席先生阁下”。但在美国,墨西哥,德国等国没有称“阁下”的习惯,因此,在这些国家可称先生。对有地位的女士可称夫人,对有高级官衔的女士,也可称“阁下”。

君主制国家,按习惯称国王、王后为“陛下”,称王子、公主、亲王等为“殿下”,对有公侯伯子男等爵位的人士可称爵位,也可称阁下,一般也可称先生。

对医生、教授、法官、律师以及有博士等学位的人士,均可单独称“医生”,“教授”,“法官”等。

对军人一般称军衔,或军衔加先生,知道姓名的可冠以姓与名。如:“上校先生”,“亨利少校”,“维尔斯中尉先生”等,有的国家对将军、元帅等高级军官称阁下。

二、姓名

外国人的姓名与我国汉族人姓名的组成、排列顺序都不一样,还常带有冠词、缀词等。

(一)英美人姓名

英美人姓名的排列是名在前姓在后。如 Edward Adam Davis, Edward 是教名,Adam 是本人名,Davis 为姓。也有的人把母姓或与家庭关系密切者的姓作为第二个名字。

在西方还有人沿袭用父名或父辈名,在名后缀以小(Junior)或罗马数字以示区别。如 John Wilson, Junior(小约翰·维廉),George Smith ,Ⅲ(乔治·史密斯第三)。

书写时常把名字缩写为一个字头,但姓氏不能缩写,如 G. W. Thomson, D. C. Sullwan 等。

口头称呼一般称姓,正式场合一般要全称,但关系密切的常称本人名。家里人亲友间还常用昵称或爱称。

以英文为本国文字的国家,姓名组成称呼与英美人一样。

(二)其他国家人的姓名

1. 法国人的姓名

法国人的姓名是姓在后名在前,一般由二节或三节组成。前一、二节为个人名,最后一节为姓。有时姓名可多达四五节,多是教父和由长辈起的名字。但现在长名字越来越少。如 Henri René Albert Guy de Maupassant 译为:亨利·勒内·阿贝尔·居伊·德·莫泊桑。一般简称 Guy de Maupassant。

法文名字中常常有 Le、La 等冠词,de 等介词,译成中文时,应与姓连译,如 de Gaulle 戴高乐等。

2. 西班牙人和葡萄牙人的姓名

西班牙人(或葡萄牙人)姓名常有三、四节,前一、二节为本人名字,倒数第二节为父姓,最后一节为母姓。已结婚妇女常把母姓去掉而加上丈夫的姓。简称时用第一节名字加父姓。

西文与葡文中男性的姓名多以“o”结尾,女性的姓名多以“a”结尾。冠词、介词与姓连译。

3. 俄罗斯人的姓名

俄罗斯人姓名一般由三节组成。通常是名字、父名、姓。如伊万·伊万诺维奇·伊万诺夫(Иван ИвановичИванов),伊万为本人名字,伊万诺维奇为父名,伊万诺夫为姓。名字和父姓都可缩写,只写第一个字母。书面上姓在前,名在后。

4. 匈牙利人的姓名

匈牙利人的姓名的排列与我国人名相似,姓在前名在后,都由两节组成。如纳吉・山多尔,简称纳吉。婚后不改用丈夫的姓名,只在丈夫姓名后再加词尾“ne”,译为“妮”,是夫人的意思。

5. 阿拉伯人的姓名

阿拉伯人姓名一般由三或四节组成。第一节为本人名字,第二节为父名,第三节为祖父名,第四节为姓。

阿拉伯人名字前常带有一些称号,如,埃米尔(Amir)为王子、亲王、酋长之意;苏丹(Sultan)为君主、国王之意;伊玛姆(Iman)是清真寺领拜人之意;赛义德(Sayed)是先生、老爷之意;谢赫(Sheikl)是长老、酋长、村长、族长之意。这些称号有的已转为人名。

在阿拉伯文中 al 或 el 是冠词;ibn(伊本)、ben(本)或 ould(乌尔德)表示“某人之子”;Abu(阿本)、Um(乌姆)表示“某人之父”、“某人之母”。

阿文姓名用词常常具有一定含义。如穆罕默德是伊斯兰教创始人的名字,马哈龙德是受赞扬的意思,阿明(Amin)意为忠诚之人,萨利赫(Saleh)意为正直的。

6. 日本人的姓名

日本人姓名常见的由四字组成,如小坂正雄,吉田正一等。前二字为姓,后二字为名。但又由于姓与名的字数并不固定,二者往往不易区分,在正式场合中应把姓与名分开书写,如“二阶堂 进”,“藤田 茂”等。一般口头都称呼姓,正式场合称全名。

7. 缅甸人的姓名

缅甸人仅有名而无姓。我们常见缅甸人名前的“吴”不是姓而是一种尊称,意为“先生”。常用的尊称还有“杜”,是对女子的尊称,意为“女士”,“貌”意为“弟弟”,“玛”意为“姐妹”,“哥”意为“兄长”,“波”意为“军官”,“塞耶”意为“老师”,“道达”是英语 Dr. 的译音即“博士”,“德钦”意为“主人”,“耶博”意为“同志”等。例如一男子名“刚”,长辈称他为“貌刚”,同辈称他为“哥刚”。如该男子有一定社会地位则被称为“吴刚”,如是军官则被称为“波刚”。如一女子名“刚”,系有社会地位的女士则称为“杜刚”,是女青年则称为“玛刚”。

8. 泰国人的姓名

泰国人的姓名是名在前姓在后,如巴颂・乍仑蓬,巴颂是名,乍仑蓬是姓。一般只叫名字不叫姓,并在名字前加一冠称“坤”(意为您)。如称巴颂・乍仑蓬,口头称巴颂即可。

泰国人姓名按照习惯都有冠称。平民的冠称有:成年男子为“乃”(NAI,先生),如乃威猜・沙旺素西。已婚妇女为“娘”(NANG,女士),如娘颂西・沙旺素西。未婚妇女为“娘少”(NANGSAO,小姐)。男孩为“德猜”(DEKCHAI,男童),女孩为“德英”(DEKYING,女童)等。宗教冠称有:佛教僧侣用“颂德”、“拍库哈”、“拍”。伊斯兰教徒用“哈吉”。

后　记

经过漫长的一个半世纪的期盼，中国上海终于申请到了2010年世博会的举办权。这次世博会将吸引200多个国家和地区参展，是一次举世瞩目的盛会，也是检阅上海精神风貌和中华文明古国之美誉的一次盛会，在这样一个大环境下，礼仪的学习显得尤其重要。作者在高校进行礼仪教学已经十多年，并在多家企业和政府机关单位做过礼仪讲座和培训。在多年教学和实践中，积累了大量的资料和素材，于是借此契机，推出《礼仪教程》。

教程的写作框架是在原有的《涉外礼仪》（中国纺织大学出版社，1996年版）基础上由张怡教授和刘奕副教授重新共同拟定。张怡教授撰写第一章和第二章，刘奕副教授撰写了第三至第七章。其中第一章和第二章部分内容是对《涉外礼仪》修订而成。

礼仪是靠学习、靠积累，更重要的是靠实践而形成的。公民礼仪普及度越高，社会文明的程度也会越高。《礼仪教程》只是起到抛砖引玉的作用，愿这个社会上有更多人关注礼仪，并身体力行，在各种场合通过个人的言行展现中华民族的文明素质与改革开放的成果，提升我国在全世界的礼仪形象。

本书在写作过程中参考了有关的学术专著和教材，我们已尽量在最后的参考文献中列出并致谢。有的内容参考了网上资料，但因无法核实原始出处，未能列出；另外可能仍有疏漏，谨在此向有关作者表示歉意。

编者

2009年8月

主要参考书目

1. 埃西尔·伯奇·唐纳德:《现代西方礼仪》,上海翻译出版公司 1986 年版.
2. 哈贝马斯:《交往行为理论》,上海人民出版社 2004 版.
3. 孟德斯鸠:《罗马盛衰原因论》,商务印书馆 1962 版.
4. 雅各·布克哈特:《意大利文艺复兴时期的文化》.
5. 坚尼·布鲁克尔:《文艺复兴时期的佛罗伦萨》,北京三联书店 1985 年版.
6. 卢梭:《社会契约论》,商务印书馆 1980 版.
7. 菲利普·巴格比:《文化:历史的投影》,上海人民出版社 1987 年版.
8. 梁漱溟:《人心与人生》,学林出版社 1984 年版.
9. 石川荣吉主编:《现代文化人类学》,中国国际广播出版社 1988 年版.
10. 伊里莎白·波斯特:《西方礼仪集萃》,生活·读书·新知三联书店 1991 年版.
11. 弗洛伊德:《图腾与禁忌》,中国民间文艺出版社 1986 年版.
12. R. R. 马雷特:《心理学与民俗学》,山东人民出版社 1988 年版.
13. 金正昆. 社交礼仪教程. 中国人民大学出版社,2005. 1.
14. 方尤瑜. 现代秘书交际礼仪. 暨南大学出版社,2007. 1.
15. 李莉. 实用礼仪教程. 中国人民大学出版社,2003. 12.
16. 何伶俐. 高级商务礼仪指南. 企业管理出版社,2003. 8.
17. 金正昆. 社交礼仪. 北京大学出版社,2005. 8.
18. 英图风尚信息图片股份有限公司.《全球首席设计大百科》.
19. 赵春珍. 交际礼仪学. 首都经济贸易大学出版社,2008.
20. 朱燕. 现代礼仪学概论. 清华大学出版社,2006.
21. 胡静. 礼仪学. 华中师范大学出版社,2006.
22. 李鸿军,石慧. 交际礼仪学. 华中科技大学出版社,2004.
23. 徐爱琴. 实用礼仪学. 浙江大学出版社,2006. 9.